Meine präkognitiven Träume

Band 3

von

Maria Sand

Bibliografische Information der deutschen
Nationalbibliothek:

Die deutsche Nationalbibliothek verzeichnet
diese Publikation in der deutschen
Nationalbibliografie; detaillierte
bibliografische Daten sind im Internet über
http://dnb.dnb.de abrufbar

© Maria Sand
Herstellung und Verlag BoD — Books on
Demand, Norderstedt
ISBN 9783755791645

Dieses Buch ist Teil einer umfangreichen Traumsammlung, die zur Grundlage einer Traumstudie über paranormale Elemente im Traum wurde.

Seit dem Jahr 2000 habe ich meine Träume regelmäßig im Internet veröffentlicht und gesammelt. Diese Träume habe ich zu mehreren Bänden zusammen gefasst und in Form von Büchern dokumentiert. In einigen dieser Bücher habe ich auch die jeweilige Traumerfüllung vermerkt, was ich bei diesem Band nicht getan habe. Da meine Träume als Beweis für paranormale Fähigkeiten im Traum dienen sollen, ist es nicht mehr nötig, alle Traumerfüllungen anzumerken, da sie für die Leserin und den Leser bereits Vergangenheit darstellen und somit nicht mehr nachprüfbar sind. Einige dieser Träume werden sich jedoch mit an Sicherheit grenzender Wahrscheinlich noch erfüllen. Auch wenn es sich dabei nur um einige wenige Träume handeln wird, halte ich sie dennoch für aussagekräftig genug.

Wer also an dieser Studie partizipieren möchte, indem er/sie die Traumerfüllungen verfolgt, ist dazu herzlich eingeladen.

10.2.2022

Ich konnte mir nur einen Satz merken. Weil ich im Dunkeln den Namen aufschrieb und deshalb unleserlich, weiß ich nicht mehr wie er genau lautete.

Otto Rehnning, Relnning (oder so ähnlich) wurde nur xx Jahre alt. Wahrscheinlich lautete die Zahl 42, aber das ist unsicher. Ich konnte sie mir nicht merken, oder ich konnte sie nicht richtig wahrnehmen.

8.2.2022

Mehrere junge Personen. Es war unklar, ob es meine Kinder waren. Ich wollte jede an ihren jeweiligen Bestimmungsort bringen. Wir sahen uns eine Karte an. Da stellte sich heraus, dass jede dieser Personen an einen anderen, weit von einander entfernten Ort wollten. Ein Ort war in der Steiermark, einer an der holländischen Grenze. Wohin die anderen wollten, habe ich vergessen. Jedenfalls waren die Entfernungen sehr groß. Das würde ich nicht alles schaffen. Deshalb beschloss ich, einen Busbahnhof zu suchen, von dem aus jede Person das eigene Ziel erreichen könnte.

Plötzlich tauchte Onkel R auf. Er kannte sich gut aus und konnte uns sagen, wohin ich fahren solle. (Ich träumte auch die Namen der Orte, konnte sie mir jedoch nicht merken.

2. Traum

Der Traum endete mit einem Interview. Ein Mann wurde gefragt, ob er weggezogen sei. "Ja das stimmt. Meine Schilddrüse wurde durchgewirbelt. Ich bin einer von vielen!", sagte er. Den Anfang des Traums habe ich vergessen. Wahrscheinlich waren wir in einem heißen Land, das wie eine Wüste aussah. Vermutlich war es ein arabisches Land.

6.2.2022

Es gab ein Klassentreffen meiner alten Volksschule. Die Leute sahen zwar erwachsen aus, aber nicht so alt, wie sie eigentlich hätten sein müssen. Deshalb konnte ich einige von ihnen erkennen, die sich wenig verändert hatten. Ob schon manche der alten Klassenkameraden/innen gestorben seien, beschäftigte mich.

5.2.2022

Ein Russe war da. Ich hatte einen roten Stern gezeichnet, ausgeschnitten und auf ein Bilderbuch geklebt. (Das Buch besitze ich real. Es stammt aus der Tauschbox und ist für Gästekinder gedacht.)

Danach erklärte ich ihm, alles hier würde ihm gehören.

3.2.2022

Eine Nachbarin hatte zwei Kaninchen. Einmal fiel eines vom Dach, aber zum Glück direkt in einen Pool. Ich schrie: "S., zieh es heraus!" Sie tat es. Auch früher hatte es schon einige gefährliche Szenen gegeben. Darüber unterhielt ich mich mit einem Mann. Er hatte ihr die Tiere verkauft. Der Nachbar war vermutlich der Sohn dieser Frau, wollte deren Grund haben. Da würde die Nachbarin dann vermutlich ausziehen müssen. Ich würde ihre Tiere übernehmen, sollte sie diese nicht behalten können, sagte ich.

2.2.2022

Fast alles vergessen. Ich hatte eine Blutung, stellte ich fest, als ich mit der Hand leicht über meine Geschlechtsteile strich. Die Hand war danach voll Blut. Ich ging durch ein Tor. Vier breite Straßen führten unter dem Torbogen durch. Zwei Richtung innen, zwei Richtung außen.

1.2.2022

Ich führte ein Reh an einem Halsband, oder an einer Schnur herum. Das Tier wollte ich auswildern. Nachdem wir eine Weile gegangen waren, sah ich endlich ein anderes Reh. Das zeigte ihm ihm und

8

ließ es frei. Zum Glück ging es zu dem Artgenossen. Zur Sicherheit blieb ich aber noch einige Zeit über in der Nähe und beobachtete die beiden Tiere. Wäre es nicht angenommen worden, müsste es verhungern. Anfangs wirkte mein Reh schüchtern und unsicher, doch mit der Zeit verlor es die Scheu. Es schien, als würde mein Plan aufgehen.

Es sei Zeit, endlich zum Friseur zu gehen, dachte ich auch. Seit Jahren hatte ich mir entweder selbst die Haare geschnitten, oder jemand anderer hatte es privat gemacht. Nun raffte ich mich endlich auf.

In einem Vorraum standen drei Damen, die weiße Arbeitskittel trugen. Es dauerte, bis ich die Türe öffnen konnte. Alles war verglast, also durchsichtig. Ich stellte mich brav hinter die drei. Sie erklärten mir, die Türe würde sich auch automatisch öffnen. Aber die nächste Türe war wirklich zu. Doch dann ließ man uns endlich ein.

Der Raum war voller Menschen und niemand trug Maske. Man musst sehr lange warten, bis man an die Reihe kam. Eine ältere Angestellte sah sich meine Haare an und wunderte sich über den Schnitt. "Ich habe die Haare selbst geschnitten, wegen dem Lockdown!", meinte ich. Das schien sie auch zu wundern.

Sie sagte, ich müsse in die Seitenstättengasse gehen. Danach tat sie irgendetwas das nichts mit mir zu tun hatte. Machen die das, damit man sich schnell ansteckt, fragte ich mich. Das musste ja so kommen, bei dem Gedränge. Verärgert ging ich weg, aber nicht in die Seitenstättengasse. Was ich dort überhaupt sollte, war mir sowieso nicht klar.

31.1.2022

Ich konnte nicht einschlafen, Gedanken drängten sich auf. Die Idee, Stoff in eine brennbare Flüssigkeit zu tauchen und anzuzünden, mündete in die Idee, ein Terroranschlag fände statt.

Das war halb Traum, halb Überlegung.

28.1.2022

Ich ging in mein Zimmer - es sah fremd aus - und ich sagte laut: "Verschwindet endlich! Geht weg von hier!", usw. Wen ich damit meinte weiß ich nicht, aber sicher keine lebenden Menschen. Vielleicht sprach ich meine Gedanken an (habe gestern eine Hypnose angehört die das verlangt). Plötzlich kam ein kleiner Bub aus einer Ecke hervor. Dort hatte er offensichtlich geschlafen. Das Kind war total verschreckt. Wahrscheinlich war es mein kleiner Bruder. (Real habe ich keine mir bekannten Brüder) Ich behauptete, für ein Theaterstück zu proben. Etwas mit Tirol. Das beeindruckte ihn. Jetzt wollte er unbedingt zu einer Probe kommen. In der Hoffnung er werde darauf vergessen, vertröstete ich ihn.

Wir verließen den Raum. Gemeinsam mit einem anderen Kind, vermutlich einem Mädchen, ging ich auf der Straße. Bekleidet waren wir mit einem sehr einfachen, weißen Nachthemd. Leute mit Kindern und Hund kamen uns entgegen. "Komm!", sagte ich zu dem Kind, "Gehen wir lieber nach Hause. So können wir nicht auf der Straße spazieren gehen!" Gleichzeitig betrachtete ich die Gegend. Es gab hier viel Natur. Hohe Bäume, Gärten, kleine Häuser. Lieber wolle ich in so einer Gegend wohnen, als im 14. Bezirk. Dort war etwas, das ich erwähnt hatte. Ich glaube es war ein Objekt das mit Dänemark zu tun hatte, bin mir aber nicht sicher. Obwohl wir noch immer auffällig gekleidet waren, fielen wir nicht auf.

Wieder ging ich in mein Zimmer, das jedoch ganz anders als zuvor aussah. Viel Glas, durch das man hinein und hinaus sehen konnte. In diesem Zimmer lag (m)ein großer Bruder im Bett. Er beobachtete mich genau. Mir schien es, als wolle er mich später, wenn ich schlief, vergewaltigen. Deshalb verließ ich das Zimmer dann lieber doch wieder.

Samstag, 22. Januar 2022

Dieser Traum handelte vermutlich von fremden Menschen, denn es gab nichts, was der Realität entsprach.

Ein Mann versuchte jemanden über Internet bei einer Uni anzumelden. Man hatte ihn darum gebeten. Obwohl ich ihm zu sah, weiß ich nicht, was genau er tat. Plötzlich war ein Geräusch zu hören. Wir lauschten. "Das klingt wie eine Alarmanlagen-Sirene!", meinte ich. (Real heulte vermutlich gerade draußen die Sirene auf, die immer am Samstag zu einer bestimmten Zeit eingeschaltet wird und/oder wenn ein Einsatz der Feuerwehr ist.) "Hör auf, das ist ein Warnsignal, weil du irgendwo eingebrochen bist!" Tatsächlich hatte der Typ irgend ein Sicherheitssystem geknackt, ohne es zu wollen und ohne es zu wissen. Im selben Augenblick sahen wir schon die Polizei unser Haus stürmen. Das ging aber schnell, dachte ich. Man konnte nichts mehr tun. Offenbar hatten sie bereits darauf gewartet, denn sonst hätten sie nicht so schnell reagieren können, dachte ich.

Es ging dann etwas verwirrend weiter. Ein Vogel, der offenbar mir gehörte, war entweder entflogen, oder die Polizei hatte ihn konfisziert. Später sollte ich ihn bei der Polizei abholen. Ich überlegte was ich mit nehmen müsse, um den Vogel sicher transportieren zu können.

Entsetzt stellte ich fest, dass ich keine Maske trug, obwohl sich in meiner Nähe viele Leute auf hielten. Jemand beruhigte mich: "Niemand trägt mehr Maske!" Diese Behauptung bestätigte sich. Als ich mich umsah stellte ich fest, dass keine einzige

Person mit Maske anwesend war. Das verwirrte mich. Ich hatte kein gutes Gefühl.

Donnerstag, 20. Januar 2022

Im realen Leben habe ich Dirndln immer verabscheut. In diesem Traum wollte ich eines haben. Gemeinsam mit jemand anderem ging ich auf einer Straße. Mindestens zwei Männer begegneten uns.

Ich glaube im Traum kannten wir sie. Real aber nicht. Der eine Mann war ganz normal und unauffällig gekleidet, während der andere ein langes, wallendes Kleid trug. Es war noch dazu hellblau. Das sah komisch aus, weil es auch noch bestickt war. Der Mann wirkte auch in anderer Hinsicht recht seltsam. Für mich war das lustig.

Es sah aus, als habe auch ich ein langes Kleid an, doch das war nicht so. Mein Kleid bestand nur aus einem Stoff, den ich um die Hüften geschlungen hatte und fest hielt. Der normal Gekleidete meinte überrascht: "Tragt ihr jetzt alle plötzlich lange Kleider?" Ich erklärte ihm, mein Kleid müsse ich erst noch nähen. Es solle ein Dirndl werden. Während ich sprach, richtete ich meine Aufmerksamkeit auf den Stoff. Die Menschen um mich herum verblassten. Wie sollte ich das Kleid nähen? Würde sich der Stoff für ein Oberteil überhaupt ausgehen? Wahrscheinlich nicht. Eine weiße Bluse würde ich auf jeden Fall brauchen. Der

Stoff war fest umrandet, stellte ich fest. Als wäre er bereits genäht und das störte. In dieser Weise gingen meine Überlegungen weiter.

Dienstag, 18. Januar 2022

Heute merkte ich mir nur eine Szene. Als ich aus dem Fenster sah, war er nicht mehr da. Nur ein Baumstumpf ragte aus der Erde. Der Baum im Garten des Nachbarn war gefällt worden. Das regte mich auf. Er war schön und groß gewesen und der Garten war sowieso ziemlich öde und leer. Der einzige Lichtblick, der Baum, war entfernt worden.

(Ich träumte von einem real existierenden Baum, der im Traum aber viel größer war.)

Samstag, 15. Januar 2022

Wir hatten viele Hunde und Katzen zu Hause. Vermutlich stammten sie aus einem Tierheim. Es waren mindesten sechs Hunde, wahrscheinlich mehr. Mir war klar, dass ich nicht alle Tiere versorgen könnte. Das Herz tat mir weh, als sie mich ansahen. Vielleicht spürten sie, was ich dachte. Mehr als zwei Hunde und eine oder zwei Katzen, konnte ich unmöglich behalten. Alle anderen mussten wieder zurück. Es ging einfach nicht anders. Nun musste ich eine Entscheidung treffen, welches Tier bleiben durfte und welches gehen musste.

Ich sah auch sehr deutlich, wie es dort wo ich war, aussah. Offensichtlich handelte es sich um ein fremdes Haus. Es gab einen Zaun zwischen meinem Haus und dem Grundstück des Nachbarn. Dort waren die Hunde drinnen. Anscheinend gab es irgendwelche Probleme damit.

Freitag, 14. Januar 2022

Für einen jungen Mann sollte ich in verschiedenen Wohnungen etwas nach sehen. Was das war, weiß ich nicht mehr. Es gab zwei Häuser, in denen er jeweils zwei Wohnungen hatte. Je eine im obersten Stockwerk und je eine im Keller. Diese beiden Häuser sahen zueinander spiegelverkehrt aus, aber sie standen trotzdem nicht nebeneinander.

Erwischen sollte ich mich dabei nicht lassen. Irgendwie hatte ich das Gefühl, die Wohnungen würden dem Mann gar nicht gehören. Weshalb hätte ich sonst so vorsichtig sein sollen? Er gab mir einen Schlüsselanhänger, der wie ein Tropfen geformt, groß und ziemlich unhandlich war. Am oberen Rand stand die Nummer der Wohnung. Anscheinend brauchte ich nur den einen Schlüssel. Wobei ich gar keinen Schlüssel sehen konnte.

Das Haus in welches ich nun ging, war sehr prächtig gestaltet. Die Gänge waren breit und zum Teil offen. Alles war hell und geräumig. Also kein normales Haus für Durchschnittsmenschen. Es erinnerte an einen modernen Einkaufstempel. Ich ging zu Fuß nach oben. Dabei hatte ich das Gefühl, es würde vielleicht drei, höchstens vier Stockwerke haben. Die Stiegen waren nur kurz, man mühte sich damit nicht ab. Alles ging eher in die Breite, als in die Höhe. Ich dachte, ich müsse mindestens in den 10. Stock, nach dem was auf dem Schlüsselanhänger stand. Genau erinnere ich mich nicht, welche Zahlen darauf standen. Wahrscheinlich waren es sogar mehrere. 10, 003, oder 002, vielleicht auch noch 103, oder so ähnlich.

Als ich oben war, hörte ich weiter unten Männerstimmen und fürchtete, jemand käme gerade hoch, zu der Wohnung, in welche ich gerade wollte. Deshalb ging ich wieder weg. Unterwegs traf ich auf eine Frau, die ich irgend etwas in Bezug auf das Haus fragte. Was ich fragte, habe ich vergessen, Sie antwortete mir lang und breit. Während sie mir etwas erklärte, zeichnete sie Zahlen an die Wand. Mich wunderte, dass sie so perfekt an die Wand schreiben konnte. Was sie schrieb weiß ich auch nicht mehr. Nur wie das Gesamtbild aussah, kann ich mich erinnern. Etwa so:

1/2

5/6

10/9

und so weiter. Im Prinzip beschrieb sie mir die Stockwerke und die Nummern der Wohnungen. Mir dauerte das zu lange. Ich ging, während sie noch weiter schrieb.

Danach ging ich in den Keller, die zweite Wohnung zu suchen. Entweder zeigte der Traum das nicht so genau, oder ich habe es vergessen, denn gleich darauf machte ich mich auf die Suche nach dem anderen Haus.

Donnerstag, 13. Januar 2022

Wir wohnten in einem Hotel. Es gab Probleme. Ich wollte das Fenster schließen, aber es ging immer wieder auf. Das schien der Wind zu sein, denn es zog schrecklich. Dann sah ich, dass sich der Vorhang irgendwie verhängt hatte und als ich den lösen wollte, hatte ich plötzlich eine Fensterscheibe in der Hand. Vorsichtig holte ich diese ins Zimmer. "Hoffentlich werden sie kein Geld dafür verlangen!", meinte ich zu M. Der erklärte mir, das müssten sie ersetzen, in seinem Zimmer sei es genauso. Auch dort sei ihm die Fensterscheibe heraus gefallen.

Niemand schien daran zu denken, etwas zu ändern. Statt die Fenster zu reparieren, sollten wir in andere Zimmer übersiedeln. Es gab nur noch ein freies Zimmer. Im Traum wusste ich die Nummer, habe sie aber vergessen.

In einem anderen Zusammenhang war über diese Nummer gesprochen worden. Dabei ging es um ein Verbrechen. Deshalb dachte ich, es sei eine Falle für jemanden, der in diesem Zimmer übernachten
17

wollte. Das bezog ich aber nicht auf uns, weil niemand vorhersehen hatte können, dass wir dort wohnen sollten. Das würden die Kriminellen jedoch nicht wissen. Zum Glück ging es nur um Geld, vielleicht um Betrügereien. Worum genau habe ich vergessen. Angst hatte ich keine, ich fand es sehr lustig.

Irgendwie verblasste das Thema dann. Wir unterhielten uns mit den Leuten, die in der Gegend wohnten. Alle waren freundlich und es herrschte eine sehr entspannte Atmosphäre. Es wurde Abend, ich löschte außen die Lichter. Jemand läutete an der Tür. "Hast du das Licht abgedreht?", fragte eine Frau, die draußen stand. "Ja!", antwortete ich. Worauf sie meinte: "Das darfst du nicht!" Es gab viele Schalter. Sie sahen aus wie kleine Fensterscheiben. Welche ich drücken sollte, wusste ich nicht. Die Frau zeigte es mir, indem sie mit der Hand deutete. Quer nach unten, usw.

Das ging zu schnell und sie dachte offenbar, ich würde mir das merken. "Das muss ich nummerieren.", sagte ich lachend. Dann dachte ich, es genüge, Punkte auf die jeweiligen Schalter zu machen.

Montag, 10. Januar 2022

Den Anfang des Traums habe ich leider vergessen.

Eine weitläufige Anlage, vermutlich historischer Natur, denn ich dachte dabei an frühere Zeiten, als

18

die Leute noch mit ihren Pferden dort geritten sein mögen. Mir gefiel es so gut, dass ich aufgeregt über den Platz lief. Hier gefällt es mir, rief ich jemandem zu, denn ich war nicht alleine.

Ich glaube es gab anschließend ein Gewässer. Zwei Männer standen da. Einen konnte ich genau erkennen. Er war schon etwas älter, aber nicht ganz alt. Sein Haar war sehr dunkel, eher schütter geworden. Keine extrem sportliche Figur. Er spielte Golf. Angeblich sei er ein sehr guter Spieler, der schon viele Preise gewonnen habe, behauptete jemand. Das konnte ich nicht so recht glauben. Mir kam er vor, als sei er so reich, dass er nicht arbeiten musste. Vielleicht war er adelig. Vermutlich war er Ungar, oder aus einem östlichen Staat in der Nähe Ungarns, dachte ich. Das war jedoch nur eine Vermutung.

Auf dem Boden lagen kleine Gegenstände, fiel mir auf. Dann wendete ich mich wieder dem Golfspieler zu. Kurz bevor er abschlagen wollte, ging ich an ihm vorbei und stellte mich seitlich hinter ihn. Das schien ihn zu irritieren, denn er versagte. Der Mann versuchte es mehrmals und jedes mal wenn einen Ball abschlagen wollte, ging ich wieder an ihm vorbei, um mich wieder seitlich hinter ihm hin zu stellen. Ich machte ihn offensichtlich nervös. Er schaffte keinen einzigen Treffer zu landen. Für mich war es sehr lustig.

Freitag, 7. Januar 2022

Wir hatten ein winziges Geschäft. Ein Mann wollte etwas kaufen. Ich wusste, wir hatten was er wollte. Erst kürzlich hatte ich es in der Hand gehabt. Doch jetzt fand ich es nicht mehr. Lange Zeit suchte ich. In Büchern und Zeitschriften blätterte ich und ich überlegte, ob ich mir einige DVDs ansehen solle. Vielleicht hatte ich es dort gesehen. Was das war, weiß ich nicht mehr. Es schien jedenfalls bloß ein Text zu sein, oder ein Foto.

Alle DVDs konnte ich mir nicht ansehen, alle Bücher nicht durch sehen. Irgend jemand müsse wissen, wo das Gesuchte zu finden sei, dachte ich. Deshalb rief ich zu Hause an.

M hob ab. Er ärgerte sich, weil ihn das Läuten geweckt hatte. Obwohl ich ja nicht dort war, sah ich ihn und die Wohnung, in welcher er sich befand. Das war sicher nicht unser neues Haus. Das alte vermutlich auch nicht.

Wir diskutierten darüber, wieso er ausgerechnet in dem Zimmer schlafen musste, in welchem das Telefon stand. Da fiel mir ein, es war ja abgemeldet und außerdem nicht angesteckt. Das traf auch für meines zu, dasjenige mit dem ich gerade telefonierte. Wie konnte es denn trotzdem funktionieren? Gemeinsam mit jemandem der noch im Geschäft war, überlegte ich, wie das möglich sei. Vielleicht hing es ja doch noch an einer

Leitung? Wir lachten, weil die Situation schon komisch war.

"Ruf mich an!", sagte ich zu M, weil ich sehen wollte, ob es anders herum auch funktionierte. Wie es schien, war das der Fall.

Dienstag, 4. Januar 2022

Eine ungeheure Menschenmenge machte sich auf den Weg. Es waren Moslems und sie wollten eine Gruppe Christen angreifen. Ich hatte panische Angst und floh zu den Christen, weil ich mich auch bedroht fühlte. Dabei waren diese Leute sichtlich unterlegen, weil in der Minderzahl. Da ich weder zu der einen, noch zu der anderen Gruppe gehörte, hätte ich mich auch auf die Seite der Moslems stellen können, aber das tat ich nicht.

Gemeinsam warteten wir auf den bevorstehenden Angriff. Die Masse rückte immer näher, unsere Lage war hoffnungslos. Wir schienen verloren. Da sah ich einen kleinen Ausgang, der zu einer Treppe nach unten führte. Ob das eine Sackgasse, oder der Weg in die Sicherheit war, wusste ich nicht. Die anderen wussten es auch nicht, doch sie folgten mir. Es gab keine andere Möglichkeit, dem Tod zu entrinnen.

 (An dieser Stelle wurde ich wach, weil ich panische Angst hatte. Obwohl ich später weiter schlief, blieb die Angst.)

Ich wurde systematisch verfolgt, man machte mir Schwierigkeiten wo es nur ging. Es gab keine Möglichkeit, mich dagegen zu wehren. Was immer ich auch unternahm, nichts half.

Nach längerer Zeit tauchte dann aber doch jemand auf, der mir helfen wollte, weil er die Perfidität meines Verfolgers durchschaut hatte. Denn dieser log, dass sich die Balken bogen und nichts, aber rein gar nichts hatte auch nur im Geringsten mit der Realität zu tun. Warum der Verfolger mich so verbissen fertig machen wollte, wusste der Helfer offenbar nicht. Ich wusste es aber auch nicht. Wahrscheinlich wollte dieser einfach nur nicht auffliegen, weil er von Anfang an nur Blödsinn in Bezug auf meine Person gemacht hatte. Hätte man das heraus gefunden, müsste er mit schlimmen Konsequenzen rechnen. Vermutlich gab es für ihn nur kein Zurück und das war alles.

Ein einziger Mann zeichnete für all das was mir angetan wurde, verantwortlich. Er verhinderte alle Bemühungen meinerseits, diesen Zustand zu beenden.

Meistens versuchte ich die Lügen des Angreifers, welche er über mich verbreitete, zu widerlegen. Zeitweise war ich einfach nur wütend. Einmal packte ich einen Mann an der Gurgel, der zu den Leuten gehörte, welche der Verfolger befehligte. Wüst beschimpfte ich ihn, schüttelte ihn ordentlich durch und drohte, ihn irgendwann zu töten. Oder einen der anderen, die zu dieser Gruppe gehörten.

22

Wer der eigentliche Haupttäter war, wusste ich nicht. Aber irgendwann wollte ich nicht mehr so weiter machen wie bisher und änderte deshalb meine Taktik. Vielleicht auch deshalb, weil ich jemanden gefunden hatte, der mir helfen wollte, weil er endlich begriffen hatte, worum es in Wahrheit ging. Dieser Mann unterhielt sich nun mit jemandem über meinen Fall. Sie dachten darüber nach, wer der Verfolger wohl sein könnte. Eines schien sicher zu sein. Der Typ arbeitete bei der Stadtverwaltung in einer leitenden Position. (Anmerkung: Es wurde keine Stadt genannt, aber ich vermute es war entweder Wien, oder der Ort, in dem ich jetzt lebe.) Die beiden Männer begannen zu raten, wofür der Täter dort zuständig sei. Das würden sie schon noch heraus finden.

Das alles wusste ich, ohne mich als anwesend zu erleben. Mir war nun klar, dass ich einen ganz anderen Weg als den bisherigen, einschlagen müsse. Was ich bisher gemacht hatte, war ja sinnlos gewesen. Jahre hatte ich damit vertan, dem Verfolger Paroli zu bieten. Ihn zu erkennen und bekannt zu machen, wäre sinnvoller, dachte ich.

Freitag, 31. Dezember 2021

Gemeinsam mit zwei meiner Töchter war ich bei Microsoft. Ich glaube sie wollten etwas Geschäftliches besprechen. Was das war, daran erinnere ich mich nicht. S und Z waren dabei. Die

Leute waren sehr freundlich. Es gab ein Gespräch darüber, weshalb man uns herein gelassen hatte, ohne von uns einen Ausweis zu verlangen. Ich meinte, in Österreich sei es nicht so gefährlich, da müsse man nicht jede Person überprüfen, die herein wolle. Hier käme sicher niemand auf die Idee, sie zu überfallen.

Die ganze Sache dauerte mir zu lange. Meine Mutter (real verstorben) war inzwischen alleine in ihrer (alten) Wohnung. Deshalb hatte ich Angst, sie würde vielleicht irgendwo umher irren, käme ich zu lange nicht zu ihr. Deshalb holte ich sie ab und brachte sie zu uns, in unser früheres Haus. (real gehört es uns nicht mehr). Dann fragte ich S wo sie gerade sei und ob der Hund bei ihr sei (real ist auch der Hund bereits verstorben). Schließlich machte ich mir Sorgen, die Mutter und der Hund würden sich jetzt vielleicht alleine im (alten) Haus befinden. Meine Mutter war schon etwas beeinträchtigt, aber noch nicht total dement. Alles war in Ordnung, stellte ich fest.

Zum Essen hatte ich weder für sie, noch für den Hund etwas. Ich musste unbedingt etwas einkaufen gehen und die beiden wieder alleine lassen.

Mittwoch, 29. Dezember 2021

Der heutige Traum beschäftigte sich offenbar zum Teil mit Gegenständen, die ich gestern gesehen hatte.

Als ich mit jemandem in der Stadt unterwegs war, dachte ich darüber nach, wie ich mein Leben ändern sollte. Ab jetzt wollte ich mehr fort gehen und mich nicht mehr so zurück ziehen. Zu der Person sagte ich, wir könnten vielleicht manchmal auf einen Kaffee gehen. Doch das hinterfragte ich auch gleich wieder. Die Worte meiner Mutter fielen mir ein: "Sobald man raus geht, rollt das Geld!" Viel Geld hatte ich nicht.

Bei einer Straßenbahn Haltestelle standen extrem viele Leute. Die nächste Garnitur die dort einfährt, werde sicher total überfüllt sein, dachte ich und das wollte ich mir nicht antun. Vielleicht gab es eine Störung? Deshalb gingen wir weiter. Nun sah ich ein winziges Geschäft, welches einen Flohmarkt veranstaltete. Da wollte ich hinein.

Eine eher ältere Frau war offenbar die Besitzerin, ein Mann half ihr beim Verkauf. Es gab viele alte Instrumente. Geigen, Bassgeigen, usw., aber auch alte Bilder (Anmerkung: Am Tag zuvor waren wir auf Besuch. Die Gastgeberinnen hatten mehrere Instrumente.) Ich fragte was die Instrumente kosten, erhielt jedoch keine klare Antwort. Die Frau erklärte mir, das gehe nach Länge. Dann nannte sie auch noch Preise. Mir kam das unlogisch vor. Die Länge des Instruments mache den Preis aus? Noch während sie die Preise nannte, vergaß ich was sie sagte. (Das passiert mir leider auch manchmal im realen Leben.) Wir wollten gehen, ohne etwas zu kaufen. Den Verkäufern gefiel das nicht. Die Frau meinte: "Das werden sie sicher bald bereuen. Später werden sie darum betteln, kaufen zu dürfen!" Mir war egal was sie sagte, denn ich konnte sowieso kein Instrument spielen. "Ich warte bis wieder neue Instrumente kommen!", schrie ich und ging.

(An dieser Stelle wurde mir bewusst, dass ich gar nicht die handelnde Person war. Trotzdem ging der Traum weiter.)

Jetzt wollte ich so schnell wie möglich weg. Warum und wohin wusste ich gar nicht. Mehrere steile Treppen musste ich hinunter. Das ging wahnsinnig schnell, denn teilweise sprang ich mit Leichtigkeit über mehrere Stufen hinweg und manchmal schien es, als würde ich rutschen. Ein Paar kam hinter mir. Sie kamen mir nicht nach. Zeitweise fürchtete ich, dass ich stolpern könnte. Doch ich war sehr tritt sicher.

Unten waren wenige Menschen. Ich glaube es wurde auch langsam dunkel. Bei einer Straßenbahn Haltestelle blieb ich stehen und wartete alleine auf den Zug. Nur vereinzelt gingen Leute herum. Ich zog meine Brieftasche aus der Handtasche. Erstens war viel Geld drinnen und zweitens mehrere Fahrscheine. Die waren aber alle abgestempelt, wie ich feststellen musste. Mir war nicht klar, ob ich in der Tram bezahlen konnte. Da tauchte plötzlich ein unsympathischer Mann auf und stellte sich neben mich. Mit offensichtlich gespielter Freundlichkeit bat er mich um Geld. Ich solle ihm die Hälfte des Geldes geben, das in meiner Brieftasche war. Weil ich mich weigerte, kam er immer näher und begann mir zu drohen. "Hilfe, ich werde überfallen!", schrie ich. "Rufen sie die Polizei!", fügte ich hinzu, als eine Frau sich umdrehte. Das hätte sie nicht gemacht, war mir klar und ich dachte auch darüber nach, ob man die Polizei überhaupt rufen darf, obwohl es nur Drohungen waren, welche der Mann von sich gab. Zum Glück verschwand er so plötzlich, wie er aufgetaucht war. Er hatte Angst bekommen.

Trotzdem ging ich weiter und kam in eine Gegend, in der es wie im wilden Westen aussah. Eine kahle, weitläufige Gegend, fast wie eine Wüste. Schienen, sonst fast nichts. Aber viele Menschen, die alle zur Haltestelle kamen, als man den Zug kommen sehen konnte. Doch auch einige Männer auf Pferden kamen an geritten. Wie sich später heraus stellte, waren es Räuber.

Ich wollte unbedingt ganz vorne beim Fahrer einsteigen. Dort wartete bereits ein Mann, der genauso unsympathisch war, wie der Räuber. Auch er entpuppte sich als Räuber. Statt mit dem Zug zu fahren, wurde ich in ein Haus eingesperrt. Man nahm mir alles ab, was ich besaß. Während man mich zur Türe brachte, konnte ich drinnen, im Hintergrund, einen Mann und eine Frau sehen. Beide waren gefesselt und geknebelt. Das waren die Hausbesitzer.

An dieser Stelle gab es anscheinend einen Bruch im Traum, denn obwohl mich jemand zum Haus und vermutlich auch ins Haus brachte, gab es keine echte Fortsetzung. D. h. ich erlebte mich nicht im Haus und ich sah auch die Hausbesitzer nicht mehr.

Doch die Geschichte ging weiter, wurde aber immer blasser. Es ging um Vornamen. Jemand machte etwas mit diesen Vornamen. Nur war ich leider schon zu wach, um das genau zu verstehen. Er oder sie ringelte die aufgeschriebenen Vornamen mit einem Stift ein. Danach wurden die Kreise auf bestimmte Weise auf einem Blatt Papier verteilt.

Montag, 27. Dezember 2021

In diesem Traum entsprach nichts den realen Gegebenheiten und deshalb glaube ich, dass ich von fremden Personen geträumt habe.

Meine Schwester Mi und ich waren in England zu Besuch bei unserer Tante (real verstorben). Die beiden anderen Schwestern kamen im Traum nicht vor, so als würde es sie gar nicht geben. Die Tante hatte keine Kinder (real aber schon). Sie wollte uns beiden alles vererben, was sie besaß. Sonst hatte sie ja niemanden.

Die Tante schien relativ reich zu sein. Wie es mit dem Bargeld aussah, wusste ich nicht. Darüber machte ich mir auch keine Gedanken. Geld war mir egal, es hatte für mich keine Bedeutung. (Auch real spielt für mich Geld nur eine untergeordnete Rolle.)

Was mich wunderte war, dass auch meine Schwester offenbar so wie ich dachte. Sie wollte mit mir ehrlich teilen und ich auch mit ihr. Doch die Tante lebte ja noch. Wozu also sich darüber Gedanken machen? Ich freute mich, bei ihr sein zu dürfen. Die alte Dame war auch eine sehr liebe Frau, die man gern haben musste.

Tante R. zeigte uns ihren Garten. Er war riesig. Es waren auch andere Leute da, welche ich nicht genau wahrnehmen konnte. Sie halfen ihr bei der Gartenarbeit. Alleine hätte sie das auch nicht schaffen können. Jemand stützte sie, während sie irgendwelche Blumen umsetzte.

Als ich den Garten als Ganzes betrachtete, musste ich lachen. Sie hatte zwar die Blumen immer in Gruppen angeordnet, trotzdem wirkte das Gesamtbild irgendwie seltsam und disharmonisch, weil die Gruppen irgendwie zerstreut über den Garten verteilt waren. "Du solltest entweder die Blumen im Zentrum konzentrieren, oder außerhalb einen Ring bilden!", meinte ich. "Das würde viel besser wirken!"

Nach dem Gartenbesuch gelangten wir in ihr ebenso riesiges Haus. Bei einer Türe hatte sie einen Schlüssel versteckt. Das fand ich auch lustig. "Das findet doch jeder gleich!", sagte ich. Sie reagierte darauf nicht. Auch ihre anderen Verstecke waren zu offensichtlich. Man musste nicht einmal ein Profi Einbrecher sein, um alles was sie versteckte, mühelos aufzuspüren.

Dienstag, 21. Dezember 2021

Bei der Straßenbahn kündigten plötzlich viele Leute gleichzeitig. Ich weiß aber nicht, ob das nur bei einem Bahnhof der Fall war, oder allgemein. Die Leute die dort alles am Laufen halten sollten, waren verzweifelt. Da kam ich plötzlich auf die Idee, ich könnte mich dort bewerben. Doch nicht nur ich hatte diese Idee. Einige andere ebenso, unter ihnen eine junge Frau. Ich ließ ihr den Vortritt.

Die für die Aufnahme zuständige Dame war sichtlich erleichtert. Sie strahlte geradezu, so glücklich war sie über diese Wendung. Zuerst freute sie sich über die Frau vor mir und dann auch noch über mich. Die junge Dame, die sich ebenfalls beworben hatte, bekam einen Zettel in die Hand gedrückt, auf dem stand, wann sie wo eingesetzt werden würde. Einen zweiten, der eigentlich für mich bestimmt war, wollte sie auch nehmen. Den musste ich ihr aus der Hand reißen. Als ich ihn endlich fest in der Hand hielt, betrachtete ich ihn aufmerksam. Bewusst erkennen konnte ich nur die erste Zahl: 1 Uhr 30. Es war aber schon viel später und man hatte mir gesagt, ich solle sofort anfangen. Also konnte das SOFORT nur bedeuten, mein Dienstbeginn wäre morgen.

Nun stellte ich mir die Frage, wo ich mich morgen melden müsse. Das bekam die Frau, die mich aufgenommen hatte, scheinbar mit, denn sie meinte: "Na, hier natürlich!" "Danke!" Plötzlich wurde ich gesprächig: "Meine Eltern waren auch bei der Straßenbahn. Aber früher blieben die Leute ihr ganzes Leben dabei, wenn sie es erst einmal geschafft hatten, eine Stelle zu bekommen. Nicht so wie heute, wo viele diese Arbeit nur kurze Zeit über machen und dann wieder wechseln." Während ich so dahin plapperte fiel mir auf, ich wusste gar nicht als was ich arbeiten sollte. Als Schaffnerin, oder als Fahrerin? Die Erinnerung setzte ein. Ich sah alte Fotos aus der Zeit, als man noch Schaffnerinnen hatte. Sollte es das jetzt wieder geben?" Die Frau unterbrach meine Überlegungen. "Ich glaube es wäre gut, wenn sie zuerst einmal mit einem Schulungswagen fahren." Einige Worte wechselten wir noch, dann ging ich.

Unterwegs kam ich zu einem Geschäft. Als ich hinein ging merkte ich, dass ich keine Maske auf hatte. Das war mir peinlich. Eine Frau sprach mit mir (ich habe leider vergessen worüber wir sprachen), als mir dieser Umstand plötzlich bewusst wurde. Deshalb suchte ich nach meiner Maske. Die Frau beruhigte mich: "Das macht doch nichts. Ich habe ja auch keine Maske auf!" Da sah ich mich um. Fast niemand trug eine. Dabei wimmelte es hier nur so vor Menschen.

Jemand führte einige Leute, darunter auch mich, zu kleineren Geschäften. Er oder sie wollte, dass wir uns dort platzieren und stehen bleiben. Ein Bankraub war nämlich geplant, den man verhindern wollte. Indem man in jedem Geschäft einige wenige Personen stationierte, sollte die

31

Gefahr herunter gestuft werden. "Was ist wenn er gleich auf uns schießt?", fragte ich, bekam jedoch keine Antwort. Das war aber auch keine Bank, wunderte ich mich. Was diese Leute vor hatten, ergab in meinen Augen keinen Sinn. Ich blieb nicht dort, wo ich hätte bleiben sollen, sondern wechselte in ein großes Geschäft, das voller Kunden war. Dann begann ich zu singen: "Ba ba ba ba ba Banküberfall..." Weiter konnte ich nicht. Ein Mann sang an meiner Stelle weiter. Er kannte den Text und die Melodie. Wieder begann ich mit jemandem zu reden, wobei ich das Gefühl hatte, ich würde mehr oder weniger sinnlos daher plappern: "Eine Freundin von mir wurde 3x in der Bank überfallen! Nicht alle Bankräuber sind wirklich gefährlich!" Ich dachte man würde mir nicht glauben, dabei sagte ich die Wahrheit. (Entspricht auch der Realität)

Sonntag, 19. Dezember 2021

Eine kurze Szene beim Einschlafen konnte ich sehen. Aber leider bin ich dann doch nicht eingeschlafen. Solche Traumbilder sind im Prinzip ganz normale Träume.

Ich sah eine Gruppe bewaffnete Soldaten. Sie hatten Tarnuniformen an und schlichen sich zu einem Haus, als wären sie im Krieg. Ob das mein Haus war, weiß ich nicht.

Ich hatte danach noch 2 Träume unabhängig voneinander.

Vom 1. Traum habe ich mir nur Worte gemerkt. Es ging dabei um Künstler.Ich hörte jemanden sagen: Nobody knows ...

Der 2. Traum war unlogisch.

Zwei Männer. Einer war Jude und mit diesem identifizierte ich mich. Vermutlich wusste ich deshalb nicht, wie er/ich aussah. Man sieht sich selbst ja nie. Der andere hatte kurz geschorenes Haar und eine runde Glatze. Ich glaube er sah aus wie ein Mann, den ich immer wieder in der Werbung sehe. Seine Haare waren extrem rot. Der Mann mit der Glatze trug eine Perücke, die recht seltsam aussah. Die Haare waren schwarz. Er nahm die Perücke ab und gab sie dem Juden, der sie aufsetzte. Dieser lachte dabei und sagte: "Jetzt werde ich wegen der Glatze angepöbelt und du, weil die Leute glauben du bist Jude." Das war eigentlich absurd. Warum sollte jemand einen Mann, der keine Glatze hatte, wegen einer Perücke für einen Glatzenträger halten und warum sollte jemand einen der jetzt eben wie ein rothaariger Glatzkopf aussah, für einen Juden halten? Im Traum kam mir das aber nicht seltsam vor.

Die beiden Männer gingen Kaffee kaufen. Ein kleiner Hund war da, der ihnen vermutlich gehörte. Der Hund bellte ständig. Es war unmöglich, ihn davon abzuhalten.

33

Sonntag, 12. Dezember 2021

Der Traum war zeitweise etwas verwirrend und unklar, auch was die handelnden Personen betrifft. Meine (real verstorbene) Mutter schien da zu sein. Später war sie einfach weg. Ich nahm sie nur am Rande wahr, denn mit der Geschichte hatte sie wenig zu tun. Es gab nur ein kurzes Gespräch über ihre Freundin (real auch verstorben). "Wie alt ist Sylvina eigentlich?", fragte ich und bekam zur Antwort: "Ich weiß nicht genau. 21, 34, oder so?" "Das kann doch nicht sein. Sie muss doch schon viel älter sein!", antwortete ich. "Über 90 zumindest. Vielleicht 100!" Von weitem sah ich die Freundin und wunderte mich. Auf ihrer Kleidung stand: Kommunistische Partei. Kurz danach war sie weg. Dann kam ein älterer Mann mit weißen Haaren. Er meinte, sie sei gestorben. Mein erster Gedanke war, man musste sie ermordet haben, denn das kam zu plötzlich. Zwar wurde mir nicht gesagt, woran sie gestorben war, aber ich war mir ganz sicher: es war Mord. Offenbar hatte jemand, vielleicht ich, etwas gesagt, was diese Leute dazu brachte ihr zu misstrauen. Sie dachten wohl, jemand habe sie verraten. Dabei war das nicht der Fall.

Ich tat bei dem folgenden Gespräch, als wäre ich nicht misstrauisch. Der Mann glaubte mir aber trotzdem nicht wirklich. Verunsichert war er aber doch. An sich war er von vorne herein davon überzeugt, dass ich alles verstehen müsse, was er

34

andeutete. Ich verstand es zwar nicht, ahnte aber immer was er meinte. Doch ich hatte Angst davor, es ihm zu sagen. Ein zweiter Mann kam dazu. Er erklärte, vor dem Haus stünde ein Bus. Als wolle er mich hypnotisieren, sprach er lange davon, wie gerne man in diesem Bus mitfahren würde. Das war für mich abschreckend. Es schien eine Falle zu sein. Ich dachte man wolle mich ermorden. Eine Frau ging weg. Da sprang ich auf und sagte: "Ich gehe jetzt auch!" Gemeinsam mit ihr und noch jemandem, verließ ich den Raum und stieg draußen natürlich nicht in den Bus. Ich fuhr mit meiner Begleiterin im Auto mit.

Wir fuhren in Richtung altes Haus. Es kann sein, dass nach einiger Zeit ein Mann am Steuer saß. Da bin ich mir aber nicht sicher. Schon bald kamen wir zur Ringstraße. Dort hatte meine Begleitung Probleme mit dem Auto. Es schleuderte. Sie hielt an und überlegte, wie wir weiter fahren sollten. "Du kannst doch nicht mitten auf der Ringstraße parken!", meinte ich aufgeregt. Doch das war offensichtlich gar nicht schlimm, denn es gab keinen fließenden Verkehr. An einer Stelle konnte man abbiegen und dann ungehindert weiter fahren. Was wir auch taten.

Schließlich waren wir dann doch wieder in einem Raum. Eine junge Frau war da und die beiden gefährlichen Männer von vorhin. Einer der beiden - er war alt und ziemlich groß - tat plötzlich total desinteressiert. Der andere redete mit der junge

Frau. Ich wusste, sie würden versuchen, sie unter Drogen zu setzen. Das versuchte ich zu verhindern, ich konnte jedoch mit ihr nicht reden. Vielleicht war ich also gar nicht wirklich da. Sie solle weder etwas essen, noch trinken, versuchte ich ihr zu sagen. Doch sie tat es und schon bald hatte sie die Kontrolle über sich verloren. Der Mann zeigte nun sein wahres Gesicht. Er war böse und gehässig. Er versuchte sie zu erpressen. Sie reagierte mit Zorn. Das würde sie sich nicht gefallen lassen. Die Frau ließ sich nicht einschüchtern.

Es gab noch eine weitere Szene. Eine andere junge Frau, vielleicht war es ihre Schwester, war gerade nach Deutschland gefahren. Sie hatten entweder miteinander telefoniert, oder wollten das tun. Dadurch hätten sie beweisen können, dass die Frau, die man unter Drogen gesetzt hatte, schuldlos an dem war, was man ihr unterschieben wollte. Das war alles sehr kompliziert für mich, sodass ich nicht genau verstehen konnte, worum es ging.

Dienstag, 7. Dezember 2021

Ich konnte mir nur ein Detail des Traums merken.

Meine Mutter wirkte ganz anders als früher. Das war mir auch im Traum bewusst. Trotzdem glaubte ich, dass sie es ist. Es war, als wäre sie geistig nicht ganz auf der Höhe. Sie hatte etwas Dumpfes an sich. Wie alt sie war, ist schwer zu sagen. Ein Kind war sie jedenfalls nicht. Fast schien es, als sei es eine Fortsetzung ihres Zustandes vor ihrem Tod. Allerdings war sie doch nicht ganz so alt. Ich merkte, sie konnte fast überhaupt nicht mehr hören. (Anmerkung: sie hörte am Ende ihres Lebens, mit 90 Jahren, ziemlich schlecht, kam aber ohne Hörgerät aus. Sie hatte aber eines, welches sie nicht verwendete.) "Du brauchst unbedingt ein Hörgerät!", sagte ich zu ihr. Worauf sie nicht reagierte. Unklar war, ob sie mich nicht verstand, weil sie fast taub war, oder weil sie geistig dazu nicht in der Lage war.

Es folgten Gedanken bezüglich des Hörgeräts. Vielleicht würde ich später irgendwann einmal auch eines brauchen, dachte ich, jetzt sei das jedoch noch nicht der Fall.

5. Dezember 2021

(Anmerkung: Seit kurzem höre ich mir eine Internet-Hypnose immer wieder an. Manchmal verliere ich dabei das Bewusstsein. Ob ich einschlafe, oder so tief in Trance gerate, dass ich unbewusst werde, weiß ich nicht. Heute hatte ich jedenfalls einen kurzen Traum gegen Ende der Hypnose. Ich war weggetreten und kam plötzlich wieder zu mir.)

Der Traum: M kam nach Hause und war außergewöhnlich still. Lange Zeit saß er nachdenklich da und sprach kein Wort. Er aß nicht und er ging auch nicht zum Computer. Etwas musste passiert sein, das war klar. In diesem Zustand verharrte er, bis er plötzlich sagte: "...xxx (er nannte einen Namen, der ähnlich wie Bagum, Bagul, Bendul, oder so ähnlich klang) ist gerade gestorben."

Zuerst dachte ich er meine vielleicht Basil, den Hund, aber der war ja schon vor einigen Monaten gestorben. Der Name den er nannte, klang schon so ähnlich. Trotzdem war er mir fremd. Wahrscheinlich hatte ich ihn nie vorher gehört. Oder er sprach einfach nur undeutlich, weil er trauerte. Ich fragte ihn nicht, wen er meinte. Mir kam in den Sinn, sein ältester Bruder sei gestorben. Das war mein erster Gedanke. Diesen meine er vermutlich. Oder vielleicht doch anderen Bruder? Ich begann zu raten.

Mittwoch, 1. Dezember 2021

Wir waren unterwegs. Irgendwie kamen wir zu einem Hund. Er war etwa kniehoch und schwarz. Vermutlich war er noch sehr jung, denn er rannte ständig quirlig herum. Es war schwierig ihn einzufangen. Der Hund durfte zu uns ins Bett, weil es gar keine andere Möglichkeit gab. Denn unser Bett befand sich in einem Auto. Wie das Auto aussah, weiß ich nicht. Vielleicht war es ein Wohnwagen. Zwischendurch ließen wir den Hund hinaus. Dann hatten wir jedes Mal wieder Mühe, ihn einzufangen. Freiwillig kam er nämlich nicht zu uns herein. Zeitweise nannte ich ihn Rexi. Dieser Name fiel mir ein, weil ich plötzlich an eine Bekannte denken musste, deren Hund so hieß. Auch dieser Hund ist schwarz und sieht so ähnlich wie der Hund im Traum aus. (Real) Mir kamen Bedenken, als mir dieser Umstand bewusst wurde. Deshalb suchte ich nach anderen Namen. Doch ich wusste einfach nicht, wie der Hund hieß.

(Anmerkung: An dieser Stelle wurde ich immer wacher, träumte aber gleichzeitig weiter.)

Jemand sagte: "Eine Atombombe wird explodieren. 1 Uhr 45." Diese Zeitangabe sah ich, als habe sie jemand auf einen Zettel aufgeschrieben. Wer diese Person war, konnte ich gar nicht mehr sehen, so wach war ich. Nur einige Möbelstücke konnte ich erkennen. Weiße Stühle, glaube ich, kamen vor. Ich hatte gar nicht mehr das Gefühl zu träumen. Deshalb bin ich mir nicht sicher, ob es sich bei dem Traum um eine normale Voraussage handelte. Vielleicht war es nur Fantasie? Es klang aber so deutlich und eindringlich, dass ich es trotzdem erwähne.

Samstag, 27. November 2021

Zwei Träume, die voneinander unabhängig zu verschiedenen Zeiten geträumt wurden.

1. Traum

Wir wurden verfolgt und wollten uns durch ein Loch, das sich auf dem Boden befand, retten. Doch wir waren nicht schwer genug und blieben deshalb stecken. Erst als es mir gelang den Hund zu mir zu rufen und er auf mich hinauf sprang, sackten wir ab. Die Verfolger blieben zurück. Sie konnten uns nicht folgen.

2. Traum

Ich hatte begonnen, in einem Krankenhaus zu arbeiten. Es gab dort eine Ausbildung, die ich machen wollte. Ein Mann meinte, er habe vor bestimmten Arbeiten Angst. Dann solle er sie besser nicht anstreben, meinte ich. Da fiel mir ein, dass ich Angst davor hatte, jemandem eine Spritze zu geben. Diese Arbeit sei deshalb auch nichts für mich. Doch nun war ich schon da und wollte weiter machen. Vielleicht könne ich mich davor drücken, manche Sachen zu machen. Meine Kinder könnten mir dabei vielleicht helfen.

Wir unterhielten uns mit den neuen Kollegen. Alle waren freundlich, aber zumindest eine Person sprach kein Wort. Der Mann, der am meisten mit uns redete, war mir nicht sympathisch. Etwas stimmte mit ihm nicht und auch die anderen wirkten irgendwie eigenartig. Sie waren misstrauisch. Vermutlich fürchteten sie sich vor einer Gefahr, die wir nicht erkennen konnten. Als ich sagte, ich hätte früher in einem Altersheim gearbeitet, vertrauten sie mir plötzlich. Am Himmel sah ich mehrere Männer fliegen. Ich wunderte mich, wie sie das ohne Fluggerät so lange durchhalten konnten. Dann bemerkte ich, dass sie offenbar auf Luftmatratzen surften. Mich wunderte trotzdem, wie das funktionierte.

Ich hatte mehrere Kinder. Darunter war mindestens ein etwas größerer Sohn. Zum Glück hatten sie noch keine Freunde in der Gegend, weil wir neu zugezogen waren. Ich fürchtete nämlich, sie könnten dazu überredet werden, auch in der Luft zu surfen. Das war ziemlich gefährlich. Dann erfuhr ich, dass mein Sohn das schon gerne machen würde.

Donnerstag, 25. November 2021

Mit den Öffis fuhr ich zu unserem alten Haus. Der Busfahrer war sehr freundlich. Kurz bevor ich aussteigen wollte, drückte ich den Knopf, damit er wusste, er müsse halten und stellte mich vorne zum Eingang, neben dem Fahrer. Das störte nicht. Der Bus hielt. Aussteigen konnte ich nicht gleich. Erschrocken sah ich zu, wie sich der Bus zu teilen begann. Er brach jedoch nicht auseinander, sondern sank dadurch tiefer zu Boden, sodass ich fast ohne eine Stufe steigen zu müssen, aussteigen konnte. Es gab nur mehr eine dünne Platte, die

41

direkt auf der Straße auf kam. Das machte der Fahrer extra für mich.

Nachdem ich mich bedankt hatte und ausgestiegen war, ging ich die Straße hinauf, bis fast vor unser Haus. Dort war die Straße aufgerissen und sogar der Wirtschaftsweg, der Richtung Wald führte, war offen, als würde man dort Leitungen verlegen wollen. Es sah schrecklich aus. Aus einer Einfahrt kam ein riesiger LKW. Real habe ich einen so großen Transporter noch nie gesehen. Er brachte Erde aus einem Garten.

An dieser Stelle wurde es wieder einmal etwas verwirrend. Zum Teil war mir bewusst, dass wir dort nicht mehr wohnten, aber zum Teil schien es doch noch unser Haus zu sein. Denn meine älteste Tochter schlenderte auf dem Gehsteig entlang. Sie kam aus unserem Haus und sie war ein Kind. Weil sie mich nicht bemerkte, rief ich sie. Mehrmals nannte ich einen falschen Namen, bis mir endlich ihrer einfiel. "Was machst du denn da? Das ist gefährlich, da fahren lauter große Autos herum. Die sehen dich gar nicht. Geh auch nicht zu fremden Leuten hinein.", sagte ich zu ihr. Da hörte ich plötzlich die Stimme von L: "Zu mir kannst du aber schon kommen!" Das war mir auch nicht Recht, aber ich sagte nichts dazu. Sehen konnte ich L nicht. Meine Tochter ging wieder zu uns nach Hause.

Zuerst dachte ich, unser Haus wäre abgerissen worden, weil der Nachbar, der es gekauft hatte, dort neu bauen wolle. Nun war ich mir aber nicht mehr so sicher. Es sah eher aus, als würde der andere Nachbar sein Haus abreißen lassen. Ich dachte er würde vielleicht die Arbeiten der Stadt Wien, irgendwie für seine eigene Bautätigkeit nützen.

Dort wo die Straße gewesen war, konnte man ein sehr tiefes Loch erkennen, in welchem sich Wasser angesammelt hatte. Wie ein kleiner See wirkte das. "Sie haben sicher einen Rohrbruch.", meinte ich. "Ich muss mir den Fotoapparat holen und das alles hier fotografieren. Vor Jahren habe ich geträumt, die Straße sei total aufgerissen worden, bis weit hinter dem Haus von L. Damals hat sich das nicht so wie jetzt erfüllt. Man hat damals die andere Straße aufgerissen und dort sah es so aus, wie in meinem Traum. Weil aber die Erfüllung so knapp nach dem Traum eintrat, habe ich sie nie erwähnt und auch kein Foto gemacht. Doch jetzt ist die Erfüllung da." Ich holte den Fotoapparat und begann zu fotografieren, während ich mit jemandem über meinen damaligen Traum diskutierte.

Dienstag, 23. November 2021

Gemeinsam mit einer Gruppe, die aus Italienern bestand, war ich nach China gefahren. Ein Chinese führte uns herum. Ich kann mich nicht genau erinnern, was wir alles zu sehen bekamen, aber ich glaube wir befanden uns zeitweise in einer U Bahn Station. Mindestens zwei Leute sagten etwas über China, bzw. über den Kommunismus, was dem Mann nicht passte. Er wirkte darob verärgert. Ich sagte gar nichts. Das schien ihn zu freuen, denn gegen Ende der Führung bekam ich ein Geschenk von ihm. Es war ein Papier, oder eine Schachtel aus Karton, bunt bedruckt, oder bemalt. Lauter kleine Szenen wurden dargestellt. Das sah wirklich hübsch aus. Mir gefiel es gut. Jemand sagte: "Kann ich auch so etwas haben?" Kurz dachte ich, eines meiner Kinder habe das gesagt. Dann bat noch jemand um ein Exemplar. Wieder war es eines meiner Kinder, obwohl meine Kinder gar nicht mit gefahren waren.Sie bekamen auch je eines, worüber sie sich sehr freuten. Der Chinese freute sich auch, weil seine Geschenke gut angekommen waren.

Schließlich bedankte ich mich noch lang und breit für die Einladung und sprach meine Verwunderung darüber aus, dass ich überhaupt hatte mit fahren dürfen. Immer wieder betonte ich, ja doch Ausländerin zu sein. Das verstand ich selbst nicht richtig. Fast war es so, als würde ich rätseln, warum ich das so sehr betonte und wie es gemeint war. Irgendwann erklärte ich dem Chinesen und mir selbst, ich sei in Bezug auf die Italiener Ausländerin, gehöre also nicht zu ihnen dazu. Das hatte ich nicht in Bezug auf China gemeint.

(Anmerkung: Dann begann der Traum zu verblassen, weil mir gerade jemand mehrere SMS schickte, die furchtbaren Krach machten, was mich aufweckte. Als ich später nach sah, war es doch nur eine SMS gewesen, die angeblich von Yun-Express stammte, einem chinesischen Unternehmen. Behauptet wurde, ich hätte etwas bei Healing Rock bestellt, einer Firma die handgearbeitete Edelsteine herstellt. Habe ich natürlich nicht gemacht.)

Sonntag, 21. November 2021

Der Traum war zum Teil etwas wirr und unlogisch.

Wir waren in unserem alten Haus, so als würden wir dort noch wohnen. (Anmerkung: Real haben wir es vor einigen Jahren verkauft.) Mein Hund machte im Garten mehrere riesige Haufen. Diese versuchte ich zu entfernen, war aber nicht schnell genug. Denn ein Mann mähte den Rasen auch dort, wo ich noch nichts gemacht hatte. Jemand meinte: "Bäh, grauslich!" Das schien der den Rasen mähende nicht zu bemerken. Er wirkte, als habe er keine Kacke gesehen und auch nicht gehört, was die Leute sagten.

Drei oder vier sehr unsympathische Männer waren im Garten. Sie wollten den Grund kaufen. Plötzlich war nicht mehr klar, ob es sich um unseren Garten handelte, den des Nachbarn, oder den von Frau Ju. Frau Ju. wollte verkaufen, daher wäre es eigentlich logisch gewesen, dass es sich um ihren Garten handelt.

45

Die Frau hatte den Garten bereits verkauft. Jetzt wollte sie das Geschäft jedoch rückabwickeln. Vermutlich hatte sie also auch noch an jemand anderen verkauft und wollte jetzt an diese Männer verkaufen. Vielleicht brachte das einen höheren Preis? Das ging aus dem Traum nicht so deutlich hervor. Jemand sagte: "Das (diese Rückabwicklung) wird sicher noch ein oder zwei Jahre dauern." Das erschien mir gut.

Trotz allem schien aber doch unser Garten, also unser Haus betroffen zu sein, denn ich sagte, wir hätten die mündliche Zusicherung, noch so lange bleiben zu dürfen, bis wir ein geeignetes Haus gefunden hätten. Ein oder zwei Jahre Frist seien nicht schlecht. (Anmerkung: eine solche Zusicherung hatten wir damals tatsächlich.) Dann sprach ich von K (dem Ort an dem wir jetzt real wohnen) und meinte: "K ist total hässlich!" Es gefiel mir dort nicht.

Schließlich sprach ich über unseren Hund. Er sei arm, weil er in K nur immer an der Leine gehen müsse, nicht wie früher, als wir ständig im Wald waren. "Ich kann doch nicht jeden Tag 3x in den Hörndlwald fahren, damit er frei umher laufen kann!" Mir fiel ein, dass er ja eigentlich sowieso nicht mehr frei laufen dürfe, weil er zu alt war. Denn leider wollte er trotzdem immer mit den jungen Hunden spielen und das war für ihn gefährlich. (Anmerkung: Das entspricht der Realität der letzten Jahre seines Lebens.) Zwar wollte ich wieder versuchen ihn ohne Leine in den Wald zu lassen, hatte aber eine unerklärliche Angst davor, er könne davon laufen, weil er die Freiheit nicht mehr gewohnt war. Dann sah ich ihn, wie er über eine Wiese rannte. Er wirkte ganz und gar nicht alt, sondern jung und dynamisch, genauso wie er zu seinen besten Zeiten gewesen war. (Anmerkung: Das könnte ein Hinweis auf eine bevorstehende neue Geburt sein. Sowohl bevor jemand stirbt, als auch - das nehme ich aber nur an - bevor jemand wiedergeboren wird, träumt man davon, dass diese Person wieder jung und agil ist.)

Samstag, 20. November 2021

S hatte eine alte Hütte zu einem guten Preis gekauft. Diese wollte sie anschließend gleich weiter verkaufen. Natürlich mit Gewinn. Als ich das erfuhr erklärte ich ihr, dass man in solchen Fällen eine weitere Steuer zahlen müsse. Diese wurde erfunden, damit nicht mit Grundstücken und Häusern spekuliert wird. Sie war enttäuscht und wirkte panisch Wahrscheinlich hatte sie kein Geld mehr, der Verkauf würde sich aber nicht lohnen.

Ich aß wieder Zucker. (Anmerkung. Im Moment esse ich keinen.)

Mittwoch, 17. November 2021

Ein Mann hatte panische Angst vor anderen Männern. Ich versuchte ihm zu helfen. Vor mir hatte er keine Angst, deshalb dachte ich, Frauen würden auf ihn nicht einschüchternd wirken. Ich legte mich gemeinsam mit ihm in ein Bett. Das funktionierte. Er blieb ruhig. Dann holte ich einen anderen Mann dazu, was ihn zunächst skeptisch werden ließ. Panisch wirkte er trotzdem nicht. Kurz lagen wir alle drei nebeneinander in einem Bett. Wir waren vollständig bekleidet, es gab keinerlei erotische Signale.

Ein weiterer Mann kam hinzu. Er schien so etwas wie ein Vorgesetzter zu sein: "Also vor ihm hat er keine Angst! Probiere es weiter, mit anderen. Ich möchte wissen, vor wem er sich so arg fürchtet.", meinte er und ging wieder. Offenbar war eine normale, verbale Kommunikation nicht möglich, sonst hätte man den Ängstlichen ja einfach fragen können.

Also probierte ich es weiter. Ein Mann nach dem anderen kam zu uns, ohne dass auch nur das Geringste passiert wäre. Offenbar hatte der Arme keine Männerphobie, wie wir anfangs gedacht hatten, sondern bloß Angst vor einem bestimmten Mann. Vor welchem und warum, blieb ein Geheimnis.

Eine Ärztin kam mit einer Spritze, um jemanden zu impfen. Das klappte irgendwie nicht und deshalb hatte sie eine Covid Impfung zu viel. Ob jemand sich impfen lassen wolle, fragte sie. Weil ich schon einen Termin für die 3. Impfung hatte, verzichtete ich. M sollte sie bekommen, der hatte noch keinen. Zudem sei seine 2. Impfung sowieso schon länger her als meine. Für ihn kam alles sehr überraschend. Er freute sich darüber und ich war auch froh, weil er derjenige war, der Covid nach Hause bringen könnte. Ich war ja vorsichtig.

Die Ärztin hielt die Spritze in die Höhe. Diese war nicht mehr ganz voll. Das konnte man deutlich erkennen. Durch das Herumgehen hatte sie vermutlich ausgeschüttet. Während ich mich fragte, ob der Inhalt nun noch steril sei und ob es schlecht sei, nicht die komplette Dosis zu bekommen, ging die Frau wieder kurz weg. Wahrscheinlich um den Inhalt aufzufüllen. Als sie wieder da war, bekam M seine Impfung.

Danach wollten wir uns mit den Kindern treffen. Auf unserem Weg kamen wir an eine Stelle, an der es eine steinerne Treppe gab. Diese führte hinauf zu einem Weg, der wie eine Brücke war, aber nicht über einem Abgrund, sondern an einem Berg beinahe angelehnt. Parallel zu ihm verlaufend, also. Am Ende musste man wieder eine Treppe benützen, die nach unten führte. Es ging hoch hinauf und war dementsprechend mühsam. Als wir dieses Hindernis bewältigt hatten merkten wir, dass wir eigentlich die Straße gerade und eben hätten weiter gehen können. Es war eine Fleißaufgabe gewesen und absolut sinnlos.

Ob wir dann die Kinder trafen, oder ob es andere Menschen waren, weiß ich nicht mehr so genau. Es gab eine Unterhaltung, in deren Verlauf ich ein Wort verwendete, welches man im täglichen Sprachgebrauch selten sagt. Es fiel mir einfach so ein. (Leider habe ich es aber jetzt vergessen.) Ich nahm es zum Anlass, über unsere Alltagssprache zu philosophieren. Man solle öfter selten getätigte Ausdrücke verwenden, wenn man etwas schreibt, erklärte ich jemandem.

Donnerstag, 11. November 2021

Es war ein total absurder Traum.

Mehrere Erwachsene saßen auf Stühlen und spielten, sie würden mit dem Bus fahren. Sie hatten sich auch dementsprechend gruppiert. Das war schon seltsam genug. Aber noch seltsamer war, dass man sie deshalb nicht bestrafen konnte. Ich kann mich nicht so genau erinnern, warum sie Strafe zahlen sollten. Sie waren ja in keinem Bus, mussten daher auch keine Fahrkarte lösen. Die Leute die sie strafen sollten, wussten das natürlich, aber ihnen waren die Hände gebunden. Verärgert standen sie herum. Jemand meinte lachend, er/ sie könne sich ja vor den Bus werfen. Dabei nahm die Person einen Polster in die Hand, um sich bequem hinlegen zu können. "Da müssen sie den Bus dann anhalten und aussteigen!" Alle grinsten, doch niemand machte es. Verärgert meinte eine andere Person, diese Betrugsmasche würde gut funktionieren, sie würden sie jedoch trotzdem kriegen.

Noch weitaus seltsamer war, dass andere Personen anwesend waren, die tatsächlich mit einem Bus zu fahren schienen, der nicht existierte. Für mich war das alles etwas verwirrend.

Freitag, 29. Oktober 2021

Meine Tante Bu war auf Kur gefahren. Der Onkel war aber zu Hause geblieben. Ich erfuhr, dass mein Stiefvater gestorben war. Das wollte ich der Tante nicht sagen, um sie nicht aufzuregen. Doch dann kam es noch schlimmer. Mein Onkel (ihr Mann) starb auch überraschend. Wie sollte ich ihr das beibringen? Eine Horrorvorstellung. Nun wartete ich auf ihre Rückkehr, denn in dem Kurort sollte sie diese schlimmen Nachrichten nicht bekommen. Doch das Schicksal ersparte mir die schreckliche Aufgabe. Auch die Tante starb überraschend.

 (Anmerkung: alle genannten Personen sind schon gestorben. Ihre Fotos hängen an der Wand, in dem Zimmer, in welchem sich die Geisterecke befindet, die ich für mein Geisterexperiment kreiert habe. Sie gehören also alle zu den Personen, welche ich im Geiste anzusprechen versuche. So wie die "Geisterjäger" im Fernsehen das machen, habe ich es bisher nicht gemacht. D. h. ich spreche niemanden laut an. Geister - sofern es sie gibt - haben keine Augen, keine Ohren, keine wie immer gearteten Sinnesorgane. Wie sollten sie unsere Stimmen hören können?)

Donnerstag, 28. Oktober 2021

Wir waren umgezogen (das entspricht der Realität), aber ich bin mir nicht sicher, ob wir wirklich in dem Ort waren, in dem wir uns derzeit befinden. Die Umgebung konnte ich nicht so genau erkennen. Unser Haus sah innen jedoch ganz anders aus, als unser reales.

Die Menschen in der Gegend waren sehr freundlich. Wir fanden schnell Anschluss. Sie waren offen und ohne irgendwelche Vorurteile. Darüber unterhielt ich mich mit jemandem, denn das gefiel mir. Innerhalb dieses Gesprächs meinte ich: "Vorurteile wird es doch sicher auch in der anderen Richtung geben!" Damit meinte ich Vorurteile von Ausländern gegen Inländer. Tatsächlich gab es ein fürchterliches Ereignis, ausgelöst durch Hass auf andere, der jedoch gegen Inländer (oder gegen andere Ausländer, die nicht dieser Tätergruppe angehörten) geprägt war. Davon war gleich eine ganze Gruppe von Menschen betroffen. Leider konnte ich nichts Genaues wahrnehmen. Es schien aber ziemlich blutig zu sein.

Später diskutierten wir über eine junge Frau, die im Ort wohnte. Jemand sagte: Schrecklich was man an Videos bei ihr gefunden hat! Darauf war harter, zügelloser Sex zu sehen!"

Gemeinsam mit anderen aus dem Ort wollten wir eine kleine Reise unternehmen. Niemand sagte mir wohin es gehen sollte und für wie lange. Ich suchte allerhand Sachen zusammen und einen roten Reiskocher, den ich einer Tochter geben wollte. Deshalb räumte ich so ziemlich alle Kästchen aus, die es gab. Es kamen viele Sachen zu Tage, an welche ich mich gar nicht mehr erinnert hatte. Schachteln und Körbe, die mit irgendwelchen Sachen angefüllt waren. Zu der Person die mir dabei zusah, meinte ich scherzhaft: "Wir haben ganz schön viel Gerümpel gesammelt!" Gerümpel war es natürlich nicht, aber vieles hätten wir nicht mehr gebraucht.

Es gab auch massenhaft alte Zeitungen. Vor allem den KURIER. Die Zeitungen wollte ich gleich weg werfen, hatte dazu jedoch zu wenig Zeit. Schließlich wollte ich nicht zu spät zum Treffpunkt kommen. Endlich fand ich den gesuchten Reiskocher, doch nun brauchte ich auch noch den Deckel. "Wie lange fahren wir denn weg?", fragte ich schließlich. "3 Tage!", kam die Antwort. Das gefiel mir nicht. "Das ist zu lange. Was ist, wenn der Hund verhungert? Er wird nicht fressen wollen, wenn ich so lange fort bin, weil er sich dann kränkt!" Eine junge Frau kam gerade vorbei: "Der wird schon fressen, wenn er

Hunger hat!" "Nein, wird er nicht, ich kenne ihn!" Nun hörte mir niemand mehr zu. Ich machte mir große Sorgen um den Hund, wollte aber trotzdem mitfahren.

Ein Mann kam, der zwar auch zu den Leuten gehörte, aber offenbar nicht mitfahren wollte. Er war im mittleren Alter und suchte nach einer Frau mittels Zeitungsinseraten. Ganz klar war nicht, ob er sie als Partnerin wollte, oder nur für Sex. Davon riet ihm jemand ab: "Bei deinem Ruf solltest du das besser nicht machen!" Ich glaube es war damit gemeint, der Mann habe einen schlechten Ruf.

In der nächsten Szene wurde ein Mann hinterrücks erschossen. Ob der Schütze jener Mann war, der die Inserate schalten wollte, weiß ich nicht sicher. Ich vermute es. Die beiden Männer kannten einander vermutlich, was aber auch nicht sicher war. Zumindest ging es nicht deutlich aus der Handlung hervor. Der Traum war teilweise etwas undeutlich. Es standen mehrere Personen herum. Das Opfer ging an ihnen vorbei. Der Schütze stand einige Meter hinter ihm und zog plötzlich eine Pistole. Mit ausgestrecktem Arm schoss er.

Montag, 25. Oktober 2021

Jemand war ermordet worden und wir suchten den Mörder. Vielleicht gab es sogar mehrere Tote, aber das weiß ich nicht mehr so genau. Durch verschiedene Provokationen versuchten wird die

Identität der gesuchten Person festzustellen. Wahrscheinlich befanden wir uns in der Gegend vom Naschmarkt, also in der Wienzeile. Immer wieder gingen wir in kleine Geschäfte. Das gehörte zu unserer Taktik. Leider erinnere ich mich nicht mehr so genau, was wir dort jeweils machten. Plötzlich begann ich zu tanzen. Dazu sang ich auch "das muss ein Stück vom Himmel sein ... " Ich sei meiner Mutter in mancher Hinsicht doch sehr ähnlich, dachte ich, zumindest was die Musik betraf. Was ihr an klassischer Musik und leichter Musik gefallen hatte, gefiel mir auch.

Samstag, 23. Oktober 2021

Offenbar wollte ich wieder in der Buchhandlung arbeiten, in der ich Lehrling gewesen war. Fröhlich kam ich ins Geschäft. Eine junge Frau, die auch dort arbeitete sagte: "Du bist aber zu spät!" Erst da merkte ich, dass es schon 9 Uhr 30 war. Mein früherer Chef (real verstorben) war auch noch nicht da. Deshalb konnte er es ja auch nicht bemerken, dachte ich. Darüber war ich froh.

Das Geschäft war voll. So viele Kunden! Aber niemand trug Maske. Das wunderte mich. Auch ich war ohne Maske ins Geschäft gekommen, fiel mir nun auf. Zu jemandem sagte ich: "Ich dachte, man müsse ab jetzt in jedem Geschäft wieder eine Maske tragen!" Irgendwie war ich skeptisch. Sollte ich wirklich dort bleiben? Mir erschien es in Bezug auf Corona gefährlich. Doch niemand schien das zu stören. Es gab auch keine Antwort auf meine Einwände.

Das Geschäft hatte ein oberes Stockwerk, welches man jedoch nur über einen Gang im Stiegenhaus erreichen konnte. (Zumindest früher war das nicht so.) Als ich mich auf den Weg nach oben machte, musste ich zuerst durch eine Türe. Dahinter befand sich ein Mann, der dort arbeitete. Deshalb konnte ich nicht gleich hinaus. Zum Glück war er sehr freundlich und öffnete für mich die Türe. "Bitte schließen sie die Türe wenn sie fertig sind!", meinte ich ebenso freundlich und er nickte.

Oben war alles gestopft voll. Trotzdem wollte von mir niemand eine Buchempfehlung, was mich allerdings nicht störte. Die Leute waren aber alle freundlich und sehr gut aufgelegt. Anscheinend störte sie das Gedränge nicht im Geringsten.

Nach einiger Zeit ging ich wieder hinunter. Oben gab es sowieso nichts zu tun. Wieder kamen mir Gedanken, wegen der nicht getragenen Masken. Das irritierte mich einfach. Wie konnten so viele Leute, dicht an dicht gedrängt, in einem kleinen Geschäft stehen und keine Maske tragen müssen? Das müsse doch gefährlich sein! Oben hatte ich einen dicken Schlauch gesehen, der wahrscheinlich frische Luft in den Raum leitete. Hatte man eine tolle Klimaanlage gebaut, die alle Viren vernichtete? Das beschäftigte mich lange Zeit über. Aufmerksam sah ich mich um. Eine Person stand in einer Ecke und saugte mehr als sorgsam Staub. Hatte das mit den Viren zu tun? Trotz allem fühlte ich mich nicht wohl.

Plötzlich brachen alle Leute im oberen Stockwerk auf. Das konnte man von unten sehen. Es wirkte jetzt wie in einem Theater. Oben gab es zusätzlich noch mehrere offene Stockwerke, wie im Theater bei einer Galerie. Ich dachte an eine Prozession, aber das Wort fiel mir nicht ein. Alles war seltsam. Jemand sagte: "Solange ich nichts angreife!" Damit meinte er, dass er unfähig sei etwas zu tun und solange er nichts mache, könne er ja nichts falsch machen.

Samstag, 16. Oktober 2021

Beim Einschlafen nur kurz: 15.11. Was das bedeuten soll, weiß ich nicht.

Traum:

Zufällig sah ich gerade aus dem Fenster im neuen Haus. Jemand ging vorbei und ich grüßte laut und deutlich. Es war auch sehr fröhlich und freudig. Doch als die Person zu mir auf sah merkte ich, es war ein fremder Mann. Ich hatte gedacht, es sei Tante Resi, die ich schon lange nicht mehr gesehen hatte. Ob mir in diesem Moment bewusst wurde, dass sie real schon sehr lange tot ist, kann ich nicht mit Sicherheit sagen, aber ich glaube schon. Der Mann sah freundlich lachend zu mir hinauf und meinte: "Schönes Haus!". Er schien zu wissen, dass
57

wir hier noch nicht lange wohnten. "Ja!", antwortete
ich. Der Mann hatte es offenbar eilig und ging
weiter.

(Anmerkung: Der Mann im Traum sah Tante Resi
stark ähnlich.)

Sonntag, 10. Oktober 2021

Als ich bei einer Zahnärztin war, fragte ich sie, ob
sie schon immer Zahnärztin werden wollte. Unser
Stationsarzt habe gemeint, niemand wolle Zahnarzt
werden, sondern jeder will Arzt werden. Aber wer
das nicht schafft, wird Zahnarzt. Doch sie sagte:
"Ich wollte schon immer Zahnärztin werden. Aber
ich bin auch Molekularbiologin!" Danach ging ich
weg, weil ich mit meinem Kind ins Krankenhaus
gehen musste. Das Kind war relativ klein. Wie klein
kann ich nicht sagen, aber jedenfalls konnte ich es
noch tragen. Unterwegs fiel mir auf, dass ich nackt
war. Ebenso das Kind. Nach einiger Zeit trug ich
wenigstens ein T-Shirt und das Kind einen Pyjama.
Die Leute beim Empfang wunderten sich nicht über
die Nacktheit. Das schien irgendwie normal zu sein.
Sie hatten mit uns Mitleid, weil sie uns für arm
hielten, was jedoch nicht der Fall war.

Es war zeitig in der Früh. Statt zu warten, ging ich
solange mit dem Kind in ein Geschäft, um Kleidung
zu kaufen. Gerade kam die Verkäuferin und sperrte
auf. Nun suchte ich Sachen für das Kind und für
mich. Für mich wollte ich eine eher kurze Hose

kaufen, doch die sei vermutlich unangenehm ohne Unterhose, dachte ich. Probieren wollte ich sie aus diesem Grund auch nicht. Was ich dann schließlich kaufte, weiß ich nicht.

Das Kind war nicht mehr da. Das fiel mir nicht auf. Alleine ging ich ins Krankenhaus, aber nicht als Patientin, oder wegen jemand anderem, sondern weil ich L (Freundin) besuchen wollte. Sie arbeitete dort (nicht real) Als ich sie endlich fand, meinte sie: "Niemand hier mag mich. Sie sagen, ich hätte Haare auf den Zähnen." "So eine Kollegin habe ich auch gehabt.", sagte ich.

Danach fuhr ich nach Hause, ins alte Haus. Dort wollte ich L treffen, wenn sie auf ihrem Weg nach Hause, an unserem Haus vorbei kommen würde. Aufmerksam beobachtete ich die Leute die vorbei gingen.

Dienstag, 5. Oktober 2021

Auf der Straße befand sich ein Halter, aus dem man Werbezettel entnehmen konnte. Einen davon zog ich heraus und las ihn sehr interessiert. Eine fremde Frau kam vorbei, sah mich lesen und fragte, ob man sich so einen Zettel einfach nehmen dürfe. Worauf ich antwortete: "Ich denke schon, dass man diese Zettel nehmen darf." Da nahm sie auch einen, las ihn und warf ihn gleich weg, weil er uninteressant war. Aha, dachte ich, es sind also verschiedene. Ich nahm noch einige. Dann sah ich ein Plakat, das schon etwas ramponiert war und riss es ab. Schließlich wendete ich mich einem Ständer zu, der vor einem Geschäft stand. Auf dem hingen viele T-Shirts. Einige nahm ich und ging damit weg, nachdem ich mehrmals hin und her gegangen war, um abzulenken

Ich dachte, niemand habe das gemerkt, aber als ich in einem großen Gebäude die Treppe hinauf ging, schien es mir, als würde mich jemand verfolgen. Zwei verdächtige junge Männer konnte ich ausmachen. Zur Sicherheit hängte ich sie ab, verließ das Gebäude und wartete unten auf die Straßenbahn.

Es kam eine Straßenbahn, die auch einen offenen Waggon ohne Türen hatte. Man musste hinein klettern. Das tat ich. Eine Frau saß auch dort. Sie hatte bunte Sachen die man essen konnte und legte mir einige direkt auf die Knie. Das wunderte mich. Damit wollte sie mir sagen, sie wolle mit mir schlafen, aber ich verstand sie nicht.

Als ich nach Hause kam, warf ich die Kleidungsstücke hin und machte etwas anderes. Zuerst kam B, wenig später S. S traf ich unten, an der Eingangstür. Wir waren nicht im realen Haus, sondern im alten, das aber nicht mehr wie früher aussah. Inzwischen unterhielt M sich mit B. oben. Wir kamen dazu. M zeigte uns, dass draußen alles anders aussah. Der Nachbar links von uns (wenn man davor steht) hatte das Haus ganz anders. Irgendwie verfallen wirkte es. Man konnte nur noch oben ein Fenster sehen, das halb verrammelt war. Rechts war gar nichts. Nirgendwo in den Häusern um uns herum wohnten Menschen. "Hier könnt ihr nackt herum gehen!", meinte M lachend. Niemand könne uns sehen.

Nun suchte ich die Kleidungsstücke, konnte sie aber beim besten Willen nicht mehr finden. Dabei erinnerte ich mich genau, wohin ich sie gelegt hatte. Sie waren nicht mehr da.

Montag, 4. Oktober 2021

(Real hatte ich im Fernsehen am Tag zuvor einen Hund gesehen, der in einem Tierheim lebt. Er war schwarz, schlank, mittelgroß, noch sehr jung. Von diesem Hund träumte ich.)

Jemand kam mit dem schwarzen Hund zu mir. Der Hund war sehr lieb. Mir tat das Herz weh, zu wissen, dass der Arme in einem Tierheim leben muss. Zu der Frau die ihn brachte, sagte ich: "Er ist so lieb. Am liebsten würde ich ihn sofort nehmen, aber ich kann nicht." Dann dachte ich über die möglichen Kosten nach, die zwei Hunde verursachen würden. Außerdem freute ich mich schon auf die kommende Freiheit, weil mein Hund ja schon sehr alt war und sicher nicht mehr allzu lange leben würde. Meine Hündin mochte den fremden Hund auch sofort. Sie bellte (auch real) alle Hunde an, die ihr begegnen. Zu diesem Hund sagte sie nichts. Inzwischen befanden wir uns auf

der Straße. Da kam jemand mit einem weiteren
Hund vorbei und schon bellte sie wie verrückt los.
Der schwarze Hund schaute nur und schwieg. Er
war wirklich angenehm.

Sonntag, 3. Oktober 2021

Ein Mann, den ich aus dem realen Leben nicht
kenne, im Traum aber schon, nahm mich mit dem
Auto mit. Zuvor hatte ich mich mit seinen Kindern
unterhalten und gemeint, er sei ein sehr guter
Vater. Der Mann war zu allen Leuten freundlich.
Man hatte das Gefühl, er sei einfach ein fröhlicher,
glücklicher Mensch. Meistens lachte er, was ihn
sehr sympathisch machte. Er nahm auch noch
einen Mann mit. In der Gegend, in der ich früher
gewohnt hatte, befanden wir uns gerade. Wir
fuhren beim Teich vorbei, beim früheren Wirten,
den es auch im Traum nicht mehr gab (real hat er
schon lange zugesperrt), um die Kurve, zur
Hermesstraße. Dort hielt er und wollte, dass ich
aussteige. Recht war mir das zwar nicht, aber ich
dachte er würde die Hermesstraße hinunter fahren.
Also stieg ich aus, ging zum Wirtschaftsweg vor und
dort die Stufen hinauf. Da sah ich gerade noch, wie
der Mann mit seinem Fahrgast links in den Kleinen
Ring abbog. Offenbar wollte er den anderen Mann
nach Hause bringen. Jetzt ärgerte ich mich aber
schon. Er hätte mich das Stück ja auch noch
mitnehmen können.

Ärger brachte nichts. Ich ging weiter. Plötzlich tauchten drei deutsche Schäferhunde auf. Einer war riesig und beängstigend. Der Hund kümmerte sich liebevoll um einen kleineren. Der dritte lief daneben her. Nun wirkten die Hunde nicht mehr bedrohlich auf mich. Sie ignorierten mich auch. Besitzer war keiner in der Nähe.

Auf der Straße wollte jemand direkt neben dem Gitter zu einem Schacht, welcher zu einem Kanal hinab führte, etwas in den Boden einlassen. Was das war, weiß ich nicht. Es war schwer. Befestigt werden sollte das Ding mit Sand. Das konnte nicht gut gehen, das sah ich sofort. Mit reinem Sand kann man nichts befestigen. Dazu braucht man Beton. Es geschah, was ich erwartet hatte. Dieses Ding versank gemeinsam mit dem Sand im Boden. Es ging ziemlich tief hinab. Offenbar gab es auch dort einen weiteren Schacht.

Donnerstag, 30. September 2021

Heute hatte ich gleich zwei Träume, die Gesundheit betreffend. Leider waren beide Träume nicht so richtig klar und deutlich, deshalb kann ich sie nur ungenau beschreiben.

Bei meinem ersten Traum ging es um eine Untersuchung, die ich machen wollte. Deshalb suchte ich entweder ein Krankenhaus auf, oder eine Ambulanz. Jedenfalls einen Ort, an dem viele Ärzte und Krankenhaus Personal war. Es war schwierig

63

jemanden zu finden, mit dem man reden konnte. Wie oft in solchen Anstalten, gab es auch dort vor allem Frauen, die für die Kommunikation zuständig waren, aber keine Erlaubnis hatten, Entscheidungen zu treffen. Zuerst unterhielt ich mich mit einer dieser Frauen, die mich dann jedoch weiter schickte. Nach einiger Zeit landete ich bei einem Arzt, der sich anhörte, was ich zu sagen hatte. Ob es nur um eine Untersuchung ging, oder doch um eine Operation, weiß ich nicht. Er lehnte ab. Das sei nicht notwendig, meinte er. Also ging ich wieder.

Draußen passierte etwas Seltsames. Etwas in meinem Mund brach ab. Ich dachte schon es sei ein Zahn, aber das war es nicht. Dann hatte ich das Gefühl, ein Teil meines Oberkiefers habe sich selbstständig gemacht. Das war auch nicht der Fall. Ich betrachtete es genauer. Das Ding sah aus, als wäre ein Stück über einem Zahn gewesen. Dieses Stück hing an einer gelben Platte. Meine Zähne waren noch alle da, spürte ich, während ich mit der Zunge den Mund abtastete. Schließlich sah ich das Teil, welches ich gerade in der Hand hielt, so als wäre es noch im Mund. Das wiederum kam mir vor wie eine feste Masse, die entsteht, wenn man etwas verputzt hat. Diese Masse klebte auf meinem Gaumen und der kleine Teil umschloss einen Zahn.

Mittwoch, 29. September 2021

Die Bahn hatte Probleme, weil es zu wenige Lokführer gab. Ein Mann stand etwas abseits, umringt von einigen Kindern. Jemand erklärte mir, weil es zu wenige Lokführer gebe, würde man auf Kinder zurück greifen. Die Kinder die ich sehen konnte, waren die Vertretung der Lokführer. Sie dürften jedoch nicht mehr als 10 Fahrten pro Woche machen, wurde mir erklärt. Man wolle sie nicht überfordern.

Sonntag, 26. September 2021

Heute hatte ich unabhängig voneinander 2 Träume.

Beim ersten Traum ging es um meine Kinder. Sie waren aber viel jünger als real. Deshalb gehe ich davon aus, dass es sich um fremde Personen handelte. Entsetzt stellte ich fest, die Kinder hatten nichts Ordentliches zum Anziehen. Ihre Sachen waren so arg, dass sie damit nicht unter Menschen gehen konnten. Ich musste ihnen Geld geben, das war klar. 100€ pro Monat und pro Kind, rechnete ich mir aus. Das war schon sehr viel Geld für mich, aber es war absolut notwendig.

Beim 2. Traum ging es um einen Serienmörder, der sein Unwesen trieb. Ich sah einen Mann in mittlerem Alter, den ich verdächtigte. Zeichnen kann ich ihn nicht, obwohl ich ihn sehr deutlich sehen konnte. Der Mann war sehr hell, das Haar war dunkelblond, bis blond und ich glaube er hatte
65

Locken. Er war freundlich, trotzdem war er mir unsympathisch. Lachend sagte er etwas zu mir und ging dann weg. Wir versuchten den Mörder zu entlarven. Beweisen konnte ich ja nicht, dass der unsympathische Mann der Gesuchte war. Es gab Überlegungen, ob wir den Mörder töten sollten, falls wir seiner habhaft werden würden.

Freitag, 24. September 2021

Offenbar hatten wir unser Haus verloren und wussten nun nicht, wo wir wohnen sollten. Nun kamen wir auf die Idee, wir könnten in das Haus ziehen, das auf dem Nachbargrundstück war. (Real war es abgerissen worden und die Familie, die das Grundstück gekauft hatte, hatte ein großes und modernes Haus dort gebaut. Real war das alte Haus nur aus Kisten gebaut. Vor dem Krieg hatte dort eine Familie mit 4 Kindern gewohnt. Heute wäre es undenkbar, darin zu wohnen.) Wir gingen durch die Gegend. Es gab neben den alten Häusern auch sehr viele neue. Deshalb wirkte alles irgendwie fremd und doch vertraut.

Ein Gespräch über das alte Häuschen des Nachbarn, das im Traum an seinem alten Platz stand. Ich glaube es sah nicht immer gleich aus. Wir überlegten, ob es möglich wäre, darin zu wohnen, denn es stamme aus dem Jahr 1748 (oder eine ähnliche Jahreszahl) und sei deshalb schon ziemlich renovierungsbedürftig. Vielleicht gebe es darin viele Mäuse. Aber es sah ganz gut aus (nicht wie früher real) Der Nachbar wohnte nicht darin. Er hatte ein Haus in der näheren Umgebung (nicht real). Ich sagte zu M: "Ruf den Herrn K doch endlich an, damit wir wissen, ob er uns das Haus überlässt." (Anmerkung: unklar, ob wir es kaufen, oder mieten wollten.) Wir fragten uns, wie das Haus überhaupt dort gebaut werden konnte. Der Lainzer Tiergarten war ja doch ein Stück weit weg. (Real war das einmal ein Teil des Lainzer Tiergartens und wurde nach dem 1. Weltkrieg von Kriegsveteranen besetzt. Später konnten sie das Land kaufen. Das alte Kistenhaus war real aber auch erst nach dem 1. Weltkrieg dort gebaut worden. Vorher gab es dort keine Häuser, weil es Besitz des Kaisers war.) Alles war sehr verwirrend. Dabei war die Vorgeschichte ja gar nicht wichtig für uns, weil nur das Wort des Nachbarn zählte.

Donnerstag, 23. September 2021

Die Post kam. Es waren mehrere Briefe darunter, die ungewöhnliche, große Formate hatten. Ich nahm zwei. Sie klebten ein wenig zusammen. Als ich sie zu trennen versuchte, wurde einer beschädigt und halb geöffnet. Erst da sah ich, dass dieser Brief gar nicht an uns gerichtet war. Es stand ein fremder Name darauf, den ich noch nie gehört hatte. Leider habe ich ihn vergessen. Wahrscheinlich war es ein langer, österreichischer Name. M griff danach, als wäre er für ihn bestimmt.

67

Auf dem Kuvert stand auch noch ganz groß: HOCHVERRAT und ein Text der so klang, als habe jemand eine Frage gestellt und jemand anderer habe diese Frage beantwortet. Das fand ich lustig. Lachend sagte ich: "Wo sind denn die vielen Zahlen?" Damit meinte ich eine Verschlüsselung, die man bei dem Wort Hochverrat erwartet. M blätterte in der Akte - ich glaube zumindest, dass es eine war - und zeigte mir einige Seiten, auf denen tatsächlich alles voller Zahlen war. Das fand ich noch lustiger.

Ein Wort kam vor, das ich leider auch vergessen habe. Es war nicht verschlüsselt. "Weiß jemand was das bedeutet?", fragte M. Das wusste ich. Zumindest was die ursprüngliche Bedeutung war. Das versuchte ich zu erklären. Genau erinnere ich mich auch daran nicht. Nur so viel: dabei ging es um Nord Vietnam und um etwas wie Telepathie. Man konnte etwas dort sehen, oder sichtbar machen, was man hier telepathisch sendete. Eine Übertragung ohne Geräte, ohne Kabel, etc.

Mittwoch, 22. September 2021

Es war finster und mitten in der Nacht. Ich stand nackt auf der Straße, in der wir früher gewohnt hatten, unter einer Dusche. (Anmerkung: absolut unlogisch, weil man dort schwer einen Duschkopf anbringen könnte, aus dem Wasser rinnt.) Zuerst war ich alleine, aber dann waren plötzlich viele bunt gekleidete Menschen da, die etwas feierten. Sie waren vielleicht 100 Meter von mir entfernt. Jemand hatte ein Fenster geöffnet und fotografierte. Es war eine jüngere Frau, die neben L. wohnte. Über diese Frau fiel mir in diesem Moment etwas ein. (Real wohnt dort derzeit niemand.) Zuerst dachte ich, es sei L, denn man konnte in der Dunkelheit die Häuser nicht so genau sehen. Die Junge Frau bemerkte, dass ich sie gesehen hatte und ging vom Fenster weg. Es war nicht klar, ob sie die Feiernden, oder mich fotografiert hatte. Jedenfalls vermutete ich, dass sie mich fotografiert hatte, weil der Fotoapparat in meine Richtung zeigte. Darüber ärgerte ich mich.

Nun ging ich nach Hause, um dort im Wohnzimmer zu duschen. Freunde von M kamen. Zum Glück gingen sie ins Nebenzimmer. Doch dann kam die Frau zu mir herein. Ich ärgerte mich wieder. "Geh bitte nach draußen, das ist ja peinlich!", meinte ich. Sie tat es. Bald war ich fertig. Es ging nun ums Essen, aber daran erinnere ich mich nur schwach. Irgendetwas konnte man füllen. Das war alles ziemlich verwirrend.

Einige Zeit später war ich wieder auf der Straße. Diesmal trug ich einen Badeanzug, aber auch ein T-Shirt. Es sah recht gut aus, den Badeanzug erkannte man auf den ersten Blick gar nicht, weil irgendwann auch eine kurze Hose darüber war. Anfangs jedoch nicht. Jemand hatte mir erzählt, es würde ein Schwimmbad bei der Post geben. Es würde dort grauslich aussehen. Hoffentlich wird die Post bald abgerissen, hieß es. Es handelte sich um ein riesiges Gebäude, also um kein kleines Postamt. Vermutlich war es ein Postzentrum. Dort kannte ich mich überhaupt nicht aus. Eine Frau, die wie ich gerade hinein ging, fragte ich nach dem Bad. Sie war sehr freundlich und führte mich sogar hin, weil eine Wegbeschreibung zu kompliziert gewesen wäre.

Dienstag, 21. September 2021

Die einzelnen Traumszenen erinnerten an einen James Bond Film. Offenbar identifizierte ich mich mit einem Mann, der eine wichtige Rolle spielte. Allerdings erinnere ich mich nur schwach an die Ereignisse.

Wir wurden von einer Geheimgesellschaft bedroht. Man wusste natürlich nicht wer diese Leute waren, aber zumindest in einem Fall konnte ich deutlich ein Erkennungszeichen sehen. Ein Mann trug einen großen Ring, der sowohl Gold, als auch Schwarz war. Ich meinte ein schwarzes, etwas seltsam geformtes großes M zu erkennen.

Jemand hatte mir eine Krawatte geschenkt, die ich auch umband. Doch als ich den Mann mit dem Ring bemerkte, begriff ich plötzlich, dass es ein Mordanschlag war. So schnell wie möglich nahm ich sie wieder ab, lief zu einem Fenster und schob sie durch ein Loch. Zum Glück war die Scheibe an einer

Stelle zerbrochen, sonst wäre es schwierig gewesen, das Ding schnell los zu werden. Die anderen Anwesenden hielten mich für blöd und wunderten sich. Das Zimmer befand sich in einem oberen Stockwerk. Zuerst passierte gar nichts. Da dachte ich schon, ich hätte überreagiert. Doch dann gab es eine heftige Explosion. Die Krawatte war tatsächlich explodiert.

Ein kleiner Bub redete ununterbrochen, was mich bereuen ließ, ihm etwas erzählt zu haben. "Der Papa hat noch einen anderen Namen und noch einen anderen Namen!", wiederholte er immer wieder. Die Anwesenden hörten Kindern eher nicht so genau zu, aber weil er ständig dasselbe sagte, mussten sie geradezu verstehen, was er daher plapperte. (Ob ich im Traum schon vorher dem Kind erzählte hatte, dass ich drei Namen hatte, oder ob es nur eine - sozusagen Schein-Erinnerung im Traum - an ein früheres Geschehen war, kann ich nicht nachvollziehen. Jedenfalls erlebte ich das, woran ich mich erinnerte, als eine Erinnerung an ein Geschehen.)

Neben meinem richtigen Namen hatte ich einen weiteren Namen, den ich verwendete, wenn es Einsätze gab. Aber daneben hatte ich noch einen weiteren, für alle Fälle. Welchen Sinn das hatte, weiß ich nicht mehr so genau. Ich dachte, den Leuten könne ich das kindliche Geplapper dahin gehend erklären, dass ich 3 Vornamen hätte. Manche der Anwesenden wussten wer ich war, aber die meisten hatten keine Kenntnis davon und sie wussten auch nichts von der geheimen Gesellschaft, hinter der ich her war und die mich töten wollte. Da jedoch einige Mitglieder dieser Gesellschaft unter den Anwesenden waren, war das Wissen um meine drei Namen für mich sehr gefährlich. Zum Glück kannte mein Sohn die zwei anderen Namen nicht, sonst hätte er sie sicher verraten. Offenbar war ich nicht wirklich ich selbst, sondern ein Mann. Sonst hätte das Kind ja nicht Papa gesagt.

Sonntag, 19. September 2021

Ich beschäftigte mich mit einem Trickfilm.

Worum es in dem Filmchen ging, habe ich vergessen. In Erinnerung blieb mir nur der Schluss. Aber auch das nur eher undeutlich. Ich versuchte den Titel auf eine ganz bestimmte Weise darzustellen. Es war also eigentlich der Abspann. Damit plagte ich mich herum. Die einzelnen Buchstaben sollten nacheinander auftauchen. Damit hatte ich große Schwierigkeiten.

Donnerstag, 16. September 2021

Mit einer Zeichnung von Y hatte ich es geschafft, in der Kunst Uni aufgenommen zu werden. Diese Zeichnung erinnerte an die Darstellungen der S-

Amerikanischen Völker. Sie war rot, auf einem helleren Grund, vermutlich eher Orange.

Das sollte Y aber nicht erfahren, weil sie vor Jahren vergeblich versucht hatte, aufgenommen zu werden. Die Uni sollte wiederum nicht erfahren, dass es gar nicht meine eigene Zeichnung war, die ihnen so gut gefallen hatte. Doch nach einiger Zeit wurden sie misstrauisch. Jedoch nicht wegen der Zeichnung selbst, sondern weil ein ähnliches Papier auftauchte, wie das Papier, auf dem die Zeichnung sich befand. Doch dieses Papier war ein ganz anderes, wie sich später heraus stellte. Vielleicht stammte es aus einem Set von Papierbechern und Tellern.

Gemeinsam mit anderen hatte ich viele Menschen umgebracht. Wir hatten sie irgendwo entsorgt. Dort lagen sie nun übereinander. Ein richtiger Leichenberg. Ein Kommissar aus dem Fernsehen sollte den Fall nun lösen. Zu den anderen - ich glaube es waren sehr junge Leute dabei - sagte ich, sie sollten auf gar keinen Fall irgendetwas erzählen. Für uns war es nun wichtig, die Leichen an einen anderen Ort zu verbringen, um alle unsere Spuren zu beseitigen.

Dienstag, 14. September 2021

Zwei Träume - wenn man in diesem Zusammenhang von Träumen sprechen kann - die unabhängig voneinander geträumt wurden.

73

Der erste Traum war eine kurze Szene. Ich sah eine kleine Figur. Dazu sagte ich: "Ein Grieche!" Dann wurde die Figur größer. Es bildete sich ein Mann, der eine auffallend rote Hautfarbe hatte.

Der zweite Traum war beim Einschlafen und bestand nur aus einem Namen: Franz Koschena (gesprochen, wahrscheinlich Kozena geschrieben)

Samstag, 11. September 2021

Ich hatte ein kleines Schriftstück gefunden. Es war die Bestätigung für den Empfang verschiedener Gegenstände. Diese wurden irgendwo aufbewahrt. Wo genau das war, konnte ich nicht heraus finden. Es war jedenfalls eine Stelle in einem Einkaufszentrum. Also stieg ich ins Auto und fuhr los. Drei Einkaufszentren kamen in Frage. Wahrscheinlich war das erste die Shopping City in NÖ. Unterwegs sah ich mir den Zettel genauer an. Erst jetzt bemerkte ich, dass er meiner Mutter gehört hatte. Sie hatte offenbar einige Sachen aufbewahren lassen. Aber sie war ja tot. Da müsse ich jetzt beweisen, dass sie tot ist, dachte ich verzweifelt. Vielleicht auch noch dazu, dass ich ihre rechtmäßige Erbin war. Wie sollte ich das machen? Eigentlich wollte ich am liebsten umkehren, aber ich fuhr dann doch weiter.

Im Einkaufszentrum wusste niemand, wo diese Aufbewahrung sein sollte. Erst nach langem herum fragen fand ich eine jüngere Frau, die mich hin führen wollte. Wir gingen ziemlich weit. Endlich kam ich genau dort hin, wohin ich wollte. Zum Glück fragte niemand nach meiner Mutter. Was zählte war nur der Zettel.

Als ich sah, was man mir gab, ärgerte ich mich, den weiten Weg gefahren zu sein. Es waren ziemlich viele Kleidungsstücke, die man mir brachte und einige Kosmetikartikel in kleinen bunten Fläschchen. Ob man das alles noch verwenden konnte, war nicht klar. Trotzdem nahm ich die Sachen mit.

Sonntag, 5. September 2021

Wir waren auf Urlaub gefahren. Zum Glück fanden wir eine Unterkunft, was nicht leicht war. Es waren private Vermieter, die uns ein Zimmer boten, in dem ein großes Bett stand. In diesem Bett mussten wir aber gemeinsam mit drei Kühen schlafen. Das war etwas schwierig, weil uns wenig Platz blieb. Den Kühen aber auch.

Eine lag schon bald auf dem Fußboden und eine weitere fiel aus dem Bett. Ich hörte deutlich den dumpfen Knall und sah nach, ob sie sich verletzt hatte. Das schien nicht der Fall zu sein, denn sie schlief ganz ruhig weiter. Zeitweise hatte ich Angst, eine der Kühe könne wie ein Pferd ausschlagen und uns verletzen. Doch das passierte nicht.

Der Hund (real ist er schon gestorben) durfte nicht bei uns bleiben. Er wurde in einen Stall gesperrt.

75

Das regte mich auf, denn dort war er ganz alleine. Er würde Angst haben, dachte ich. "Ich möchte meinen Hund wieder haben!", sagte ich zur Vermieterin, worauf sie meinte: "Aber wir haben doch abgemacht, dass er zwischen ... (vergessen) .... und 20 Uhr nicht im Zimmer sein darf!" Ich entgegnete: "Da können wir ja mit ihm spazieren gehen.", doch die Frau ignorierte einfach, was ich gesagt hatte. Immer wieder fragte ich nach dem Hund, während sie mir nie antwortete. Zeitweise vergaß ich dann aber doch auf ihn, denn es tat sich einiges.

Die Vermieterin hatte auch drei Bären, die ins Zimmer kamen. Man musste ganz ruhig bleiben, dann taten sie einem nichts. Ich blieb ruhig, die anderen auch. Wer "die anderen" waren, kann ich nicht genau sagen, denn sie wurden nicht deutlich gezeigt. Schließlich kamen auch noch andere, kleinere Tiere herein, von denen ich auch nicht weiß, welche das waren.

Die Vermieterin erklärte uns, sie habe nur wenig Geld. Das brachte mich auf die Idee, alles zu fotografieren, einen Artikel zu schreiben und an eine Zeitung zu schicken. Vielleicht würde sie dadurch berühmt werden und die Leute würden spenden. Etwas über den Stephansplatz in Wien, sagte sie. Leider habe ich vergessen was sie sagte. Während ich die Bären fotografierte, führte die Frau die Kühe hinunter. Dabei hätte ich so gerne die Kühe im Bett fotografiert. Offenbar waren wir nicht im Erdgeschoß. Der Abstieg war für die Tiere mühsam und gefährlich.

Einige Zeit saßen wir in einem Raum, in dem sich auch noch andere Personen befanden. Ein Mann kam zu unserem Tisch und erklärte mir, ich würde ihn sexuell anziehen. Er ging mir ziemlich auf die Nerven, was ich ihm auch deutlich zeigte. Weil er bei mir nicht ankam, versuchte er es bei meiner Mutter, die neben mir saß. Dazu beugte er sich so über mich, dass er fast auf mir lag. Das ging mir noch mehr auf die Nerven. Idiot, dachte ich, sagte es jedoch lieber nicht.

Wir machten einen Ausflug zum Stromboli. Ich erinnerte mich (im Traum), mit jemandem darüber gesprochen zu haben, dass ich schon einmal dort war (nicht real, ich war dort real noch nie). Diese Person hatte damals gemeint, das sei gefährlich, weil etwas mit Radioaktivität aufgetreten sei. Genau konnte ich mich nicht mehr erinnern. Trotzdem wollte ich wieder hin.

Es gab einen Aufzug. Zwei von uns kamen in einen hinein, wir zwei anderen mussten den nächsten nehmen. Vielleicht war es eigentlich eine Seilbahn? Jeweils drei Personen hatten in einer Kabine Platz. Für jede Person gab es ein eigenes Fenster. Eine fremde Frau fuhr mit uns gemeinsam. Als wir ausstiegen, gab es Schwierigkeiten mit der Bezahlung. Ich glaube nur die fremde Frau musste bezahlen. Es war eine kleine Summe, nur wenige Euro. Sie hatte aber nur kleines Kleingeld, das aber massenhaft. Außerdem hatte sie in den Sack mit dem Geld auch noch ihren ganzen Schmuck gepackt. Endlich hatte es funktioniert, wird durften weiter.

Von weitem sah man den Stromboli, aus dem immer wieder Lichtwolken aufstiegen. Es sah aus, als wäre es ein Feuerwerk, nur mehr nach Lichtern aussehend, total bizarr. Ich wollte unbedingt eine Lichtwolke fotografieren, was sehr schwierig war. Aber ich schaffte es. Plötzlich war es aus. Ich war enttäuscht. Von da an stieg nur noch schwarzer Rauch aus dem Vulkan. Jemand erklärte, man habe ihn gelöscht, damit wir hinauf können. Deshalb der Rauch. Ich glaube, wir waren irgendwo oben.

Wir setzten uns in Bewegung. Wie aufgefädelt, bewegte sich eine lange Schlange Menschen, eng neben einem Berg, auf einer Straße nach oben. Es war dunkel, auf der anderen Straßenseite kamen uns ständig Autos entgegen. Reflektoren wären nicht schlecht, dachte ich. Ich möchte nicht von einem Autofahrer übersehen werden. Doch es gab keine.

Donnerstag, 2. September 2021

Die Raumzeit beschäftigte mich. Plötzlich spürte ich, wie eine ungeheuer starke Welle mich erfasste. Beängstigend war es nicht, eher positiv aufregend. Von den Wellen ließ ich mich tragen.

Nach einiger Zeit ging der Traum "normal" weiter. Es entstand eine Handlung, in deren Verlauf ich mich mit einer jungen, hübschen, sehr schlanken Frau identifizierte. Sie trug sehr langes Haar. Weil sie/ich das Haar waschen wollte, war ich nur spärlich bekleidet. Der Raum in dem ich mich befand, war ein ganz normaler Wohnraum, nur größer als gewöhnlich. Mehrere Personen waren anwesend, mindestens zwei Männer. Obwohl diese beiden Männer keinerlei Notiz von mir nahmen, wurde ich aggressiv und schrie: "Über die Insel im Bad, die nur für Frauen reserviert ist, regen sich alle auf. Aber das hier stört niemanden!" (Anmerkung: Ich hatte real zuvor einen Bericht im Fernsehen gesehen. In einem Bad hatte man einen Bereich nur für Frauen eingerichtet, aber nicht für jeden Tag. Es gab heftige Reaktionen) Ein Mann meinte, er würde weg sehen, den anderen Mann konnte ich nicht sehen, er saß weiter hinten, in Gesellschaft mehrerer Personen. Ich traute ihm nicht. Mühsam zog ich mich auf eine seltsame Weise an, damit die Leute mich nicht genau sehen konnten. Doch später war ich total nackt. Zu einem Mann, der vermutlich mein Ehemann war, sagte ich: "Bring mir bitte das Shampoo!", was er auch tat. Ich war nicht bewusst genug, um zu erkennen wie der Mann aussah. Dann war ich mit Haare waschen beschäftigt.

Mittwoch, 1. September 2021

Der erste Traum war etwas dunkel, weil ich zu wenig wach war. Ich sah ein Blatt Papier, auf dem stand: 6 Juden, 5 Juden, 4 Juden, usw. Was das bedeuten sollte, wusste ich nicht. Es schien jedenfalls eine Bedrohung für bestimmte Juden zu sein.

Danach ging es um Rechnungen. Immer mehr Rechnungen tauchten auf. Darüber regte ich mich auf. "Das habe ich doch gerade erst bezahlt!", schrie ich. Jemand war da, der mit diesen Rechnungen zu tun hatte. Es handelte sich zwar nicht immer um große Beträge, aber es nervte trotzdem.

Schließlich änderte sich der Traum. Es ging nun um das belgische Königshaus, bzw. um die Thronfolge. Wer der erste Thronfolger war, kam nicht vor. Die Rede war vom 4. in der Reihe und einem dahinter, oder davor. Genau erinnere ich mich nicht. Wir hatten diesen einen in Österreich. Das Königshaus war weit verzweigt. Mich beschäftigte die Frage, ob er in Gefahr sei. Jemand könne auf die Idee kommen, ihn zu entführen. Dann dachte ich, die Gefahr sei gering, schließlich war er weit hinten in der Thronfolge.

Irgendwann schlief ich ein (im Traum). Die Kinder waren da. Als ich wach wurde fiel mir ein, ich müsse M aufwecken. Erst als ich im Schlafzimmer war merkte ich, dass es schon entsetzlich spät war.

Offenbar hatte ich mich arg verschlafen. Zuerst war es 7 Uhr, aber dann doch noch sehr viel später. Wahrscheinlich war es schon zu spät für ihn, überhaupt noch arbeiten zu gehen. Ich verließ das Zimmer. Er blieb drinnen. Was tat er? Das wusste ich nicht. (Anmerkung: Real hatte ich gerade wirklich extrem lange geschlafen)

Freitag, 27. August 2021

Obwohl ich gerade ziemlich knapp bei Kasse war, wollten zwei Personen, dass ich etwas für sie kaufe. Unter anderem ein bedrucktes Tuch, das sehr groß war. Solche Tücher verwendet man bei uns als Schal, wenn es kalt ist. Wie sollte ich das nun bewerkstelligen? Normal bat ich nie jemanden um finanzielle Hilfe, doch diesmal schien mir nichts anderes übrig zu bleiben. Eine Tochter bot mir sogar an, mir Geld borgen zu wollen.

Gemeinsam mit jemand anderem kam ich zur Kreuzung Kleiner Ring/Friedenszeile. Kurz vor dem Wirtschaftsweg stand eine nackte Frau. Sie sagte etwas (vergessen was). Offenbar empfand sie ihre Nacktheit als durch und durch normal. Sie sah auch gut proportioniert aus, nicht halb verhungert und nicht dick.

Samstag, 21. August 2021

Ich hatte jemanden begleitet und ging danach alleine weiter. In dieser Gegend war ich noch nie, deshalb kannte ich mich nicht aus. Staunend betrachtete ich ein großes Haus. Offenbar war es eine Kirche, doch sie stand nicht frei, wie das bei uns üblich ist, sondern angebaut an ein anderes, großes Haus. In riesigen Buchstaben stand dort oben geschrieben: WIR LIEBEN ELEFANTEN.

Als ich zu einem Fenster hoch sah, stockte mir der Atem. Ein Elefantenpopo ragte heraus.

Ob das Tier hinein klettern wollte, oder heraus, konnte ich nicht erkennen. Jedenfalls war sein Vorderteil innen, das Hinterteil außen. Plötzlich verlor es den Halt und stürzte in die Tiefe.

Helfen konnte ich nicht. So sah ich nur entsetzt zu, wie der Elefant am Steißbein landete. Er war nicht tot, wie ich befürchtete, aber offensichtlich verletzt. Vor Schmerz schrie er, dann wurde er wütend und stand auf. Wie gerne wäre ich zu ihm gegangen, um ihn zu trösten, aber das war zu gefährlich. In seiner Verzweiflung hätte er mich vermutlich getötet. Vielleicht war es der Schock, vielleicht war er doch nicht so schwer verletzt wie ich dachte. Jedenfalls stand er auf und rannte wild schreiend durch die Gegend. Merkte das denn niemand?

Was sollte ich tun? Ich rief die Polizei an. Nach längerem Warten hob zwar jemand ab, sagte aber nichts. Das verwirrte mich. Mehrmals sagte ich:

"Hallo, hallo!". Dann sprach eine Männerstimme. Er sagte nicht, Polizei, oder etwas ähnliches, sondern nannte korrekt meinen Namen und meine Adresse. Wieso wusste er, wer ich war? Das verwirrte mich auch. Nun erzählte ich ihm vom abgestürzten Elefanten. Während ich sprach, ging ich weiter. Vergeblich versuchte ich die Straßenschilder zu lesen, um zu erkennen wo ich mich befand. Weil es einfach nicht möglich war, ging ich zurück, um zumindest die Adresse des Geschehens mitteilen zu können. Der Polizist schien überrascht zu sein. Niemand anderer hatte wegen dem Elefanten angerufen.

Schließlich stand ich wieder vor dem großen Haus und der Kirche. Ich vermutete, der Elefantenstall, der sich im 2. oder im 3. Stock befand, gehöre zur Kirche dazu. Mich ärgerte, dass dort stand, WIR LIEBEN ELEFANTEN. Wie kann man behaupten, man würde diese Tiere lieben und sie dann in einem oberen Stockwerk einsperren, dachte ich verärgert. Je länger ich das Haus betrachtete, desto zorniger wurde ich.

Donnerstag, 19. August 2021

Offenbar beschäftigte ich mich mit der Geschichte meiner Familie. Jemand hatte mir etwas diesbezüglich mitgeteilt. Dabei ging es um den Nachnamen meines Onkels, der irgendwo aufscheinen solle. Dort sah ich (im Internet) nach, konnte den Namen jedoch nicht finden. Es war eine aufreibende Suche.

Dienstag, 17. August 2021

Als ich genauer hinsah, entdeckte ich ein kleines Schmuckstück auf dem Boden, bei einem Abfluss. Dann noch eines und noch eines. Mehrere kamen zum Vorschein. Das war offenbar zu Hause, wo R früher gewohnt hatte. Danach ging ich fort. An einem öffentlichen Ort - ich glaube es war ein Amt - fand ich wieder Schmuckstücke auf dem Boden. Wieder war es etwas wie ein Abfluss, an dessen Rand die Sachen waren. Dort nahm ich viele Schmucktücke an mich. Es sah aus, als würde jemand immer wieder welche nach schieben, sobald ich eines genommen hatte. Was ich tat blieb nicht unbemerkt. Auch wenn ich es nicht mehr sehen konnte, wusste ich doch, dass andere Leute meinem Beispiel folgten. Später fragte ich mich, ob ich es melden solle. Zu meinen Begleiterinnen, welche ich nicht sehr deutlich wahrnehmen konnte, sagte ich: "Wenn einer es meldet, müssen es alle melden. Denn sonst bekommt man Probleme mit der Polizei. Aber was ich zu Hause bei meinem Onkel gefunden habe, darauf habe ich rechtlich Anspruch. Beide Stellen waren in seinem Haus." Damit meinte ich, auch noch an anderer Stelle etwas gefunden zu haben. Das waren aber nur zwei kleine Goldmünzen. 3x hatte ich also an einem Tag, an unterschiedlichen Orten, Schmuck gefunden. Das war schon ein großer Zufall.

Wir gingen weiter. Als wir um eine Ecke bogen, sah ich eine extrem schöne, junge Frau stehen. Alles um sie herum wirkte grau und langweilig. Dadurch stach sie noch mehr hervor. Die anderen kannten sie. Wie sich heraus stellte, hatten sie ein Treffen ausgemacht. Als ich näher kam, merkte ich wer sie war: G. St. "Bist du das wirklich?", rief ich überrascht. Wir hatten einander seit Jahren nicht mehr gesehen. "Wo warst du denn so lange?" (Real waren wir vor Jahren befreundet. Sie lebt im Ausland, ist verheiratet und hat ein Kind.) Ich dachte über sie nach und wunderte mich, dass sie keinen Mann finden konnte, obwohl sie ausgesprochen schön war. (Real war sie nicht auffällig schön, sah aber gut aus.) Wäre ich ein Mann, hätte ich sie geheiratet, trotz ihrer Art, die mich schon etwas störte. (Bei uns nennt man das " eine Tsetsn") Die Frauen hatten vor, eine Aufführung zu besuchen, verstand ich, oder glaubte es zumindest zu verstehen. G. St. sagte drei verschiedene Zahlen. Darüber wunderte ich mich. Vielleicht ist es die Nummer des Sitzplatzes, dachte ich. Gemeinsam gingen wir weiter.

Wir kamen in freies Gelände. Ein Park, in dem riesige, gefährliche Tiere lebten. Vielleicht aus der Urzeit? Das war nicht ganz klar, weil ich sie nicht so genau sehen konnte. Eines schwamm gerade im Wasser an uns vorbei. "Ich würde niemandem raten, dort hinein zu gehen. Das würde man nicht überleben!", sagte ich.

Einige Leute waren verschwunden. Ich suchte im Wald nach Hinweisen, und/oder im Internet. Ganz klar war das nicht, weil sich alles überlagerte. Im Internet war ich sicher, denn ich versuchte verschiedene Fotos hoch zu laden. Unklar war, warum die Menschen verschwunden waren. Ich dachte an eine Pilzvergiftung. Jemand anderer dachte, sie seien ermordet worden. Es wurden Zahlen genannt, vermutlich war es ein Datum: 12 2027 oder 12 2024.

Wir besaßen einen Garten, in dem große Bäume wuchsen. Doch diese Bäume sahen recht seltsam aus. Die Äste waren gerade gewachsen und dick wie Stämme. Es gab so gut wie keine weiteren Zweige. Aber die Äste wuchsen nicht alle in die Höhe, sondern öfter quer, bzw. schräg. Zuerst war ich enttäuscht, weil ich kein Obst finden konnte, Doch dann merkte ich, an einigen Ästen hingen viele große Birnen und an einer Stelle gab es auch viele Äpfel.

Samstag, 14. August 2021

Zufällig traf ich eine Frau auf der Straße, die ich (im Traum) kannte. Sie lud mich zu sich ein, aber darauf vergaß ich, weil ich einschlief.

Ich nehme an, dass ich zwischendurch nach Hause gegangen war und dort schlief, denn die nächste

Szene spielte in unserem alten Garten. (Jetzt gehört er uns real nicht mehr.)

Eigentlich wollte ich die Frau sehr gerne besuchen. Deshalb rief ich sie an, doch sie hob nicht ab. Offenbar war sie beleidigt. Das Seltsame war, dass ich genau hörte was sie sagte. Sie war in ihrer Wohnung. Ich glaube sie unterhielt sich mit jemandem über mich und schien nicht zu bemerken, dass ich ihr zuhören konnte. Zeitweise konnte ich sie sogar sehen. Mein Onkel R war bei mir im (alten) Haus. Er schien behindert zu sein. Mehrmals versuchte er durch ein Loch im Zaun zu entwischen. Er stellte sich dabei ziemlich blöd an.

Warum er das machte, war mir nicht klar. Er hätte ja einfach zur Türe hinaus gehen können. Es bestand für ihn auch keinerlei Gefahr. Niemand wollte ihm etwas Böses antun und es war auch niemand außer mir da. Erst als ich sagte, ich würde ihn dringend brauchen, blieb er freiwillig.

Gemeinsam machten wir uns auf die Suche nach Hilfe. Irgendwie erreichten wir schließlich einen Mann, den wir nicht kannten, von dem wir annahmen, er gehöre zu dieser ominösen Frau. Er war jedenfalls nicht beleidigt und kam zu uns in die Wohnung. Vielleicht konnte er uns helfen.

Donnerstag, 12. August 2021

Wir machten offenbar eine Kreuzfahrt. Zumindest befanden wir uns auf einem riesigen, schönen
87

Schiff. Man sah die Küste, Menschen badeten. Das Meereswasser war jedoch extrem kalt. Ich sagte zu jemandem, der die Szene draußen betrachtete: "Schaust du den Leuten beim Bibbern zu?"

Auf dem Schiff konnte man auch baden und da war das Wasser sehr warm. Es hatte Badewannenwasser Temperatur. Also fast schon zu warm. Allerdings handelte es sich nicht um einen gängigen Pool, sondern um ein schmales Becken, welches man an einigen Stellen zugedeckt hatte. Dort konnte man wie auf einer Brücke darüber gehen. Unter diesen Brücken konnte man durch tauchen. Das beschäftigte mich insofern, als ich mich fragte, ob man genügend Luft zur Verfügung hatte, um unbeschadet das ganze Becken zu durchtauchen. Ob ich wirklich im Wasser war, oder nur ins Wasser sah, weiß ich nicht. Zumindest dürfte ich mit dem Gesicht im Wasser gewesen sein, weil ich ganz deutlich den Boden erkennen konnte. Er war schwarz/weiß gemustert.

Eine Klosterschwester war plötzlich da. Einer Frau - ob es sich dabei um die Klosterschwester handelte ist unklar - wurde Folter angedroht. Es ging um irgendwelche Informationen, die sie vielleicht hatte und die jemand haben wollte. Entweder wollte diese Person sie selbst foltern, oder jemanden durch Manipulation dazu bringen, es zu tun und zwar mit "Frauen spezifischen Sachen". Was genau damit gemeint war, verstand ich nicht. Die

Drohungen wirkten. Aus Angst erzählte sie, was man von ihr wissen wollte.

Freitag, 6. August 2021

Bei einem lesbischen Ehepaar war ich alleine zu Besuch. Sie hatten drei Kinder. Zwei Buben und ein Mädchen. Das Mädchen war noch sehr klein. Die beiden Frauen hatten viel zu tun. Man hatte das Gefühl, sie seien etwas überfordert. Ich dachte, so schlimm kann das doch auch wieder nicht sein. Ich hatte vier Kinder gehabt und niemand hatte mir geholfen. Dann geschah etwas, das mich sehr erstaunte. Einer der Buben sah wie ein erwachsener Mann aus. Zwar war er klein wie ein normales Kind und meistens wirkte er auch wie ein Kind. Doch wenn er auf bestimmte Weise den Kopf hielt, erkannte man den Mann in ihm.

Von den Frauen wurde ich mehr oder weniger ignoriert. Ob es daran lag, dass sie zu beschäftigt waren, oder ob ich sie störte, wusste ich nicht. Angeboten wurde mir auch nichts. Das ärgerte mich schon ein wenig, weil ich langsam hungrig wurde. Eigentlich wollte ich sowieso gehen. Sie aber auch. Mich hätten sie vermutlich einfach in der Wohnung gelassen. Angeblich mussten sie mit den Kindern zum Arzt. Dabei war es schon Abend geworden. Es hätte also dringend gewesen sein müssen, doch danach sah es nicht aus. Ich wolle jetzt noch mit dem Hund weggehen, meinte ich.

Später würde ich ihn einfach ins Haus lassen. Damit waren sie einverstanden.

Als ich mit dem Hund hinaus ging, wurde mir bewusst, dass es mein realer Hund war, den ich an der Leine hatte. Im Traum gehörte er mir jedoch nicht. Es gab noch einen weiteren Hund. Er war größer als mein realer Hund. Ich glaube er war hell braun. Den nahm ich auch mit.

Donnerstag, 5. August 2021

Merken konnte ich mir nur die letzte Szene.

Einige Kinder hatten sich in einer Waschmaschine versteckt. Ob sie spielten, oder sich aus Angst versteckt hielten, weiß ich nicht. Der Deckel war zu und jemand hatte eingeschaltet, um die Kinder zu verletzen, oder gar zu töten. Ich hörte wie es rumpelte. Alles Mögliche versuchte ich, das Gerät anzuhalten, doch es gelang mir nicht. Statt langsamer zu werden, wurde sie immer schneller. Da kam meine Großmutter (die nicht wie im realen Leben aussah) herein. Sie zog einfach den Stecker aus der Dose und schon war der Spuk vorbei. Das hätte mir auch einfallen können, dachte ich. Noch dazu, wo wir das Problem schon einmal gehabt hatten.

Das Gerät musste man von oben befüllen, die Kinder konnte man nicht sehen.

Mittwoch, 28. Juli 2021

In einem Gastbetrieb konnte man sich selbst bedienen. Es war viel los, man drängte sich und man drängelte sich vor. Einige Gäste waren extrem übergewichtig. Gerade sie schaufelten den Teller voll. Eine Frau drängte sich schnell vor mich und vor einen Mann, der vor mir stand. Sie hatte schon einen vollen Teller, wollte aber noch ein Ei. Doch aus dem einen Ei wurden viele und schließlich nahm sie alle die da waren. Fröhlich lief sie nach draußen. Wir anderen sahen verlegen zu. Jemand fragte nach Eiern. Es gab keine mehr. Eine Köchin meinte zu ihrer Kollegin: "Koch noch Eier!" Damit war der Fall erledigt. Ich nahm mir nur sehr wenig und ich freute mich darüber. Es war schwer, der Versuchung nicht nachzugeben.

Als ich gerade wieder hinaus ging, rief mir eine genervte Angestellte zu: "Wie heißen Sie?" Ich nannte meinen Namen, den sie falsch verstand. Deshalb besserte ich sie auch noch aus. Jemand notierte ihn. Wozu das gut sein sollte, wusste ich nicht, aber es beschäftigte mich. Man würde mich dort genau beobachten, wenn ich wieder komme, dachte ich.

Es gab eine verwirrende Situation, an welche ich mich leider nicht mehr erinnere, die mir Angst gemacht hatte. Doch bald wurde mir klar, dahinter steckte die österreichische Staatspolizei. (Heute heißt sie anders, aber weil sich der Name schon wieder geändert hat, belasse ich es beim historischen Namen. Jeder wird wissen, was damit gemeint ist.)

Mich beruhigte diese Erkenntnis. Plötzlich gaben sie sich öffentlich zu erkennen, was mich schon sehr wunderte. Es wäre ja auch nicht nötig gewesen, wusste ich es doch sowieso. Sie hatten mich offensichtlich missverstanden und dachten, ich hätte den Wunsch, mit ihnen zusammen zu arbeiten. Das war keineswegs der Fall. Ich hätte auch gar nicht die Möglichkeit dazu gehabt. Schließlich lebte ich fast wie eine Einsiedlerin, hatte kaum Bekannte, oder Freunde, Beziehungen sowieso nicht. Das wussten sie auch. Trotzdem litten sie unter der fixen Idee, ich könne für sie arbeiten.

Ab da behandelten sie mich, als wäre ich eine von ihnen. Es war nicht möglich ihnen zu erklären, dass ich nichts mit ihnen zu tun haben wollte. Wozu auch? Ein Mann redete ziemlich primitiv mit den anderen. Er sprach mehr oder weniger Dialekt. Es war nicht schwer für mich zu erkennen, dass er dumm war. Ihm sagte ich es nicht, aber mich wunderte nichts mehr. (Der Mann war um die 30, vielleicht etwas älter. Von diesem Typen konnte man gar nichts anderes erwarten, als dumme Entscheidungen. Er drückte mir ein Kuvert in die Hand, in dem sich ein Schriftstück befand. Offenbar hatte er das Sagen. Obwohl ich es nur ganz kurz betrachtete, um es ihm dann gleich hin zu schmeißen, erkannte ich, worum es dabei so ungefähr ging. Irgendein Fall, mit dem die Stapo betraut worden war, sollte gelöst werden: von mir! Es war absurd! Weder hatte ich die Möglichkeit, noch die Fähigkeit, Fälle zu lösen. Verpflichtet fühlte ich mich dazu auch nicht. Aber er wollte es nicht und nicht begreifen. Jemand regte sich auf: "Sie wirft es einfach so hin!"

Es folgte ein kurzes Gespräch über die Vergangenheit. Ich meinte, dass C. bei der Stapo gewesen sei, hätte ich gewusst. Das war jedoch mehr als offensichtlich, fügte ich hinzu. Man hätte blind, taub und vertrottelt sein müssen, um es nicht zu merken. Erzählt hätte ich es jedoch niemandem. Das sei schon alles gewesen, mehr hatte ich mit ihnen nie zu tun. Das müssten sie endlich akzeptieren. Offenbar habe sie damals jemand ziemlich zum Narren gehalten. Doch das sei nicht meine Schuld. Was hätte ich tun sollen?

Es nützte nichts, sie rückten von ihrem Standpunkt nicht ab. Ich konnte sie nur ignorieren.

Sonntag, 25. Juli 2021

Weil mein Hund Regenwürmer fressen wollte, sammelte ich so viele wie nur möglich ein, um sie zu retten. Ich weiß nicht, ob es mein verstorbener Hund war, oder ein fremder, den ich aus dem realen Leben nicht kenne. Da ich keinerlei Behälter hatte, stopfte ich sie in die Unterwäsche. Das ging einige Zeit über gut. Doch dann begannen sie sich zu bewegen. Das fühlte sich unangenehm an. Ich beutelte sie wieder heraus, was sich als ziemlich schwierig erwies. Dann begann ich über Regenwürmer nachzudenken. Falls die Zeiten sich verschlechtern würden, könnten wir Regenwürmer essen. Es sei einfach sie zu züchten.

Freitag, 23. Juli 2021

Ich wollte unbedingt in ein Restaurant gehen. Dabei dachte ich zwar an das AKAKIKO, aber ich glaube es wird wohl ein anderes gewesen sein. Denn zuerst dachte ich, es sei geschlossen und es wirkte auf mich auch fremd. Irgendetwas hatte ich deswegen gelesen. Doch dann hörte ich Leute reden und durch das Fenster konnte ich eine Person erkennen, die an einem Tisch saß. Zaghaft öffnete ich die Türe und sah mich um. Wie beim AKAKIKO sah es nicht aus. Gleich bei der Türe stand ein kleines Klavier, an dem ein Mann saß. Er sah mich an, sagte jedoch nichts.

Tische und Bänke waren ganz komisch angeordnet. Es war ziemlich eng. Relativ wenige Leute hatten Platz. Ich quetschte mich hinein, den Hund unter den Tisch. Einige Plätze waren leer. Dann kamen doch wieder Leute dazu.

Jemand sagte, dem Klavierspieler solle man Geld geben. Damit wollte ich noch warten, obwohl empfohlen wurde, es gleich zu tun. Sollte ich ihm

10 oder 20 Euro geben? Aus der Tasche klaubte ich Scheine. Ich hatte mindestens einen Zwanziger, aber auch einen Zehner. Allerdings hatte ich an sich sehr viel Geld in der Tasche, was die anderen Leute bemerkten. Nun wusste ich nicht, wie ich die Tasche verwahren könnte, ohne dass es möglich wäre, mir etwas zu stehlen. Die Gäste sahen eher harmlos aus. Trotzdem war ich vorsichtig. Die ganze Situation war eher unangenehm.

Dienstag, 20. Juli 2021

S und ich waren an einem Ort, den ich nicht so genau erkennen konnte. Ein junges Mädchen mit roten Haaren tauchte auf. Sie war sehr hübsch, hatte einen blassen Taint und Sommersprossen. Freundlich lächelte sie uns an. Sympathisch war sie außerdem, also alles passte. Sie war fast zu perfekt.

Zu S sagte ich: "Man muss vorsichtig sein. Sie ist eine Türkin, auch wenn sie nicht so aussieht. Vielleicht ist sie eine Anhängerin von Erdogan." Dann versuchte ich ihr von den Kelten zu erzählen, aber mir fiel das Wort "Kelten" nicht ein. "Sie gehört zu einem Volk, das in Europa lebte. In Österreich gab es sehr viele Leute von diesem Volk und eine Gruppe herrschte in einem Teil der heutigen Türkei.", fuhr ich fort. S hörte mir aufmerksam zu. Alles was ich ihr erzählte, wusste sie wahrscheinlich sowieso.

Sonntag, 18. Juli 2021

Diesen Traum hatte ich, während ich noch wach war. Das klingt nicht nur seltsam, es war auch seltsam, weil ich noch ziemlich wach war, nicht an der Grenze zum Schlaf. Die Bilder waren aber eher schwach. Es gab nur eine kurze Szene. Einige junge Leute waren zu sehen, die sich unterhielten. Jemand sagte: "Alles was wir haben, sind ägyptische Namen, wie Hatnepsu!"

Mittwoch, 14. Juli 2021

An den Traum kann ich mich leider nur dunkel erinnern, deshalb fehlen viele Teile.

Es ging um einen Mann, mit dem ich direkt, oder indirekt zu tun hatte. Wahrscheinlich sah er nicht immer gleich aus, oder es handelte sich um zwei verschiedene Personen.

Der Mann hatte Schmerzen im Körper. Ich sagte, er habe vermutlich einen Herzinfarkt. Mit dieser Diagnose kamen wir zu einem Arzt, oder in ein Krankenhaus. Jemand meinte: "Er soll etwas Schweres heben!" Das verwunderte mich aber schon sehr. Wieso soll jemand, der wahrscheinlich einen Herzinfarkt hat, etwas Schweres heben? Mich beschäftigte das ab nun einige Zeit über. Doch einige Zeit später war das kein Thema mehr. Ich sagte lachend zu jemandem: "Ich weiß nicht einmal wie der Typ heißt!" Plötzlich nannte jemand den Namen. Erst verstand ich ihn nicht, dann konnte ich
96

ihn mir nicht merken. (Ich habe ihn später auch vergessen.) Über diesen Namen grübelte ich inzwischen und kam zu dem Schluss, es sei eine Form von Gustav, bzw. von dem Namen, den man mir zuvor genannt hatte. Den Vornamen könne man so abkürzen. Dabei klang er ganz anders. Der Nachname war zwar auch ganz anders, enthielt jedoch den Vornamen. Ähnlich wie Gustavo, oder so ähnlich. Das fand ich lustig.

Danach fuhr ich mit einem Kind im Auto. Das Kind lenkte den Wagen. Es fuhr sehr schnell. Wir wurden verfolgt, vermutlich von der Polizei. Erwischen lassen durfte ich mich nicht, weil das Kind am Steuer saß. In einer Kurve tauschten wir während der Fahrt, Platz. Wir sprangen mit einer ungeahnten Leichtigkeit übereinander und blieben dabei auch in Sitzstellung. Das war beeindruckend. Nun konnte uns niemand mehr etwas anhaben. Alles war, wie es sein sollte.

Samstag, 26. Juni 2021

Ich hatte heute Nacht viele lebhafte Träume konnte mir aber leider keinen einzigen merken. Nur eine Zahl, bzw. eine Zahlenreihe merkte ich mir und schrieb sie auch auf, weil sie so eindringlich war.

1 . 5 . 7 . 4 . 3

In dieser Reihenfolge wurden sie von mir gedacht. (Lottozahlen werden es wohl kaum sein. Es ist unwahrscheinlich, dass solche Zahlen gezogen werden. Ich wüsste gerne, was diese Zahlen bedeuten, aber ich habe keinen Anhaltspunkt.)

Donnerstag, 17. Juni 2021

Ich dachte zwar es sei Y., aber irgendwie spürte ich sogar im Traum, dass es eine fremde Person war, mit der ich zu tun hatte.

Sie war noch ein halbes Kind, wollte jedoch schon einen Job bei einer Filmgesellschaft. Deshalb gab sie mir einige Zettel, auf denen Adressen und Telefonnummern von diversen Firmen standen. "Ruf dort an und mach einen 'Termin!", sagte sie. Worauf ich antwortete: "Mach das selbst. Das musst du ja schon können, wenn du dort arbeiten willst. Das akzeptierte sie.

Einige Zeit später kam sie wieder zu mir. "Ich bin mit deinem Auto gefahren. Jetzt kann ich dort nicht mehr hinaus!" Ich sah sie erstaunt an. Dann fiel mir ein, sie war schon einmal ohne mein Wissen mit meinem Auto gefahren und in einem Gewässer gelandet. Deshalb schaute ich zuerst zum Teich hin. Das Auto sah ich nicht. Gedankenlos warf ich meinen Autoschlüssel ins Wasser. "Ohje!", sagte Y erschrocken, "Jetzt wird die Fernbedienung nass und funktioniert nicht mehr!" Das war natürlich blöd. Nun erst zeigte sie mir, wo mein Auto stand. Wie sie es dort hinein bekommen hatte, war unklar. Ich fürchtete, es nicht mehr hinaus zu bekommen. Vorne, hinten und an der linken Seite waren

Betonwände. Auf der rechten Seite war zwar offen, doch das nützte nicht viel. Die Abstände zur Wand waren viel zu knapp.

Danach hatte ich kein Auto, sondern ein Gerät, welches nur aus Stangen bestand. Es sah irre aus und erinnerte mehr an einen Roboter, als an ein Auto. Trotzdem passte meine Fernbedienung. Sie funktionierte genug, um damit zu fahren. Absperren konnte ich es damit nicht. Wir hofften, niemand würde es stehlen. Als ich es mir noch einmal ansah, dachte ich, das seltsame Ding würde sicher niemand stehlen. Es sei viel zu auffällig. Schön war es obendrein nicht.

Montag, 14. Juni 2021

Wir waren in Israel. Wer genau bei mir war, weiß ich nicht mehr. Zeitweise dachte ich dabei an meine Kinder. Im Laufe der Handlung gesellten sich auch noch andere Personen zu uns.

Wir waren in einem großen Haus. Zu M sagte ich, die Flutwelle werde bald kommen. Das ignorierte er. Doch ich sagte es immer wieder. Niemanden interessierte, was ich sagte. Doch dann sah man sie von weiten kommen. Wir waren aber in einem geschlossenen Raum. Es gab einen sehr langen Gang, an dessen Ende sich die Katastrophe abzeichnete. Wie Nebel wirkten die Wassermassen. "Ich will nicht von ihr verschluckt werden!", schrie ich. Die Vorstellung, von der gigantischen Welle ins

Meer gespült zu werden, war für mich beängstigender als der Tod an sich. "Ich will nicht alleine sein!" "Du bist eh nicht alleine.", erklärte M ruhig. Er verstand meine Angst nicht. In den Tiefen des Meeres war man alleine. Deshalb wollte ich nicht dorthin. Er aber dachte, wir seien ja viele und alle in einem Raum. Dann erklärte er mir, weshalb er meiner Warnung keinen Glauben geschenkt hatte. Ich würde dieses und jenes behaupten und das wäre dann doch nicht so. "Aber jemand sagt mir das doch!", entgegnete ich. Das überhörte er schon wieder. Mit "jemand" meinte ich nicht eine lebende Person, sondern etwas in mir, oder etwas das mir telepathisch mitteilte, was geschehen würde. Darüber redeten wir nicht. Das hätte er sowieso nicht verstanden.

Nun begann die große Flucht. Die Leute waren zu dumm. Sie plauderten und kamen nicht so richtig weiter. Als wäre die Gefahr gar nicht so groß. Doch das war sie. Es gelang mir nur mit großer Mühe, sie von einem Raum in den nächsten zu lotsen.

Schließlich landeten wir in einer Wohnung, die eher bescheiden, aber sehr ordentlich wirkte. Jemand meinte, das sei ein Keller. Dort wollten wir abwarten, bis die Gefahr vorbei sei. Wir dachten, der Keller sei unbewohnt. Mir fiel eine alte Frau auf, die sehr still war und schnell die Wohnung verlassen wollte. Draußen war es sehr gefährlich und deshalb sprach ich sie an. "Entschuldigung, wohnen Sie hier?", fragte ich sie. "Ja!", kam die knappe Antwort. "Bitte bleiben sie hier!", fuhr ich fort. Offensichtlich hatte sie vor uns Angst, deshalb wollte sie schnell weg. Ein eher älterer Herr kam zu uns und redete mit der Frau. Er war Israeli. Der Mann erklärte ihr worum es ging und beruhigte sie. Ich suchte in der Zwischenzeit die Toilette. Es gab eine, nur leider stand sie mitten im Zimmer. Zwar in einer Art großer Box, aber diese war doch etwas klein, was die Höhe betraf. Wie ich das dort drinnen machen sollte, war mir nicht klar. Zum Glück läutete - real - gerade der Wecker. Mit großer Mühe gelang es mir, mich aus dem Traum zu lösen und aufzustehen.

Freitag, 11. Juni 2021

Ein großes Schiff wurde durch riesige Wellen zerstört und versank.

Ich glaube, ich war auf einem anderen Schiff und sah die Katastrophe. Eine Person wurde lebend gerettet, verstarb aber kurz danach. Dann wurden noch mehrere Tote geborgen und schließlich auch noch eine lebende Person. Es war schrecklich. Das Meer tobte, die Situation war auch für uns gefährlich.

Mittwoch, 9. Juni 2021

An den Traum kann ich mich nur undeutlich erinnern. Es ging dabei um Polen. Jemand schickte eine sehr kleine Drohne los. Sie konnte streamen. Anfangs sah man nur alles blau. Als würde man Wasser betrachten. Doch nach einiger Zeit gab es doch die Umgebung zu sehen. Darüber freuten wir uns sehr. Sie war nun sehr weit weg. Ich glaube sie flog über Polen. Der Drohnenpilot holte sie wieder zurück. Sie landete in seiner Hand. Er hielt sie mir an den Körper, als wäre sie ein kleines Tierchen.

Danach gingen wir zu einem Haus. Doch jemand saß davor und das störte uns. Von dieser Person wollten wir nicht gesehen werden. Ich glaube es war eine Frau. Wir wollten warten, bis sie von dort wieder weg ging. Deshalb gingen wir in ein kleines Gebäude. Es war ein Raum, in dem sich nichts befand. Er war eher schäbig, aber auch unauffällig. Dann warteten wir ewig. Irgendwann wurde es uns dann doch zu blöd. Als wir zum Haus gingen, war die Frau noch immer da. Sie unterhielt sich mit uns.

Freitag, 4. Juni 2021

Der Traum bestand nur aus Gesprächen. Mit drei Personen sprach ich über jemanden, von dem ich nicht weiß, ob es eine Traumperson war, oder eine aus dem realen Leben. Die dritte Person mit der ich mich unterhielt, war unser früherer Nachbar, Kü. den ich an der Kreuzung traf, als er zu seinem Haus ging. Er fragte mich nach der Person und ich antwortete: "Jetzt erzähle ich die Geschichte noch einmal, zum dritten und letzten Mal. Er hat eine Bauchspeicheldrüsenkrebsentzündung!"

Danach erzählte ich die Vorgeschichte, bei der es um mehrere Personen ging. Leider kann ich mich nicht mehr erinnern, was ich sagte. Nur: "Naja, er ist 90." und "Mein Onkel hatte das auch!" (Real hatte ich keinen Onkel, der an dieser Krankheit starb.)

Dienstag, 1. Juni 2021

Gemeinsam mit anderen wollte ich eine Schule, oder einen Kurs besuchen. Wahrscheinlich fuhren wir mit der Stadtbahn. Zeitweise dachte ich über die Stadtbahnbögen nach, oder ich sprach darüber. Wir hatten Unterricht, die Lehrerin mochte ich. Am Nachmittag wollte ich ihr etwas sagen, oder ihr eine Frage stellen. Doch sie ging nach Hause. Stattdessen kam eine Klosterschwester. Sie hatte diesen Wechsel organisiert, weil sie etwas sagen wollte. Das passte mir gar nicht. Sie meinte, weil wir kein Religion hätten, habe sie getauscht. Eine große Schachtel voll mit Krapfen und anderen süßen Lebensmitteln hatte sie mitgebracht. Alle griffen zu. Ich wollte bis zur Pause warten. Später nahm ich dann doch lieber eine Olive, als einen Krapfen.

Entweder 6, oder 8 Personen saßen an Tischen, die hintereinander standen. Jeweils 2 an einem. Die ersten zwei, das waren die Personen, die am hintersten Tisch saßen, sollten ein Referat halten. Ich verstand gar nicht, worum es dabei ging. Denn was sie brachten, hatte für mich keinen erkennbaren Sinn. Dann sollte ich reden, winkte aber ab. Ich wolle noch warten, um zu sehen worum es gehe, was erwartet werden würde. Also kamen die nächsten an die Reihe. Dann doch auch ich. Niemand hörte mir zu. Ich referierte über Architektur, denn darum ging es offenbar, aber eher vom soziologischen Aspekt aus. So erklärte ich, dass es vom vorhandenen Geld abhinge, was und wie gebaut werden würde. An der Wand sah man Wandmalereien aus der Antike, die mich inspirierten zu sagen, die Reichen würden alles schmücken, weil sie sich es leisten könnten. In dieser Art ging der Vortrag weiter. Weil die anderen nicht zuhören wollten, erklärte ich: "Die interessiert Architektur gar nicht. Mich aber schon!"

Es gab eine Pause. Zum Glück gab es ordentliche Toiletten. (In meinen Träumen suche ich oft eine Toilette, finde aber keine, oder sie ist peinlich.) Auf den ersten Blick wirkte sie peinlich, weil die Türe einen breiten, offenen Spalt an der Unterseite hatte. Man konnte erkennen, dass dort jemand drinnen war. Es war besetzt. Dann gingen beide Mädchen weg, die dort drinnen gewesen waren. Die Studenten waren alle jung, ich war viel älter, was mir natürlich einen Vorsprung verschaffte, weil ich erfahrener war. Die Beiden waren Jugendliche. Als sie endlich weg waren, betrat ich die Toilette. Bei der anderen Türe ging auch jemand hinein. Man

104

konnte sich weiter hinten hin hocken, wie im Orient. Da wurde man dann auch nicht von außen her gesehen. Es gab eine offene Verbindung zwischen den Kabinen, aber man konnte nicht so einfach zur Nachbarin sehen.

Als ich die Toilette verließ, stand draußen eine Frau mit Kindern.

Nun ging ich wieder in den Hörsaal, denn der Unterricht wurde fortgesetzt.

Montag, 31. Mai 2021

Zufällig lernte ich eine Prinzessin kennen. Sie war ganz natürlich und sie wollte ein normales Leben führen. Ihre braunen Haare trug sie halblang. Obwohl sie gut aussah, wirkte sie eher unauffällig und bescheiden. Vermutlich war sie so um die 30 Jahre alt. Freundlich und fröhlich war sie, sympathisch und höflich.

Mit der Zeit freundeten wir uns an. Trotzdem blieb doch ein wenig Distanz zwischen uns erhalten. Ich sprach sie zeitweise mit "eure Majestät" an. Bald ließ sie mich in ihrem Schloss wohnen. Wenn sie etwas brauchte, rief sie mich an. Denn ganz zusammen wohnten wir anscheinend nicht. Ihr Mann war der König. Er lag im Sterben. Ich hörte seinen Atem, hörte ihn röcheln. Zwar hieß es, es gehe ihm schon besser, doch das war nicht der Fall. Der Prinzessin half ich dabei, den Palast mehrmals unerkannt zu verlassen. Sie ging ganz offen durch
105

das Tor, doch niemand hielt sie für die Prinzessin, weil sie so unauffällig wirkte.

Jemand fragte mich nach meiner Adresse, die ich auch nannte. Diese Person war schockiert. "Aber dort kann man dich nicht wohnen!", meinte sie verwirrt. Denn ich hatte die Adresse des königlichen Palastes angegeben. "Doch, dort wohne ich.", meinte ich lächelnd.

Dienstag, 25. Mai 2021

Es handelte sich nicht um einen normalen Traum, denn ich war noch wach. Ich versuchte einzuschlafen, was mir leider nicht gelang. Plötzlich blitzte ein Bild auf. Es war eine beleidigende Karikatur der Queen Elisabeth III. Jemand hatte sie gezeichnet und sie stand in Zusammenhang mit einer Biografie. "Alles erstunken und erlogen!", meinte eine Person.

(Anmerkung: Mir ist bewusst, dass es keine Queen Elisabeth III. gibt.)

Donnerstag, 20. Mai 2021

Jemand erzählte mir, man müsse einige Tiere von den Galapagos Inseln einfangen und umsiedeln, weil sie sonst verhungern würden. Als ich mich umsah, entdeckte ich auf einer Insel Rehe, oder ähnliche Tiere.

Gemeinsam mit L. ging ich zur Bank, weil ich einen Kredit beantragen wollte. Eigentlich wollten wir zur Volksbank. Sie ging dort auch hin. Ich bemerkte aber ein Sparbuch in meiner Tasche, auf der 1000,-- € lagen. Das Sparbuch stammte jedoch von der Bank Austria. Deshalb ging ich dort hin.

Eine freundliche Dame bediente mich. Irgendwie kamen wir vom Thema ab. Die Dame schlug mir vor, mich an verschiedenen Firmen zu beteiligen. Die diversen Vorschläge die sie mir machte, kamen mir blöd vor. Es waren ganz einfache Produkte, die verkauft wurden. Leider habe ich vergessen was genau das war. Mindestens drei, oder vier verschiedene Firmen stellte sie mir vor. Obwohl ich ziemlich skeptisch war, nahm ich ihr Angebot an und beteiligte mich.

Dienstag, 4. Mai 2021

Gemeinsam mit drei Personen kam ich zufällig an einem Tierschutzhaus vorbei. Eine Katze kam zu uns, ging auf mich zu und wollte gestreichelt werden. Sie war sehr freundlich und zutraulich. Wir hatten keine Tiere mehr. Das wusste ich einfach, so wie man etwas aus dem echten Leben einfach weiß, weil es so ist. Diese neue Freiheit gefiel mir, deshalb wollte ich sie nicht aufgeben. Trotzdem kam ich plötzlich auf die Idee, ich solle diese Katze zu mir nehmen. Gedanken kamen auf, ob ich dann trotzdem auf Urlaub fahren könne, bzw. ob ich das überhaupt wolle. M kam in den diesbezüglichen Überlegungen gar nicht vor. So als wäre er gar nicht in meinem Leben vorhanden. Denn ohne ihn in eine solche Entscheidung mit einzubeziehen, hätte ich die Katze sicher nicht genommen.

Nach kurzem Nachdenken sagte ich zu einem Mann vom Tierheim, ich würde die Katze vielleicht nehmen. "Etwas zum Kuscheln, wenn die Kinder kommen, wäre schon schön!" Zur Katze: "Du wirst dich sicher bei uns wohl fühlen. Da kannst du vielleicht auch hinaus gehen." Kurz dachte ich an die Fenster, die man eigentlich absichern müsste. Schließlich entschied ich mich für die Katze.

Der Mann gab mir eine Karte, auf die er eintrug, was man über die Katze wusste. "Operiert werden muss sie nicht mehr!", erklärte er. Da musste ich erst einmal nachdenken, was er damit meinte. Vermutlich meinte er, sie muss nicht kastriert werden, dachte ich, fragte jedoch nicht nach. Man hatte sie in einem Steinbruch gefunden, stand dort. Als ich die Karte dann näher betrachtete, fielen mir zwei verschiedene Daten auf. Ab da rätselten wir gemeinsam, ob das Tier vielleicht schon einmal von jemandem genommen worden war, wer die Leute waren und ob sie die Katze vermissten. Ich wollte mich auf die Suche nach ihnen machen. Nur für den Fall, dass sie gar nicht wussten, wo ihre Katze gelandet war. Es schienen Ausländer zu sein. Jugoslawen, oder Türken.

Zu meiner größten Überraschung bekam ich die Katze nicht gleich. Mit der Karte müsse ich zuerst zu einem Anwalt gehen. Dort müsse ich etwas unterschreiben. Mir blieb also noch Zeit. Ich hätte es mir noch überlegen können.

Der Mann nahm mich mit dem Auto mit. Als ich an den Kindern vorbei fuhr fiel mir erst ein, ich hatte ja das Auto da, mit dem wir gekommen waren. Er ließ mich aussteigen, gab mir zum Abschied die Hand, ich bedankte mich. Ich trug gar keine Maske, stellte ich fest. Er aber auch nicht. Offenbar war das nicht schlimm.

Ein Stück musste ich nun zurück gehen. Wahrscheinlich war eine der Personen Z. Da ich mir aber nicht sicher bin ist es möglich, dass ich eigentlich von fremden Menschen geträumt habe. Die Drei unterhielten sich gerade. Eine sagte zu Z: "So weiß will kaum jemand sein. Das ist nicht gesund!" Denn Z war total blass und weigerte sich, in die Sonne zu gehen.

Donnerstag, 22. April 2021

Ich saß in meinem Auto und fuhr gerade, als ich merkte, wie müde ich war. Es war mir unmöglich, die Augen offen zu halten. Trotzdem fuhr ich weiter. Plötzlich begann der Wagen zu rasen. Das versetzte mich in eine schreckliche Angst. Ich wusste nicht was ich tun sollte. Zeitweise schaffte ich es, die Augen kurz zu öffnen. Da bemerkte ich ein kleines, quadratisches Kontrollfeld, in dem etwas stand, das ich jedoch nicht lesen konnte. Denn dazu waren meine Augen zu wenig offen. Aber ich verstand was es bedeuten sollte. Das Auto war auf Autopilot eingeschaltet. Von dieser Funktion hatte ich bisher keine Ahnung gehabt. Seit wann gab es sie in meinem Auto überhaupt, fragte ich mich.

Weiter ging die wilde Fahrt. Anscheinend streng nach Vorschrift, doch mir kam es vor, als würde ich wie verrückt rasen. Es schien nur eine Frage der Zeit zu sein, bis es zu einem Unglück käme. Offenbar war ich aber total sicher. Wieder konnte ich kurz die Augen etwas öffnen, da erkannte ich vor mir eine stehende Kolonne. Aus Angst, das Auto würde dort hinein donnern, stieg ich auf die Bremse. Es blieb stehen.

Donnerstag, 15. April 2021

Mehr oder weniger zufällig erfuhr ich, dass meine Mutter einen Sohn hatte. Von ihm hatte sie mir nie erzählt. Darüber regte ich mich auf.

Ich fragte sie: "Wieso hast du mir das verschwiegen?" Darauf bekam ich keine Antwort. Stattdessen meinte sie nur trocken: "Jetzt brauche ich wenigstens dich nicht mehr!" Das kränkte mich nun schon. Immerhin hatte ich viel für sie getan.
110

Für mich war das ein Grund auszuziehen. Ich dachte an eine Gegend in der es grün und ruhig, aber weniger abgelegen war. Dort würde es mir gefallen. Diesen Gedanken verwarf ich jedoch gleich wieder. Wohin hätte ich gehen sollen? Erstens hatte ich die Hunde, die ich in eine kleine Wohnung nicht mitnehmen hätte können. Zweitens hatte ich so gut wie kein Einkommen.

Kurz danach rief der Sohn an. Ich empfand ihn nicht als Bruder, sondern als Fremden. Der Sohn hatte einen Akzent. Für mich klang es, als sei er aus Jugoslawien, oder aus einem anderen östlich gelegenen Land. Wer er war sagte er nicht und ich sagte nicht wer ich war. Trotzdem wusste ich genau, dass es ihr Sohn war, der mit mir sprach.

Dienstag, 6. April 2021

Der Traum war etwas verwirrend, weil wir offenbar im Krieg waren, während ich aber eine Zeitung aus der Zeit des 2. Weltkriegs las. Als würden beide Zeiten miteinander verschwimmen.

Ich freute mich über die Zeitung, weil ich auf diese Weise nachvollziehen könne, wie die Leute damals gedacht hatten. Eine Seite sah ich ganz deutlich. Es gab mehrere kleinere und größere Spalten. Die Zeitung hatte ein großes Format. Was genau ich las, habe ich leider vergessen. Eine Grafik gab es auch. Ein großer Elefant lag in einem Bett im Krankenhaus. Es dauerte eine Weile, bis ich ihn als solchen erkennen konnte. Auf dem Bett hing ein Schild. Auf diesem stand sinngemäß: "Mir geht es so schlecht!" Damit sollte gezeigt werden, Rekonvaleszenz sei unnötig, oder sogar schlecht. "Sie stinken! Es geht ihnen schlechter, statt besser!", meinte ein Offizier. Damit meinte er die Leute, die sich ins Bett legten, nachdem sie krank waren.

Wir waren zweifellos im Krieg, das Militär hatte das Sagen. Zumindest waren lauter Soldaten da, die offenbar die Meinung der Bevölkerung lenkten. Das erkannte ich, weil ich die Zeitung las. Es gab ausschließlich Artikel, welche die offizielle Meinung ausdrückten. Das konnte ich durchschauen, weil ich mehr oder weniger von außen Zugang zum Geschehen hatte. Die "normale" Bevölkerung hatte diese Möglichkeit nicht.

Den Offizieren ging es um Geld, denn der Krieg musste finanziert werden. Einer meinte: "Wir haben doch dort wichtige Generäle. Sie haben gute Beziehungen zu Geschäftsleuten, die zahlen können. Reden wir mit ihnen!"

Die Kriegshandlungen selbst sah ich nicht. Kurz dachte ich darüber nach, ob wir in Gefahr seien, weil wir vielleicht nicht den Vorstellungen von Rassenzugehörigkeit entsprechen könnten. Obwohl der Gedanke kurz im Raum stand, schien diese Gefahr nicht aktuell zu sein. Offenbar handelte es sich dabei nur um eine Assoziation in Bezug auf den 2. Weltkrieg und hatte in der Gegenwart (eigentlich Zukunft) keine Bedeutung.

Geld gab es keines. Man hatte Scheine, die aus normalem Papier bestanden. Auf jedem stand 10. Ein Brot kostete 10 und ein kleines Stück Wurst kostete auch 10. "Das Brot ist extrem teuer!", sagte ich zu jemandem. "Wieso?"kam die Antwort. "Brot braucht man unbedingt, um nicht zu verhungern, aber auf Wurst kann man verzichten. Die braucht man nicht.", antwortete ich. Eine weitere Person pflichtete mir bei.

Um all dem auszuweichen, ging ich in den Garten. Es handelte sich um den Garten, den wir früher gehabt hatten. Die Wäsche war schon trocken und ich wollte sie abnehmen. Zwei Personen kamen mir nach. Wir unterhielten uns über die Preise und darüber, wie viel Geld wir hatten. In einem kleinen Sackerl hatte ich Schokolade. Die teilte ich unter uns Dreien auf.

Eine scheinbar junge Frau ging zur Uni. Sie tat, als wäre sie eine Studentin. Als sie kurz den Raum verließ, sah ich heimlich in ihre Tasche. Es gab Skripten und Bücher und Ausweise. Die Dokumente sah ich mir an. Es stellte sich heraus, dass sie bereits ein Studium abgeschlossen hatte. Entweder hatte sie Medizin, oder Biologie studiert. Offenbar war sie ein Spitzel und wollte sich bei den echten Studenten einschleichen.

Sonntag, 4. April 2021

In letzter Zeit aßen wir vor allem Vollkornbrot. (Im Traum und auch im realen Leben) Nun erklärte ich M, dieses Brot würde ich nicht vertragen. Es sei zwar gesund, doch wenn der Körper es nicht ordentlich verarbeiten kann, sei es besser darauf zu verzichten. Das wolle ich nun tun. Dann sah ich mich um. Anscheinend war ich in einer Bäckerei. Wunderschöne, weiße Brote lagen da. Verlockend. Man konnte etwas das man erfunden hatte, einer Kommission zeigen. Ob man es dann auch verkaufen konnte, weiß ich nicht. Vermutlich hatte ich auch etwas erfunden, denn ich stand mit anderen dort in der Reihe angestellt. Leider habe ich vergessen was es war. Neben mir stand ein junger Mann. In der Hand hielt er ein riesiges Stück Seife, das bunt marmoriert war. Wir unterhielten uns darüber, wie er die Seife hätte schneiden sollen. Ich fand, es sei falsch, wie er es gemacht hatte. "Mein Vater hat sie geschnitten!", verteidigte er sich. Die einzelnen Stücke wirkten brüchig und das beeinträchtigte deren Aussehen.

Danach gingen wir zu einem See. Über den See waren in großer Höhe Stricke gespannt. Genau erinnere ich mich nicht, wie ich auf so ein Seil kam. Jedenfalls war ich oben, hing irgendwie daran und bewegte mich vorwärts. Wahrscheinlich rutschte ich weiter. Andere machten es ebenso. Als ich hinunter zum See starrte, schrie ich vor Angst. Ich fürchtete hinunter zu fallen. Verzweifelt schloss ich

114

die Augen. Zu jemandem sagte ich: "Jetzt wäre ich froh, würde mein Vater mich im Arm halten!"

Endlich war ich wieder unten, auf der anderen Seite des Sees. Trotzdem hielt ich mich noch immer am Seil fest. Denn so richtig am Ufer schienen wir nicht gelandet zu sein. Der Boden war eher wie Schlamm. Vor mir war eine Frau. Sie machte einen Schritt und versank im Wasser. Denn was sie für festen Boden gehalten hatte, war entweder dünnes Eis, oder auch eine Schlammschicht. So genau konnte ich das nicht erkennen. Ich weiß nicht, ob sie gerettet werden konnte.

Samstag, 27. März 2021

Wir wollten auf Urlaub fahren. Wahrscheinlich war meine Mutter unter den Begleitern. Es handelte sich um eine ganze Gruppe. Schon bald hatte ich Probleme. Mir fiel auf, dass ich vergessen hatte, Schuhe und Socken mitzunehmen. Ich trug elegantere Schuhe, mit etwas höheren Absätzen. (Was ich real nie tun würde) Die würden mir wohl bald weh tun, dachte ich. Deshalb hatte ich natürlich keine Socken an, Strümpfe aber auch nicht. Das Geld schien auch knapp zu sein.

Weil ich mit der Straßenbahn durch die Gegend fuhr, verlor ich die anderen aus den Augen. Eine Frau fragte ich, ob es auf dieser Strecke mehrere Linien gebe. Noch bevor sie mir antworten konnte, stieg ich aus. Zum Glück sah ich dann endlich jemanden von unserer Gruppe. Offenbar war ich richtig gefahren.

Nun ging es darum, eine Eintrittskarte zu bekommen. Statt ins richtige Geschäft, ging ich in eines, das nur inoffiziell Eintrittskarten verkaufte. Manche Tickets musste man dort extra bezahlen. Alles war mühsam. Ich bekam schließlich doch eines, welches ich aber nicht mit Geld, sondern mit Mineralien bezahlte. Die bekam man auch in diesem Geschäft. Alles glitzerte und glänzte. Seltsam war, dass ich mit den Mineralien bezahlte, die in diesem Geschäft eigentlich verkauft wurden. Einige hatte ich jedoch mitgebracht.

Zuerst wollte sie mir für die Waren 1000 Euro geben. Das stritt sie aber später ab und behauptete, sie habe 229,-- Euro gesagt. Weil ich unsicher war, nahm ich, was sie mir freiwillig gab. Für die Verkäuferin war es ein tolles Geschäft. Jemand sagte mir nachträglich, es sei arg, dass sie mir die 1000,-- Euro nicht gegeben habe. "Warum hast du mir das nicht vorhin gesagt?", fragte ich. Das war ärgerlich. Aber wenigstens konnte ich mir jetzt Socken kaufen.

1.3.2021 - 18.3.2021

Die Sache war etwas verwirrend. Ich wollte mit dem Flugzeug fliegen und suchte deshalb den Abflug Richtung Deutschland. Von dort aus wurde auch nach Österreich geflogen. Offensichtlich befand ich

116

mich also im Ausland. Vieles deutete darauf hin. Wo ich war, weiß ich jedoch nicht. Es gab riesige Menschenmassen, was mich erschreckte, weil niemand eine Maske trug.

Nach einiger Zeit wusste ich nicht mehr, woher ich gekommen war. Lange Zeit über irrte ich herum, bis ich zufällig auf einen Deutschen traf, der Richtung Düsseldorf (?) wollte. Ich schloss mich ihm an, in der Hoffnung, er werde mich zum Abflug nach Österreich führen. Als ich endlich an der richtigen Stelle war, war es zu spät. Das Flugzeug war schon abgeflogen.

4.3.2021

Meine Mutter hatte Geburtstag. Erst wollte ich ihr etwas kaufen, doch mir fehlte das Geld. Also musste ich den Gedanken fallen lassen. Aber genau wusste ich nicht, ob es wirklich so war. S hatte mir ins Ohr geflüstert, sie habe Probleme mit der Bank. Anfangs ging es darum, ob die Kinder das Geld, das ich ihnen gegeben hatte, noch besaßen. Ich dachte, nur Y habe keines mehr. Weil ich meiner Mutter von meinen Überlegungen erzählte, regte sie sich auf. Wie sich bald heraus stellte, hatte S. auch keines mehr. Sie genierte sich deswegen und wollte es mir nicht erzählen. Erst als ich ihr klar machte, dass ich deswegen nicht böse war, gestand sie mir, alles ausgegeben zu haben. Davon erzählte ich meiner Mutter nichts.

Genau wusste ich nicht, was los war. S musste Geld hin und her verschieben. Nur hatte sie leider zu wenig davon. Gerade hatte ich einen größeren Geldbetrag bekommen, den gab ich ihr. Meiner Mutter konnte ich jetzt wieder kein Geschenk kaufen. Ich war pleite. Die nichts ahnende Mutter ging weg und kam erst sehr spät zurück.

Gemeinsam mit S ging ich in ein Lokal, in dem auch Brot verkauft wurde. Der Wirt verlangte für ein halbes Brot 54,--€. Obwohl es viel zu teuer war, kauften wir es. Aber gleich darauf gingen wir zur Polizei. Zwei seltsame Beamte, die einander nicht mochten, hatten gerade Dienst. Einer ging weg, der andere nahm unwillig die Anzeige auf. Mit der Anzeige ging ich wieder zurück zum Wirt und sagte ihm, ich hätte ihn wegen Preistreiberei angezeigt. Der lachte nur. Wie sich heraus stellte, hatte ich nicht die Anzeige eingesteckt, sondern einen mit Hand geschriebenen Zettel. Der Polizist steckte mit dem Wirt unter einer Decke.

(Anmerkung: der extrem hohe Preis könnte ein Hinweis auf eine kommende Inflation sein.)

Gemeinsam mit einer Frau, die ich im Traum, aber nicht im realen Leben kannte, fuhr ich herum. Wahrscheinlich benützten wir mein Auto. Wir kamen bis nach Italien, in die Nähe des Vesuvs. "Es würde mich interessieren ob man sehen kann, wie der Boden (die Erde) sich bewegt!", sagte ich zu der Frau. In einem Bach konnte man es tatsächlich sehen, denn das Wasser bäumte sich plötzlich heftig an einer Stelle auf. Einige Zeit später fuhren wir wieder nach Hause. Der Frau hatte unser Ausflug gut gefallen. "Wir könnten das öfter machen!", meinte ich und wurde geradezu euphorisch. "Nach Rom könnten wir fahren, nach Paris, überall hin!" Sie reagierte zurückhaltend. Erst dachte ich, sie hätte keine Lust, mit mir gemeinsam wieder zu verreisen. Doch dann meinte sie, sie wolle nicht auf der Rückfahrt das Auto lenken. Das sei ihr zu anstrengend. Darüber war ich sogar froh. "Das kann ich ja auch machen!", erklärte ich ihr fröhlich.

5.1.2021

Ich ging wieder einmal in ein bestimmtes Labor. Doch diesmal war es leer. "Das ist kein Labor!", erklärte mir ein Mann, der dort zu arbeiten schien. Offenbar handelte es sich um einen Schwindel. Um keinen kriminellen, sondern um einen, der von der Polizei, oder von einem Geheimdienst initiiert wurde. Während wir miteinander redeten kam jemand, um dem Mann zu sagen, eine Frau würde bald kommen. Deshalb solle er alles wieder einräumen. Ich habe vergessen was das war. Ihm war es nicht Recht, trotzdem tat er, was er tun sollte. Mich wunderte, wie langsam er dabei vorging.

Inzwischen sah ich mich um. Mich faszinierte der Rest einer Maschine, mit der man verschiedene

Bluttests machen konnte. Vielleicht waren es auch nur die Anschlüsse, die noch vorhanden waren. Sie erzeugten ein seltsames Geräusch. Ein Hund hatte schrecklichen Durchfall. Ob das mit diesem Labor zu tun hatte, weiß ich nicht mehr.

6.3.2021

Große Teile des Traums bestanden nur aus Telefongesprächen. Gesprochen wurde über Afghanen. Einer saß neben mir, während ich telefonierte. Eine weitere Person war da, um die es in diesen Gesprächen ging. Sie wollte sich aus einer afghanischen Gemeinschaft lösen, was offenbar mit großen Problemen verbunden war. Ich glaube, am anderen Ende der Leitung sprach eine Frau. Alles war etwas unklar. Immer wieder wurde dasselbe gesagt. Man wolle einen Afghanen, eine Afghanin und ein Kind. Meine Antwort wurde ignoriert. Erst nachdem ich längere Zeit zugehört hatte merkte ich, am anderen Ende der Leitung sprach ein Tonband. Was das blöde Gerede bedeuten solle, verstand ich nicht. Als es mir zu viel wurde, sagte ich: "Reden Sie mit jemandem, der ihre Sprache spricht!" Mit diesen Worten drückte ich dem Afghanen den Hörer in die Hand. Der flüsterte ein Wort in seiner Muttersprache. Erstens verstand ich das Wort nicht und zweitens wusste ich nicht, ob es wirklich seine Sprache war. Was es bedeutete, wusste ich also auch nicht. Die Person am anderen

Ende der Leitung sagte jetzt doch etwas anderes als bisher. (vergessen was)

Es kam Bewegung in die Sache. Was die Stimme immer wieder gesagt hatte, war symbolisch gemeint gewesen. Die Person um die es ging, durfte aus der Gemeinschaft austreten, musste jedoch etwas geben. Ein Afghane kam, die Person (vermutlich war es eine Frau) kniete sich vor ihm hin Ein Ball (?) wurde zu ihr gerollt und von ihr dann zu ihm. Ein kurzes Gespräch, mit der Aufforderung etwas zu geben, folgte (vergessen was das war). Die Person ging kurz weg, um alles zusammen zu suchen, was sie hergeben musste.

Eine große Veranstaltung im Freien. Wir trafen zufällig H (Freund von M) Er regte sich auf, weil mehrere Männer eine Kuh misshandelt hatten. Sie wollten die Kuh ursprünglich schlachten, verletzten sie und hatten dann nicht den Mut, sie zu töten. Viele Menschen waren da, aber weit und breit keine Polizei. Ich dachte nach, ob wirklich keine Polizei da war, oder ob sie sich nur nicht zeigte. Wir unterhielten uns über die Kuh. Zuerst dachte ich, die Männer, die sie schlachten wollten ,seien Afghanen. Doch es waren Türken. H kannte sie sogar persönlich. "Ich will mit ihnen reden.", sagte er. "Ach, du kennst sie?", fragte ich erstaunt. "Ja, ich kenne sie, ich weiß wer sie sind.", kam die Antwort.

7.3.2021

In dem Garten, der uns früher gehört hatte, war unser (?) Hund. Ein fremder Hund kam dazu und spielte ziemlich aggressiv mit ihm. Darüber regte ich mich auf, denn es bestand die Gefahr, dass er unseren Hund verletzte.

8.3.2021

Ha (ziemlich sicher verstorben) tauchte plötzlich wieder auf. Ich merkte, dass er mir etwas sagen, oder mich etwas fragen wollte. Es kam dann aber nicht dazu. Nach einiger Zeit ging er ins Nebenzimmer und telefonierte mit jemandem ziemlich laut, sodass ich hören konnte was er sagte. Unter anderem war die Rede von einer Million. Vielleicht sprach er aber auch von mehreren Millionen. Ich erinnere mich nicht genau. Alles was er sagte, konnte ich allerdings nicht verstehen. Er war freundlich zu mir und daher fühlte ich mich auch nicht bedroht.

11.3.2021

Wir waren mit mehreren fremden Personen unterwegs. Ob ich sie im Traum kannte, weiß ich nicht mehr. Unter diesen Leuten war auch WR (verstorben). Den bemerkte ich zwar, ignorierte ihn aber. Jemand hatte gehofft, ich würde mit ihm reden.

Es ging plötzlich nicht mehr weiter, weil drei junge Männer weggegangen waren, um Schuhe zu kaufen. Sie kamen nicht zurück. Die Leute regten sich auf. Erst jetzt bemerkten wir, dass wir irgendwo weit draußen waren. Ohne unseren Bus kamen wir von dort nicht weg. Wir setzten uns einfach am Straßenrand hin. Es gab auch weiße Stufen, auf die manche sich setzten. Die Straße war stark befahren. Manchmal mussten die Autos anhalten. Deshalb sah ich, was in den Autos vor sich ging. Ein Auto hatte einen seltsamen Anhänger, in dem ein Mann saß. Ihm gegenüber saß eine Person, von der man nicht sagen konnte, ob es ein Mann, oder eine Frau war. Vermutlich war es aber eine Frau. Die Mutter eines Kindes, welches bewegungslos neben dem Mann lag. Ich nahm an, er missbrauchte es gerade. Er starrte mich blöd an. Die Autonummer konnte ich nicht erkennen. Deshalb blieb mir nur die Möglichkeit, ihm eine Drohung zuzurufen. Später sah ich noch einen anderen Mann, der ein Kind zu missbrauchen schien. Ich regte mich ungeheuer auf.

17.3.2021

M und ich wurden gleichzeitig geimpft. Das wunderte mich, weil wir nicht im selben Jahr geboren sind. Als ich meinen Oberarm frei machte, sah ich, dass mein Bizeps wie der eines Bodybuilders aussah. Den Stich spürte ich nicht und Impfprobleme hatte ich auch keine.

18.3.2021

In einem öffentlichen Schwimmbad saß ein Bub, der ständig Aufgaben schrieb. Mit anderen Kindern spielte er nicht. Daran schien er kein Interesse zu haben. Zeitweise unterhielten wir uns miteinander. Er sah lieb aus, war freundlich und fröhlich. Nachdem er sehr lange an seinen Hausaufgaben gearbeitet hatte, lief er weg. Seine Mutter war nämlich aufgetaucht, mit der er eine herzliche Beziehung hatte. Auch sie wirkte freundlich und fröhlich. Als er hinter ihr her lief, wirkte er plötzlich dicklich, was vorher nicht der Fall gewesen war.

Die Frau hatte eine gute Figur. Von hinten sah es aus, als sei sie nackt. Als sie sich umdrehte, bemerkte ich jedoch einen Badeanzug, den man von hinten nur nicht sehen konnte. (Anmerkung: am Abend vor diesem Traum hatte ich alte Träume bearbeitet. In einem davon war ich nackt. Dieser Traum fiel mir jetzt - im Traum - ein) Mir fiel mein alter Traum ein. Mutter und Sohn verschwanden.

Es begann zu regnen. Unzählige Hefte und Zettel, die dem Buben gehörten, waren zurück geblieben und wurden nun nass. Teilweise wurden sie vom Wind erfasst und zu Boden gefegt. Ich versuchte sie aufzuheben, um sie zu retten. Doch es waren zu viele. Sie fielen mir hinunter. Da ließ ich es bleiben.

Kurze Zeit später ging ich mit einem Handwagen, auf dem ein großer Kaktus stand, auf einem kleinen Weg. Jemand schrie: "Sie haben mich gezwickt!"

Gemeint war, die Person habe sich am Kaktus gestochen. Es war ein etwas dunklerer Mann, der bösartig wirkte. Er drohte mit einer Anzeige. Kurze Zeit später kam eine Frau vorbei und alles wiederholte sich. Auch sie schrie: "Sie haben mich gezwickt!" Doch diesmal sah ich genau, dass die Frau nur so tat, als habe sie sich verletzt. Auch sie drohte, mich anzuzeigen. Das war mir nun zu blöd und ich drohte zurück. "Ich werde Sie auch anzeigen und ich kann auch etwas erfinden, so wie Sie das gerade tun!"

Eine weiße Frau und ein schwarzer Mann. Es stellte sich die Frage, wie deren zukünftiges Kind aussehen werde. Mir fiel WK ein, dessen Mutter auch etwas dunkler gewesen war. Als wir Kinder waren, hatten wir nichts dabei gefunden. Auch er hatte eine etwas dunklere Haut, als wir anderen. Gestört hatte das niemanden.

2.2.2021

Wir waren zwar im alten Haus, aber es sah anders als real aus. Ein Mann mit schwarzer Haut kam ins Haus. Er zog einen kleinen Einkaufswagen (der wie eine Tasche aussieht) die Treppe hinauf. Er antwortete nicht auf meine Frage, was er hier wolle. Der Mann setzte sich.

Y war noch ein Kind. Ich hatte ihr Wasserfarben und den teuren Block gegeben, damit sie etwas Schönes malen konnte. Sie hatte bereits ein Bild gemalt, das sie aufhängen wollte. Aber es war zu klein für den Rahmen und deshalb brauchten sie etwas Größeres. Gerade noch war sie oben gewesen, doch nun war sie plötzlich weg. Erstaunt stellte ich fest, dass oben der Fußboden eine seltsame Vertiefung hatte. Das Holz war total kaputt, fiel mir auf. "Wir werden an dieser Stelle bald durchkommen!", meinte ich, "Vor kurzem habe ich in der Zeitung gelesen, zwei Leute sind in einem Haus durch den Fußboden gebrochen!" (Das war real, das hatte ich real gelesen.) "Ich glaube es ist Zeit, das Haus zu verkaufen. Wir müssen mit R (real verstorben) reden!" (Real ist das Haus bereits verkauft.) Die Kinder hatten schon alle eine Wohnung (real) nur meine Eltern (real verstorben) und ich würden eine brauchen. Der Gedanke, alleine in einer Wohnung zu leben, gefiel mir nicht. "Wir 3 könnten zusammen in einer Wohnung leben!", meinte ich deshalb und begann zu überlegen, wie groß die Wohnung sein müsse. 3 Zimmer bräuchten wir auf jeden Fall. Doch wie sollte ich die Miete später bezahlen, wenn beide gestorben waren? Ob sich eine Eigentumswohnung vom Verkauf der Wohnung ausgehen würde, usw. Dann dachte ich nach, ob die Kinder auf den ihnen zustehenden Teil verzichten würden. Dazu gab es sehr viele verschiedene Gedanken. Alleine wollte ich aber auf keinen Fall wohnen.

Später ging ich weg. Extrem viele Menschen waren auf der Straße und niemand trug eine Maske, oder hielt Abstand. Ich ging in ein Kaffeehaus. Es war voll. Das wunderte mich. Eine Frau zeigte mir ein Foto und fragte, ob ich diese Person kennen würde. Obwohl ich es kurz ansah, konnte ich nichts genaues erkennen. Deshalb sagte ich: "Nein!" Nachdem ich einen Kaffee getrunken hatte, wollte ich bezahlen. Es waren jedoch so viele Leute da, dass dem Personal die Übersicht fehlte. Einige Zeit wartete ich, dann ging ich einfach hinaus. Aber kurz danach kam ich wieder zurück ,um eine Kellnerin zu suchen, bei der ich zahlen könne. Es war nicht möglich. Diesmal ging ich wirklich. Niemandem fiel das auf.

Draußen herrschte auch Gedränge. "Wenn ich mich da nicht angesteckt habe, ist es wirklich ein großes Glück!", dachte ich. Denn diesmal würde die Krankheit noch viel schlimmer und noch ansteckender werden. Das wusste ich. Man musste wegen der alten Leute aufpassen. Ich wollte sie nicht anstecken.

5.2.2021

Ich erklärte einer schwarzen Krähe, ich sei ihre Schwester. Sie schien mich zu verstehen. Eine goldene Kette wollte ich ihr geben. Doch diese fiel mir aus der Hand und purzelte in einen Spalt. An dieser Stelle war ein Plastikbelag und ein Teppich kreuz und quer übereinander gelegt. Die Krähe versuchte die Kette zu finden, was ihr nicht gelang. Ein Mann kam, von dem ich anfangs dachte er sei auf mich sauer. Deshalb fürchtete ich mich vor ihm. Ich hatte mich getäuscht. Er half mir sogar. Zu dem Mann sagte ich: "Sie versteht das nicht!" Damit meinte ich, die Krähe würde nicht verstehen, wo wir suchen müssten.

9.2.2021

Ich hatte mich entschlossen, eine Ausbildung beim amerikanischen Militär zu machen. Deshalb musste ich zu einer bestimmten Zeit weg fliegen. R und meine Mutter waren da, die ich jedoch nicht so richtig wahrnehmen konnte. Zeitweise hatte ich das Gefühl, dass sie es gar nicht wirklich waren. Auch eine weitere Person war anwesend. Sie erinnerte mich an eine meiner Töchter, wirkte aber trotzdem unbekannt. R fuhr weg. Er fragte mich, ob er mich mitnehmen könne. Das lehnte ich ab, weil ich mit meinem Auto fahren wollte. Ich sah auf die Uhr. Es war schon 22 Uhr. Um 0 Uhr sollte ich am Flugplatz sein. Dabei hatte ich noch nicht einmal gepackt.

Ab da begann ein Nerven aufreibendes Suchen. Zuerst fand ich keinen Koffer. Dann sah ich, die Wäsche war nicht gewaschen. Alles kam mir auch fremd vor, ich kannte mich dort wo ich war nicht aus. Obwohl ich offenbar zu Hause war. Weil ich so nervös war, beschimpfte ich alle unflätig. Das wunderte mich sogar selbst. Meine Mutter gab mir ein seltsames, durchsichtiges Körbchen, statt einem Koffer. Damit konnte ich nichts anfangen. Sie erinnerte sich nicht wo ihr Koffer war, obwohl sie gerade von einer Reise zurück gekommen war.

Meinen Pass fand ich wenigstens. Auch einige Tausender waren da. Damit konnte ich in den USA dann alles kaufen, meinte ich.

Nach langem Suchen fand ich dann auch noch coole Kleidung. Doch was sollte ich ohne Koffer damit anfangen? "Ruf ein Taxi!", schrie ich meine Mutter an. Denn jetzt wollte ich das Auto doch zu hause lassen. Schließlich wollte ich länger fort bleiben und da wäre die Parkgebühr zu teuer geworden.

Plötzlich war die Nervosität weg. Sollte ich nicht fliegen können - denn mein Flugzeug war sicher schon weg - käme ich eben einfach wieder nach Hause. Trotz allem sei es besser, sehr spät zu kommen. Würde ich nämlich knapp zu spät kommen, sähe es aus, als wäre ich unzuverlässig. So aber würde es so aussehen, als habe mein Zuspätkommen einen wichtigen Grund.

Eine Frau fuhr rasant mit dem Auto. Sie ließ sich von mir nicht beirren. Ich wollte sie dazu bringen, langsamer zu fahren. Die Frau fuhr im Auto neben mir. Plötzlich hob der Wagen ab. Danach sauste er wieder zu Boden. Es gab mindestens einen Toten, vielleicht sogar drei. Sehen konnte ich, dass das Auto auf Menschen lag.

23.2.2021

Ein Mann und eine Frau wollten sich vor dem chinesischen Geheimdienst schützen. Sie waren
129

harmlos, aber einfallsreich. Die Frau recherchierte und teilte dann alles was sie heraus gefunden hatte, dem Mann mittels eines Funkgeräts mit. "Aber das können die Chinesen sehr leicht abhören!", meinte ich überrascht. Bis zu dieser Stelle war alles sehr gefährlich und real (im Traum). Doch plötzlich änderte sich die Geschichte. Sie ging in eine ganz andere Richtung.

Ich konnte einen Chinesen sehen, der vor einem Haus stand, in dem die Frau herum schnüffelte. Sie wohnte dort also nicht. Der Chinese war vom chinesischen Geheimdienst. Jemand meinte lachend: "Alles was die Beiden tun, lesen die Chinesen täglich in den chinesischen Zeitungen! Wie bei einem Fortsetzungsroman. Sie lachen darüber." An diesem Punkt änderte sich wieder alles und die Geschichte wurde zu einem Film. Wir unterhielten uns über den Film, nachdem im Fernsehen einige Szenen gezeigt wurden. "Jetzt schaue ich mir den Film auch an. Er ist wirklich witzig!", sagte ich lachend. Witzig waren vor allem die Dialoge. M erwiderte ironisch: "Ja, ja, sehr witzig!" Er konnte darüber nicht lachen.

Mir fiel ein, man hatte mir eine Karte mit Werbung für den Film gegeben. Auf einmal wurde überall für diesen Film geworben.

Schließlich sah ich eine Szene, von der ich nicht weiß, ob sie aus dem Film stammt, oder ob sie real (im Traum) war. Die Szene: Mehrere Personen befanden sich in einem Raum. Sie redeten mit einem Mann, der nicht reagierte. Deshalb stand ein Chinese auf, ging zu ihm und berührte ihn von hinten am Hals. Da kippte der Mann um. Er war tot.

6.1.2021

Ms Verwandte waren da. Sie kamen uns zwar entgegen, aber mich ignorierten sie. Seine Schwägerin wollte ich umarmen, doch sie ging einfach weiter. Von da an achtete ich darauf, ihnen nicht mehr nahe zu kommen. Sie hatten mir ja deutlich gezeigt, dass sie mich nicht mochten. (Anmerkung: M hatte mir erzählt, sie hätten ihn bei einem früheren Besuch ignoriert. Ich war damals nicht dabei gewesen.)

Ich suchte den Hund. Er war verschwunden. Während wir auf Besuch waren, hatte jemand auf ihn aufgepasst. Diese Leute wussten aber nun gar nicht, wo er war. Nach langer Zeit tauchte er dann endlich wieder auf. Wahrscheinlich redete er mit mir.

Angehörige einer konservativen, islamischen Sekte beteten. Sie waren bunt gekleidet, die Teppiche waren ebenfalls bunt.

Ein Mann kam und beschwerte sich, weil seine Außenheizung einen Brand verursacht hatte. Daran könnte ich Schuld sein, befürchtete ich. Zum Glück war das dann doch nicht der Fall.

7.1.2021

Wo ich gerade war, bzw. bei wem, weiß ich nicht. Jedenfalls musste ich auf die Toilette. Zumindest zeitweise dachte ich, wir seien bei Ms Familie. Endlich fand ich das stille Örtchen. Die Harnmenge schien unendlich zu sein. Vielleicht war ich krank? Erst während ich mit Pinkeln beschäftigt war, kam ich auf die Idee, die Türe zuzusperren. Das gelang mir jedoch erst nach mehreren Versuchen. Schließlich saß ich gerade auf der Toilette, da konnte ich nur mit großer Mühe die Türe mit der Hand erreichen. Offenbar hatte es nicht wirklich geklappt, denn jemand öffnete die Türe. Es war Ms Schwägerin N (dachte ich jedenfalls, aber ich bin mir nicht sicher.) Sie fragte mich, ob wir unsere Partner tauschen wollten. Davon war zuvor bei einem Gespräch die Rede gewesen. Anscheinend war es normal, die Partner zu tauschen. Ich sagte sehr bestimmt: "Nein!" und sie sagte: "Schade! Ich hätte so gerne den Partner getauscht!" Mir war ihr Mann total unsympathisch. Mit ihm wollte ich nichts zu tun haben.

(Anmerkung: Das könnte ein Hinweis auf den bald bevorstehenden Tod des Mannes, oder die Scheidung sein.)

15.1.2021

Jemand wollte mich mit Hilfe einer Bombe ermorden. Das gelang ihm nicht. Deshalb versuchte

er es mit einer anderen Methode. Ich war ständig
voll Angst und kämpfte verzweifelt ums Überleben.

16.1.2021

M zerriss viele Zettel, die mir gehörten. Als ich das
bemerkte, regte ich mich auf.

19.1.2021

Zufällig traf ich Herrn Ko. Wie er mit mir redete, war
eine Frechheit. Jemand wunderte sich: "Ziemlich
aggressiv!" Ich ließ es mir von K gefallen, schaute
jedoch, möglichst schnell weg zu kommen.

In meiner Gesellschaft war eine Person, die ich
zumindest im Traum gut kannte.Wir gingen nämlich
Hand in Hand. Das erlebte ich aber nicht so, bzw.
mir wurde nicht bewusst, dass ich diese Person gut
kannte. Eigentlich erschien sie mir fremd. Erstaunt
bemerkte ich, wie sportlich ich aussah. Meine
Oberarme waren muskulös, wie die von jemandem
der hart trainiert. Niemandem schien das negativ
aufzufallen. Da man gut sehen konnte, wie
muskulös ich war, nehme ich an, ich trug ein enges
T-Shirt ohne Ärmel. Sehen konnte ich es bewusst
nicht.

Günther Jauch war zu sehen. Vielleicht hatte er
einen Auftritt? Er warb für Bier. Sinngemäß sagte
er, bisher habe er gedacht, man könne niemandem
Bier schenken. Doch sein ältester Sohn, der

133

Rettungsschwimmer sei, habe ihm erklärt, das könne man tun.

22.1.2021

Leute wurden getestet, indem man ihnen kurz in den Oberarm stach, oder etwas gegen den Oberarm drückte. Das konnte ich nicht genau erkennen. Welche Krankheit man so feststellen wollte, weiß ich nicht. Vielleicht wusste ich es im Traum und habe es nur vergessen, denn ich hielt mich von diesen Personen ab sofort fern. Offenbar war es eine ansteckende Krankheit. Allerdings schien dieser Test anfangs nicht zu funktionieren. Es dauerte einige Zeit bis jemand begriff, wie man ihn richtig anwenden musste. Da ging es dann plötzlich "ruck zuck". Jemand wurde immer wieder getestet. Ab diesem Zeitpunkt war klar, dass eine kurze Berührung ausreichte, um ein richtiges Ergebnis zu bekommen. Das Gerät sah aus wie eine Nadel, war aber keine. Als ich die Getesteten sah, dachte ich kurz an meine Mutter. Wahrscheinlich sah ich sie zwar, wusste aber doch, dass ich nur an sie dachte. Jemand meinte, man würde die falschen Leute testen. Nämlich die gesunden, während die kranken ungetestet herum liefen.

25.1.2021

Ein Mann - wahrscheinlich war er vom Typ her afrikanisch - ermordete jemanden. Er befand sich in

134

einem psychischen Ausnahmezustand. Ich konnte verhindern, dass er weiter tötete. Die Polizei kam. Mir vertraute der Mann. Dadurch wurde er wieder ruhig. Ihm war klar, dass man ihn verhaften würde. Zur Polizei sagte er: "Ach ja, meine Heimatstadt ist Paris. Dort möchte ich hingebracht werden!"

Ich fühlte etwas im Schulterbereich, nahe am Hals. Zu M sagte ich: "Schau mal was ich da habe!" Er sah nach. "Auf deiner Schulter sitzt ein Vogel!", erklärte er. "Tu ihn weg!", schrie ich. M verscheuchte den Vogel und ich war erleichtert. Doch M meinte eiskalt: "Die Beine sind aber da geblieben." Mich gruselte, ich war verzweifelt: "Gib sie weg! Der Vogel wird das nicht überleben!" Das war ihm egal, aber die Beine tat er weg. Sie sahen eher wie Fleischstücke aus.

26.1.2021

Wahrscheinlich waren wir in Weißensee, oder Weissensee. (Anmerkung: Der Ort ist mir nicht bekannt.) Meine Mutter war auch dort. Sie war schon dement. Jemand sagte: "Lass sie in diesem … ? .. Zimmer schlafen, oder im Freien!" "Das geht doch nicht! Da weiß ich ja nicht was sie tut, ich kann sie doch nicht ganz alleine lassen.", warf ich ein. Doch die andere Person hatte für meine Einwände kein Verständnis. Meine Mutter wiederum verstand gar nicht ,worum es ging. Immer wieder fragte sie mich, ob ich mit ihr in einem Bett schlafen würde. Da kam sie mir eher wie ein Kind vor, als wie eine alte Frau. Zwar sagte ich immer wieder: "Ja! Ja!", aber das war nicht so. Ich wollte für sie einen Ort suchen, an dem sie sicher war und an dem ich sie beschützen konnte. Mehr oder weniger vor sich selbst. Es sollte ein Ort sein, an dem ich zwar in der Nähe war, wo sie aber trotzdem alleine bleiben konnte.

27.1.2021

Irgendwie war ich zu einem Pferd gekommen. Wie und wieso das passiert war, habe ich vergessen. Das Pferd war relativ groß. Vermutlich wohnten wir im alten Haus. Was bedeutete, das Pferd musste Stufen steigen. Kurz war es im 1. Stock. Dort kackte es noch hinein und dann führte ich es wieder hinaus. Das Tier konnte zwar die Stufen hinunter gehen, aber unten hatte es Probleme, um die Ecke zu kommen. Als wir das Hindernis überwunden hatten, führte ich es in den Garten. Ich redete mit ihm und es schien mich zu verstehen.

Der Garten sah anders als real aus. Es gab viele Hügel, was für das Pferd gefährlich war. Plötzlich rannte es los und tobte sich aus. Ich hatte Angst, es könne stürzen und sich verletzen.

Im Garten gab es ein kleines Gebäude, welches ich als Stall verwendete. In den sperrte ich das Pferd ein. Nun stellte sich die Frage wie wir es füttern sollten, denn es hatte noch nichts gefressen. Das

Pferd schlief. Ich wollte währenddessen etwas kaufen gehen. Ein Mann war da, den ich im Traum kannte, im realen Leben aber nicht. Ihm hatte ich gesagt, er solle den Pferdemist wegräumen, was er jedoch nicht getan hatte. Der Mann wollte auch kein Futter kaufen fahren. Deshalb musste ich es machen. Er war jung und sehr unwillig. Besuch hatten wir auch, doch es machte nichts, dass ich weg musste.

Das Pferd brauche Karotten, einen Kübel voll Äpfel und Getreide. Das würde teuer werden. Zum Glück fand ich dann jemanden, der es nehmen und in Zukunft betreuen wollte.

28.1.2021

Der Traum drehte sich ausschließlich um meine Mutter. Sie war zu uns gekommen. Ich überlegte, ob sie bei uns wohnte. Das wusste ich nicht mehr. Nachdem ich mir lange Zeit deswegen den Kopf zerbrochen hatte, kam ich auf die Idee, sie sei nur zu Besuch da. Nach Hause bringen wollte ich sie nicht. Einige Zeit später ging sie von selbst wieder.

4.12.2020

Es gab ein Gespräch mit meiner Mutter über Ausbildung. Anfangs ging es nicht um mich, sondern um fremde Kinder. Erst später dachte ich über mich nach und sagte: "Weißt du, ich glaube ich bin nicht fürs Lernen geschaffen." Dann dachte ich über die HTL Schulen nach und meinte: "Damals habe ich nicht gewusst, dass es so etwas gibt. " "Das habe ich dir aber gesagt!", antwortete sie. Wahrscheinlich war ihre Behauptung eine Lüge. "Das hat es damals gar nicht gegeben!", sagte ich darauf. In diesem Moment wurde mir klar, dass ich jetzt keine Schule mehr machen wolle. Das Thema war für mich abgeschlossen.

Drei oder vier junge Frauen wollten sich in der Nacht treffen. Eine von ihnen wohnte in einem Wald, oder musste durch einen Wald gehen. Wir überlegten, wie sie einander sicher treffen könnten, ohne überfallen zu werden. "Zieht euch wenigstens männlich an!", meinte ich, "Damit sie euch nicht als Frauen erkennen!"

(Anmerkung: Nachdem ich diesen Traum hatte, stand ich kurz auf, legte mich dann aber wieder hin und schlief weiter. Es gab einen weiteren Traum.)

Der erste Traum wiederholte sich, aber in einer erweiterten Form. Dabei wurde mir auch klar, dass ich meine reale Situation vergessen hatte. Zwischendurch wurde mir immer wieder bewusst, dass ich träumte. Während dieser Momente versuchte ich krampfhaft heraus zu finden, ob ich alles nur träumte, oder ob es real war.

Der Traum

Am nächsten Tag hatten wir eine Schularbeit in Mathematik. Ich beschloss, einfach nicht in die

Schule zu gehen. Mein Stiefvater, der nicht wie im wahren Leben aussah, hatte mir ein Übungsbeispiel gegeben. Ich hatte es aber nicht gemacht. Er dachte, mir würde diese Übung helfen, aber ich sagte, es würden vielleicht ganz andere Aufgaben kommen. Deshalb würde mir seine Übung gar nicht helfen.

Mittlerweile war Montag. Ich blieb zu Hause, denn mir wurde klar, diese Schularbeit könne ich nicht schaffen.

(An dieser Stelle begann ich darüber nachzudenken, was wir bisher gelernt hatten. Das wusste ich nicht. Offenbar war ich gerade in einen halb bewussten Zustand geraten.)

Meine Mutter sah, dass ich zu Hause war. Auch am nächsten Tag blieb ich zu Hause. Ansonsten hätte der Lehrer gemerkt, weshalb ich nicht in die Schule gekommen war. Zu meinen Eltern sagte ich: "Ich bin euch wirklich dankbar, für alles was ihr für mich getan habt, aber ich gehe nicht mehr zur Schule!"

(Wieder setzte eine Phase der Bewusstwerdung ein. Es war, als würde ich um mehr Bewusstheit ringen.)

Was soll ich machen, wenn ich nicht mehr zur Schule gehe, dachte ich. Offenbar war ich in einem Gymnasium, in einer höheren Klasse. Die Matura würde ich nicht machen können, dachte ich. Das würde jedoch nichts machen, weil ich mit Matura auch nicht mehr wissen würde, als ich jetzt wusste.

(Zwischendurch wurde mir bewusst, dass meine Eltern in Wahrheit schon tot waren. Auch dass ich viel älter als meine Schulkollegen war, bemerkte ich.)

Mir kam es plötzlich unpassend vor, gemeinsam mit Kindern in einer Klasse zu sitzen. Ich musste unbedingt arbeiten gehen. Aber wer würde sich um die Hunde kümmern? Ich sah die Hunde an. Sie taten mir Leid. Was sollte ich überhaupt arbeiten? Ausbildung hatte ich keine. Da fiel mir ein, ich war früher Buchhändlerin gewesen und ich hatte auch schon einmal versucht, eine Arbeit zu finden. Irgendwie war ich verwirrt, weil ich nicht mehr wusste, wovon ich eigentlich lebte. Dann fiel mir ein, ich würde ja eine winzige Pension bekommen. Doch das war zu wenig, um davon leben zu können. Eine Arbeit musste ich also unbedingt finden. Vielleicht sollte ich ein Geschäft aufmachen? Vielleicht eine Buchhandlung? Das hielt ich dann doch für keine gute Idee, weil es eine unsichere Branche sei. Lieber wollte ich als Angestellte arbeiten.

(In dieser Art gingen die Überlegungen weiter. Abwechselnd total unbewusst in Bezug auf die Realität und dann doch wieder halb bewusst.)

7.12.2020

Immer wieder fragte ich: "Soll ich den Hund mitnehmen, oder soll ich ihn da lassen?" Es kam keine Antwort. Plötzlich stürmte R. herein. Ich empfand ihn als der Mensch, der er real einmal war. Trotzdem wirkte er auch wieder fremd. Er war ein Mann in den besten Jahren.

(Anmerkung: Lebt nicht mehr)

12.12.2020

Ob die handelnden Personen wirklich die waren, für die ich sie hielt, ist unklar. Sie kamen mir trotz scheinbarer Bekanntheit, doch irgendwie fremd vor.

Anfangs hatte ich ein Problem mit B. Ich räumte Geschirr in einen Kasten. Alles war dort drinnen durcheinander. Ein Teeglas war zersprungen. Es stand in einem oberen Regal. Dort hinauf konnte ich nicht gut sehen. Deshalb musste ich nach den Splittern tasten: "Jetzt zerschneide ich mir die Finger, weil du so blöd bist!", sagte ich verärgert. Anscheinend hatte sie das Chaos verursacht.

Später gingen wir nach unten. Wir waren im alten Haus, das auch fremd wirkte. R. kam gerade nach Hause und lief nach oben. Uns hatte er gar nicht bemerkt. Das Radio lief. Das merkte ich aber erst, als ich einen Blick auf den Fernseher warf, denn der war finster. Eine Frauenstimme erzählte gerade etwas über Strindberg. "Strindberg wurde zu den bösen Männern gezählt!", sagte die Stimme. In dieser Weise fuhr sie fort. Letztlich kam dabei heraus, man habe ihn zu Unrecht für einen bösen Mann gehalten. Anfangs wollte ich mir das alles gar
141

nicht anhören, doch mit der Zeit lauschte ich aufmerksam den Worten der Frauenstimme. B schien nicht zu begreifen, warum ich mir diese Sendung anhören wollte. Offenbar wusste sie nicht, dass ich Strindberg gewesen war.

Da kam M nach Hause, was mich ärgerte. Denn jetzt konnte ich mir die Sendung nicht weiter anhören. Dabei lief sowieso gerade Musik. Was gespielt wurde, weiß ich nicht mehr. Vermutlich war es irgend etwas Klassisches. Vielleicht Beethoven. M empfand die Musik natürlich als viel zu laut. "Muss das immer so laut sein?", fragte er verärgert. Worauf ich antwortete: "Ja! Das muss man laut hören!" Das verstand er nicht; "Dieses dü dü dü geht einem auf die Nerven!", meinte er. Erst jetzt hörte ich es. Die Musik hatte es übertönt. (Das dü dü dü war eigentlich real und kam vom Wecker.)

17.12.2020

Jemandem erzählte ich von einer früheren Reise in die DDR. Dabei erzählte ich von lustigen Szenen, also von Dingen, die ich dort gemacht hatte und über die sich die dortigen Behörden geärgert hatten. Für mich war das sehr gefährlich gewesen. Die Person der ich das alles erzählte, hörte mir nicht zu. (Real war ich nie in der DDR.)

In der Straße, in der ich früher gewohnt hatte, gab es jetzt eine Ampel.

Wenn es grün war, rannten wir mehrmals über die Straße. Weit und bereit war niemand. Alles sah wie in der Realität aus, bis auf die Ampel, die real nicht existiert. Auf einmal merkte ich, ich war schwanger. Jemand machte sich um das ungeborene Kind Sorgen. Es wuchs zu langsam. Plötzlich hatte ich es in der Hand. Es fühlte sich fest und kühl an, lebte aber. Als ich fragte was ich tun solle, sagte man mir: "Leg es ins Wasser!" Deshalb suchte ich nach einem passenden Gefäß. Als ich endlich eines gefunden hatte, legte ich das Kind jedoch in roten Tee, statt in Wasser. Jemand schüttelte missbilligend den Kopf. Es war also ein Fehler. Offenbar musste es unbedingt Wasser sein. Alles war schrecklich umständlich und es dauerte ziemlich lange, bis ich endlich ein Gefäß mit Wasser zur Verfügung hatte, in welches ich das Kind legte. Doch das Kind öffnete die Augen nicht und wurde nicht wach. Das war ein schlechtes Zeichen. Verzweifelt hob ich es mehrmals aus dem Wasser. Irgendwann öffnete es dann doch die Augen. Seine Augen waren sehr hell, stellte ich verwundert fest. Weil wir nun weggehen wollten, legten wir das Kind in einen kleinen Sarg. Den wollte M dann in einen Schrank stellen, damit es nicht herum krabbeln könne, wenn es alleine sei. "Du musst Luftlöcher anbringen", meinte ich, "damit es nicht erstickt!" (Anmerkung: einige Zeit über habe ich roten Tee getrunken, um den Blutdruck zu senken.)

19.12.2020

Ein Haus war verkauft worden. Mit den Mietern des Hauses unterhielten wir uns. Sie mussten ausziehen, hatten jedoch sowieso noch eine andere Wohnung in einem anderen Haus. Davon wusste ich zwar, hatte jedoch nicht daran gedacht. Wahrscheinlich bekamen sie auch eine Abfertigung. Es war von Millionen die Rede.

Ein Park, ähnlich wie Schönbrunn. Das Wetter war schön. Ich wollte den Hund holen gehen, der irgendwo in der Nähe war. "Soll ich dich begleiten?", fragte eine Frau. "Ja, bitte!" antwortete ich. "Vielleicht finde ich sonst nicht mehr hierher zurück." Das Areal war nämlich ziemlich groß, weitläufig und verwirrend. Wir gingen los. (An dieser Stelle änderte sich vermutlich der Traum, denn der Hund tauchte nicht auf und wurde auch nicht mehr von mir vermisst.

Danach wollte ich in die Türkei fahren, vermutlich mit den Kindern. M meinte, Frauen könnten nicht alleine in die Türkei fahren, deshalb wollte er uns hinbringen. Wir hatten viele Sachen. M ging weg, weil er alles zum Auto bringen wollte, ließ dann jedoch seine Sachen alle liegen, weil er darauf vergessen hatte. Also mussten wir alles mühsam einpacken. Zum Glück half uns ein freundlicher junger Mann dabei. Als alles eingepackt war, kam M endlich zurück. Ich sagte ihm, er habe total auf alles vergessen, was er einpacken hätte sollen. Darüber lachte er nur. "Wenn du alles

144

unbeaufsichtigt liegen lässt, ist bald alles weg!", meinte ich. Worauf er antwortete: "Na, das weiß ich nicht!" "Ich weiß das schon!", erwiderte ich. (So wie er gerade in dem Traum redete, hatte früher R. zu Lebzeiten geredet. Außerdem sah er nicht wie im realen Leben Leben aus und jünger war er obendrein. Das zeigt, dass es sich um einen fremden Menschen handelte.)

In einem Sack hatten wir ein Gefäß, in welchem sich Käse befand. Eine Türkin sah es. "Ist das Käse?", fragte sie. "Ja das ist Käse. Aber er ist total verschmutzt, weil er ausgeronnen ist. Den kann man nicht mehr verwenden." meinte ich. Die Frau war enttäuscht und ging.

Endlich waren wir beim Auto. Es war blau, klein und sah ziemlich ramponiert aus. Ich war perplex. So ein Auto hatte ich nicht erwartet. Außerdem war es oben offen und es stand im Wasser. Wir sollten auch noch durch Wasser fahren. Ich bezweifelte, dass wir in diesem Auto alle Platz hatten. Das Auto würde aber wie ein Boot durchs Wasser fahren können.

25.12.2020

Ich wollte am Samstag zum Zahnarzt gehen. Etwas kam dazwischen. Doch dann sollte ich doch am Samstag zu ihm gehen. Wieder kam etwas dazwischen. So ging es weiter.

145

27.12.2020

Eine Lehrerin spielte Schülerlotse. Ich ärgerte mich über sie, weil sie mich nicht über die Straße gehen lassen wollte. Ein Stück ging ich vor und versuchte erneut die Straße zu überqueren, aber auch sie ging vor und hielt mich wieder auf. Das Spiel wiederholte sich mehrmals.

20.12.2020

Wir standen mit unseren Fahrzeugen in einer Reihe. Sie war sehr lang. Uns gegenüber standen auch Fahrzeuge, auf der anderen Seite der Kreuzung. Alle in Warteposition.

Ich stand mit meinem Fahrzeug ganz rechts außen. Dann fuhr ich etwas vor. Eine Person redete ständig. Sie sah mich fragend an. "Ich sehe sie ja sonst nicht!", schrie ich. Sie nickte. Ich sollte als nächste los fahren. Immer wenn die Person "Power" sagte, gab ich Gas, fuhr aber nicht los. Der Motor heulte jedes mal auf. Das ging lange Zeit so. Nach einiger Zeit erklärte die Person, was gegenüber am Straßenrand zu sehen war. Es war von Gas, oder von Strahlung die Rede.

 M hatte eine neue Uhr. Sie sah nicht wie eine konventionelle Uhr aus. Eher wie die neuen Computeruhren. Er hatte sie irgendwann vor mir versteckt. Zufällig fand ich sie.

29.12.2020

Entsetzt stellte ich fest, dass ich in T-Shirt und Unterhosen hinaus gegangen war.

Die Kinder kamen, eine Tochter umarmte ich. Dann küsste ich sie mehrmals auf die Wange. Ich fühlte mich voll Liebe. Die anderen sahen erstaunt zu.

Traum vom 9.11.2020

Es gab eine Begegnung mit Herrn K. Wir unterhielten uns. Mitten im Gespräch nannte ich ihn "Herr C", worüber ich mich selbst wunderte. Das geschah aus einem inneren Impuls heraus. den ich nicht unterdrücken konnte. (Im realen Leben haben die beiden Männer nichts gemeinsam und sie sehen einander auch nicht ähnlich.) Im Traum waren die Beiden eine einzige Person. Das hatte ich allerdings schon vor einiger Zeit bemerkt, sagte aber nichts. Anfangs reagierte er nur mit einem Blick, doch später meinte er drohend: "Das hätten Sie besser nicht sagen sollen!" Worauf ich antwortete: "Ja, ich weiß. Ich würde es gerne ungeschehen machen! Aber das kann ich nicht!" Zwar wusste ich nicht was er tun würde, befürchtete jedoch, er wolle mich jetzt vielleicht umbringen, um sein Geheimnis zu wahren. Widerstand erschien mir zwecklos. Deshalb ergab ich mich in mein Schicksal. Könnte ich ihm klar machen, dass ich ihn nicht verraten würde, hätte ich vielleicht eine Überlebenschance. Ab diesem

Zeitpunkt waren wir ständig eng beisammen. Kurz befanden wir uns in einer U-Bahn. Mehrere Männer stiegen zu. Obwohl sie taten, als hätten sie nichts mit uns zu tun, wusste ich sofort, dass sie mich begutachtet hatten. Sie wollten sehen, ob ich für sie eine Gefahr war. Zeitweise zitterte ich aus Angst am ganzen Körper. Sie hatten dadurch das Gefühl, diese Angst würde mich daran hindern, etwas zu verraten.

Inzwischen war mir klar geworden, Herr C. war bei der CIA und er war wirklich gefährlich. Dabei hatte er immer so freundlich und harmlos gewirkt. Es folgte eine Kette von Gedanken über seine Verwandlung. Mir wurde bald klar, wie es dazu gekommen war. Nachdem wir miteinander nichts mehr zu tun gehabt hatten, hatte man ihm einen anderen Auftrag gegeben. Aus diesem Grund hatte er seinen Namen geändert. Später (also jetzt) sollte er sich wieder um mich kümmern. Er hatte gedacht, ich würde ihn nicht mehr wiedererkennen.

Inzwischen waren viele Kinder dazu gekommen. Einem von ihnen erzählte ich von meinem Problem. Es wollte mir helfen zu entkommen. Das war ein Hoffnungsschimmer. Dem Kind schärfte ich ein, niemandem zu erzählen was es wusste, weil es sonst auch in Lebensgefahr geraten würde. Das Kind sprach sich mit den anderen Kindern ab. Plötzlich rannten sie wie verrückt herum. Das lenkte die Männer ab und ich konnte entkommen.

10.11.2020

Durch eine Glastüre sah ich etwas draußen liegen. Obwohl draußen viele Kinder umher liefen, behauptete eine alte Frau, dort sei schon seit X Jahren niemand mehr gewesen. Aber ich könne hinten hinaus, ich wisse schon wo, weil ich dort schon einmal gewesen war. Also ging ich hinten hinaus, um das Ding zu holen. Es handelte sich um ein bewegtes Bild, ähnlich einem Kippbild. Dieses schien die alte Frau zu zeigen - einmal jung und einmal alt - aber nur ihr Gesicht. Manchmal sah es wie ein Foto aus, dann wieder wie eine Zeichnung. Das Bild war bereits ziemlich verblasst. Verschwommen konnte ich neben dem Gesicht mehrere Personen erkennen.

11.11.2020

Jemand mit dem wir Kontakt hatten, wurde positiv auf Corona getestet. Nun fragten wir uns, ob auch wir erkranken würden.

Wir hatten offenbar Kinder, die in die Schule gingen. Es sollte eine neue Lösung für ein Schulproblem geben. Jemand wollte die Kinder, die nie lernten und dadurch schlecht in der Schule waren, zusammen mit den guten und fleißigen Schülern in eine Klasse geben. Man hoffte, auf diese Weise würden die schlechten Schüler sich verbessern.

Jemand hatte mir 20 000,--€ aus einer Kassette gestohlen, gab mir das Geld aber dann doch wieder zurück, weil ich wusste, wer er war.

30.11.2020

Präsident Trump benahm sich wie ein pubertierender Jugendlicher. Er unterhielt sich vor allem mit M und fragte ständig, ob das was er tat, auch gut ankommen würde, weil er total unsicher war. Jetzt tat er mir sogar Leid.

Unterwegs zog ich mich auf der Straße plötzlich nackt aus. So wie ich jetzt war, ging ich bei der H. Straße, gegenüber der Volksschule, in den Wald. So hoffte ich, nicht gesehen zu werden. Doch dann sah ich, dass im Wald auch Menschen waren. Sie bemerkten zwar meine Nacktheit, reagierten darauf jedoch gleichgültig. Auch Türken waren da, was ich an den Kopftüchern der Frauen erkannte. Erstaunt stellte ich fest, dass auch sie mich ignorierten. Doch dann sah ich an mir herab. Ich trug ein langes T-Shirt, das ich so hinunter ziehen konnte, dass es auch den unteren Körperteil bedeckte. Jetzt zwar ohne Unterwäsche, aber doch bekleidet, machte ich mich auf den Weg. Nach einiger Zeit kam ich zu einem Hallenbad. Dort traf ich auf M, den es auch nicht störte, dass ich nackt war. Mein T-Shirt hatte ich mittlerweile wieder ausgezogen. M erklärte ich, weiterhin nackt bleiben zu müssen, weil ich nur eine Unterhose besäße und diese voll mit verkrustetem Blut sei. Anziehen könne ich mich erst, sobald ich eine andere Unterhose bekommen könne.

In dem Bad durfte man oben ohne baden. Deshalb fiel ich nicht sonderlich auf. Vielleicht könne ich hier einen Badeanzug kaufen, hoffte ich. Es gab auch ein Geschäft, doch sie hatten nur zwei schrecklich aussehende Badeanzüge auf Lager. Ich kaufte sie deshalb nicht.

9. 10. 2020

Jemand wollte zum Friseur gehen. Obwohl ich schon seit Jahren nicht mehr beim Friseur gewesen war, kam ich plötzlich auf die Idee, es endlich mal wieder zu tun. Ich sagte: "Ich glaube es ist Zeit, dass ich auch wieder einmal zum Friseur gehe!"

16.10.2020

Wir saßen in einem Zimmer. Ich glaube es war unser Wohnzimmer im alten Haus. Meine Mutter und eine fremde Frau waren da. Plötzlich wurde es seltsam. Wir tippten im Lotto und gleichzeitig wurden die Lottozahlen gesagt. Es war so, als würde ich den Anstoß zu dem Geschehen geben, ohne selbst zu tippen, denn das taten nur die beiden Frauen, während ich hin und her ging und dabei ein Stück einer Semmel abbrach. Aber ich sagte auch einige Zahlen auf. Kurz darauf Jubel! Die

151

Beiden hatten gewonnen. Noch seltsamer: beide hatten dieselben Zahlen getippt. Der Gewinn war zwar nicht riesig, betrug jedoch einige tausend Euro. Ich glaube, jede gewann 23 000,--€, bin mir aber nicht ganz sicher. Irgendwie war klar, dass meine Mutter mir davon 10 000,--€ geben würde, obwohl darüber nicht gesprochen wurde. Mit dem Rest des Gewinns wollte sie eine Reise machen.

Ich sah zum Fenster hinaus. Unten stand ein Mann der mir zu rief, ich solle hinunter kommen. Es ging um den Lottogewinn. Selbst wollte ich nicht gehen, deshalb schickte ich meine Mutter. Schließlich war sie ja die Gewinnerin. Doch dann folgte ich ihr, weil ich dem Mann erzählen wollte, dass beide Frauen dieselben Zahlen getippt hatten, obwohl sie nebeneinander gesessen waren.

Wir mussten aufpassen, dass die Hunde nicht auf die Straße liefen. Der Mann ging wieder.

Mir fiel auf, noch eine Person war anwesend. Meine Mutter wollte ihre Silbermünzen verkaufen. Das Geld könne sie bei der SPÖ abholen, meinte die andere Frau. Das war gut, denn bei der FPÖ hätte sie es nicht holen wollen.

Auch ich wolle meine Münzen verkaufen, erklärte ich. Sie hätten sowieso keinen besonderen Wert. Ihr Wert würde jedoch steigen, meinte ich, wenn ...? ... (vergessen)

25.10.2020

In einem kleinen Raum gab es eine Vitrine. Dahinter befand sich etwas, was einige Leute sich ansehen wollten. Offenbar interessierte ich mich auch dafür. Da jedoch ein großer Andrang herrschte, war es schwer, in die richtige Position zu kommen. Als ich eigentlich an der Reihe gewesen wäre, ließ ich einigen Kindern den Vortritt. Weil ich deswegen Abstand hielt, drängte sich eine größere Gruppe vor. Noch sagte ich nichts. Offenbar beobachtete das jemand. Als sich immer mehr Leute vordrängten, lachte der Mann. Er wunderte sich über meine Geduld. Aus dem Hintergrund war eine Stimme zu hören, die sehr laut sagte, ich sei schon länger da als die anderen. Wieder wollte sich jemand vordrängen. Dieser Person erklärte ich, wer schon aller vor ihr sich vorgedrängt hatte. Auch die große Gruppe von vorhin, nannte ich. Die Leute sahen mich nun an: "Wenn sie sich schon vordrängen müssen, bleiben sie wenigstens nicht stundenlang vor der Vitrine stehen!", meinte ich in ruhigem Ton. Das wirkte. Sie gingen endlich weiter.

Einige junge Männer wies ich schließlich überhaupt zurück. Es waren vermutlich Tschetschenen, oder Afghanen. Das half jedoch alles nichts. Es gelang mir nicht, in die Nähe der Vitrine zu gelangen. Abstand hielt sowieso niemand außer mir. Die Leute waren ständig in direktem Körperkontakt. Maske trug niemand, auch ich nicht.

Mich störte, dass die Leute so nahe kamen. Sie husteten und hatten Schnupfen und ich wollte mich auf keinen Fall anstecken. Ein gutes Gefühl hatte ich in dem Gedränge jedenfalls nicht. Eine alte Frau kam ganz nah zu mir, sah mich von der Seite her an und meinte dann zu einer anderen Frau: "Sie ist 30!" Die andere Frau musterte mich nun auch, allerdings etwas skeptisch und wollte es von mir bestätigt haben. Da lachte ich und sagte: "Ich bin 36!" Nun lachten auch die beiden Frauen. Sie glaubten mir, obwohl sie mich für jünger als 30 gehalten hatten.

Für mich war die Situation ein Anlass darüber nachzudenken, wie alt ich wirklich war. Denn dass ich keine 36 Jahre alt war, wusste ich.

Eine Frau schminkte meine Augen. Das machte mich attraktiv. Zwei Männer die mir zumindest im Traum bekannt vorkamen, wirkten darob entsetzt.

Es wurlte nun geradezu von Menschen. Wo ich jetzt war, weiß ich nicht. Vielleicht wusste ich es aber im Traum. Wahrscheinlich handelte es sich um einen geschlossenen Raum. Unter den vielen Leuten war ein Mann, der sein Haus verkaufen musste, das aber nicht wollte. Ein anderer wollte es sich ansehen und darüber regte er sich auf. "Schon wieder der!", schrie er zornig. Als er sich weigerte, diesem Mann sein Haus zu zeigen, meinte ein weiterer: "Das muss sein, weil es eine offene Garage ist, da kannst du es nicht verhindern!" Ich sah ein Auto, das in eine offene Garage fuhr.

154

Wir aßen Schokolade. Es waren lauter kleine, extra verpackte Tafeln. M. fragte mich: "Sind sie alt?" und ich antwortete: "Nein! Die habe ich gerade erst gekauft. Sie ist auch noch original verpackt." B. war da. Ich gab ihr nur ein Stück, weil ich dachte, sie würde keine weitere essen wollen. Irgendwie hatte ich das Gefühl, sie habe nicht einmal das eine Stück gegessen. M. hatte nach einiger Zeit genug, während ich weiter aß. Ich konnte einfach nicht aufhören. Wie immer musste ich alles aufessen. Viel Zucker sei sowieso nicht drinnen, glaubte ich zu wissen.

In der Hand hatte ich nun eine Mappe. Zumindest erinnerte das was ich in der Hand hatte, an eine Mappe. Ganz sicher bin ich mir jedoch nicht. Jemand zündete den Inhalt Stück für Stück an. Wahrscheinlich waren es Kunstwerke. Sie brannten wunderbar, bis auf das letzte Stück, das einfach nicht zu brennen begann. Darüber war ich froh.

27.10.2020

Ich wollte ein Inserat im Kurier, oder in der Kronen Zeitung aufgeben. Deshalb ging ich in eine Trafik, in der es dafür eine eigene Abteilung gab. Doch dann überlegte ich es mir wieder und schickte lieber jemand anderen hin. Vielleicht M? Es war ein sehr langer Text, der bald danach erschien. Auf meinen eigenen Text wollte ich dann antworten. Auf diese Weise wollte ich meine Feinde ärgern, die immer wieder Inserate schalteten. Meine Antwort sollte ein Text im Kurier sein, den ich jedoch immer wieder änderte. Um den Text bringen zu können, suchte ich mir einen Zeitungsverkäufer. Die Trafik hatte nämlich schon geschlossen. "Ja, das kann ich machen!", meinte der Mann. Er musste aber noch etwas anderes machen. Ich überprüfte inzwischen was ich schreiben solle. Einmal schrieb ich etwas von einem Kloster, in das ich gehen wolle, usw. (Rest vergessen) Schließlich kam ich auf: "NEPI (oder so ähnlich), ich komme bald." Es war ein erfundener Name, den es nicht gibt. Wichtig war mir, dass er auf "i" endete. M sollte glauben, es handele sich um eine Frau. (Im Traum ergab das ganze einen Sinn, den ich nachträglich nicht mehr nachvollziehen kann.)

Ein Mann kam herein und bezahlte ein Strafmandat. Es war ihm egal. Geld spielte für ihn anscheinend keine Rolle.

Ich kam im Endeffekt nicht dazu, das Inserat aufzugeben. Es war auch nicht wichtig, denn es sollte ja nur ein Zeichen an meine Feinde sein, damit sie begreifen, dass ich mehr verstehe, als sie sich vorstellen können.

In unserem alten Haus lagen Zettel herum, die von dem Zeitungsverkäufer stammten. Darauf waren alle Inserate, die bei ihm bisher aufgegeben worden waren, wörtlich aufgelistet. Ich sammelte sie ein, um sie ihm zu bringen. Bei dieser Gelegenheit wollte ich nun doch mein eigenes Inserat aufgeben. Es sollte so unauffällig wie möglich klingen.

Freitag, 25. September 2020

Ich sollte irgendwo ein Tier abholen und ich fand auch dorthin, wo man es mir gab. Man gab mir das Tier in einem Behälter. Da wusste ich nicht mehr was für ein Tier das überhaupt sein sollte und warum ich dort hingegangen war. Offenbar war in dem Behälter auch Wasser. Sehen konnte ich es darin nicht. Ich glaube, anfangs hatte ich gedacht, man würde mir eine kleine Katze geben, obwohl ich keine Haustiere mehr haben wollte.

Als ich mit dem Behälter zu Hause ankam, sah ich unser Aquarium. In dieses wollte ich das Tier geben. Vermutlich war es also eher ein Fisch. Anscheinend hatte ich zwei Söhne, die Kinder waren. (real haben wir kein Aquarium, aber als die Kinder klein waren, hatten wir eines)

Im Aquarium war Wasser. "Ihr werdet das Aquarium immer putzen müssen. Das müsst ihr machen, denn das ist viel Arbeit!", sagte ich zu ihnen. Damit waren sie einverstanden. Sie begannen sogar sofort damit. Das wunderte mich. Schon jetzt musste man die Wände sauber machen. Ich fragte mich, wie wir das Putzen bewerkstelligen könnten. Wie sollte man das Wasser teilweise auslassen? Das Aquarium war so groß wie ein kleinerer Pool. Nur so tief war es nicht. Noch war es ohne Tiere, also leer, aber mit

157

Wasser gefüllt. Es hatte eine dreieckige Form, stellte ich fest.

Irgendwie hatte ich sogar im Traum das Gefühl, keine Ahnung zu haben, wie es dort wo ich war, aussah. Es war alles neu für mich und alles war überraschend.

Es folgte ein Szenenwechsel.

Jemand hatte mir etwas zum Essen gegeben. Dazu hatte ich sehr trockenes, weißes Brot. Ich dachte, ich bräuchte unbedingt Butter, um das was ich hatte, überhaupt essen zu können. Nur woher sollte ich Butter nehmen? Wieder wurde mir sogar im Traum so halb bewusst, dass ich keine Ahnung hatte, wo ich war und wie es dort aussah. Die weitere Handlung lässt mich vermuten, dass ich bei meiner Mutter war.

Nun begann die Suche nach Butter. Unterwegs fiel mir ein, ich könne meine Mutter fragen, ob sie auch etwas braucht. Ich rief sie an:"Brauchst du etwas? Ich kaufe Butter!" "Nein!", kam die Antwort. Das war gut.

Die seltsamsten Wege ging ich und an die seltsamsten Orte kam ich. Einmal war ich bei einem indischen Geschäft. Aber ich ging nicht hinein, sondern kletterte auf dem Dach herum. Es war alles lose. Einige Bretter beispielsweise und darauf lagen Dinge aus der Natur. Etwa Blätter, oder Moos. So genau weiß ich das nicht. Manches fiel hinunter, oder wurde verschoben. Ich hatte Angst, ich könnte hinunter fallen. Jemand sagte unten zu einem anderen, man habe schon einiges befestigt. Ich dachte, das sei aber nicht der Fall, so wie sich mir das hier bot. Zum Glück passierte mir nichts, ich kam gut wieder hinunter. Allerdings sah meine neue Jacke (die ich real habe) schrecklich aus. Sie war voll Staub und Dreck. Richtig abputzen konnte ich sie nicht.

Überall waren nun Menschen. Niemandem schien aufzufallen, wie schmutzig ich war. Zwischendurch setzte ich immer wieder die Maske auf, weil ich an Orte kam, wo man sie tragen musste. Schließlich landete ich in einem Wohnheim. Ich glaube es war ein Senioren Wohnheim. Dort ging ich erst zielstrebig dahin, weil ich aus der Küche ein Paket Butter klauen wollte. Plötzlich dachte ich, das könne ich nicht machen. Vielleicht würde man mich dabei erwischen. Noch während ich das dachte wurde mir klar, dass ich mich dort eigentlich gar nicht auskannte. Anfangs hatte ich gedacht, dort gearbeitet zu haben. Also machte ich kehrt und ging wieder auf die Straße.

Es gab in der Gegend viele Lebensmittelgeschäfte. Das wusste ich, weil ich mich dort auskannte. Dachte ich. Doch wieder wurde mir plötzlich bewusst, dass ich keine Ahnung hatte, wo ich war. Ein Lebensmittelgeschäft zu finden war gar nicht leicht.

Eine Frau war beim Arzt gewesen. Sie hatte zwar irgendein gesundheitliches Problem, aber anscheinend war dieses nicht so besonders schlimm. Zumindest sagte der Arzt nichts weiter dazu. Da kam ich auf eine Idee.

Ich packte eine Zeitschrift in ein durchsichtiges Plastiksäckchen. Das war ziemlich mühsam. Die Frau sah mir von weitem dabei zu. Für sie war das ein Signal. Obwohl ich offenbar nichts weiter sagte, verstand sie unter meiner Handlung einen Hinweis. Plötzlich schrie sie ganz laut: "Wenn ich das gewusst hätte! Da hätte ich ja gar nichts mehr tun müssen!" Von da an tat sie nichts mehr. Die Kinder machten alles was zu tun war, wahrscheinlich half auch der Mann mit. Sie glaubten alle, die Frau habe eine Krankheit, die man nur bei absoluter Schonung überleben konnte.

Mittwoch, 23. September 2020

Zwei Kinder waren bei mir und eine Person, die furchtbar jammerte, ihr würde es extrem schlecht gehen. Sie hustete herum. Ich sagte: "Du hast die Grippe! Du hustest mich an, du greifst alles an und du wäschst dir niemals die Hände!" Dabei merkte ich, dass ich die Hände zu Fäusten geballt hatte. Die beiden Kinder machten es so wie ich und ballten ebenfalls die Hände zu Fäusten, ohne zu wissen, warum sie es tun sollten. Sie sahen mich fragend an. Nun erklärte ich ihnen, sie sollten nichts anfassen, sie könnten sich sonst anstecken. Ich dachte nach, ob ich die Grippe bekommen würde, weil ich einer infizierten Person so nahe gekommen war. Die Hände ballte ich, um mir nicht unabsichtlich ins Gesicht zu greifen.

 Vor uns gingen zwei Buben. Sie hatten einen sonderbaren Gang, deshalb musste ich genauer hinsehen. Beide hatten die Schuhe voll Schlamm. Nach einiger Zeit ließen sie die Schuhe einfach stehen und gingen barfuß weiter. "Das solltet ihr nicht machen!", rief ich ihnen zu. Sie grinsten, zogen die Schuhe aber dann doch wieder an.

Montag, 21. September 2020

Offenbar war ich Lehrling - und zwar in der Buchhandlung, in der ich wirklich gelernt hatte. Es war gerade Mittagspause, ich war weggegangen. Entsetzt stellte ich fest, dass ich eigentlich schon wieder in der Buchhandlung hätte sein müssen. Was sollte ich machen, damit der Chef sich nicht aufregt?

Mir fiel ein, dass es klug wäre, einfach einmal anzurufen. Irgendeine Ausrede würde mir schon einfallen. Also suchte ich die Telefonnummer. Es gab ein Telefonbuch, welches nicht mir gehörte. Offensichtlich war ich an einem öffentlichen Ort und nicht zu Hause. Nach einigem Suchen fand ich den Namen - aber es gab keine Telefonnummer. Ich wiederholte die Suche und fand auch einen weiteren Eintrag. Ein Eintrag lautete "Buchhandlung L.", der andere stand unter "L.

Buchhandlung". Doch auch dort gab es keine Telefonnummer. Ich war verzweifelt. Als ich das Telefonbuch durch blätterte stellte ich fest, es gab eine Menge leerer Seiten. Wie war denn das möglich? Dieses Telefonbuch war ein Mysterium. Sollte ich es mitnehmen? Vorsichtig sah ich mich um. Niemand schien mich zu beobachten. Da nahm ich es einfach mit.

Eine Stunde hatte ich Pause. Die Stunde war schon lange um, als ich endlich im Geschäft ankam. Der Chef war nicht da, nur Dr. G. Er war ganz locker, stellte keine Fragen, war auch nicht böse. Als ich ihm zu erklären versuchte, weshalb ich nicht angerufen hatte, wirkte er mehr oder weniger gleichgültig. "Schick mir das per E mail!", meinte er nur.

Wie sollte ich das nun machen? Die Einträge ohne Telefonnummer waren ja leicht bewiesen. Da genügte ein Foto. Doch wie sollte ich die leeren Seiten fotografieren? Das beschäftigte mich.

S

onntag, 20. September 2020

Gemeinsam mit S und noch jemandem ging ich auf einer belebten Straße spazieren. Wir kamen zu der Buchhandlung, in der ich Lehrling gewesen war. Die Türe war mit schwarzen Tüchern total zugeschlossen. Zumindest sah es so aus. Doch dann sah ich jemanden trotz der Tücher in das

Geschäft gehen. "Wisst ihr was?", meinte ich, "Wir schauen einmal in die Buchhandlung. Ich möchte mit den Besitzerinnen reden und ihnen sagen, dass ich in ihrer Buchhandlung einmal Lehrling war." Also gingen wir hinein. Drinnen brannte elektrisches Licht, weil es ansonsten finster gewesen wäre. Es sah nicht wie in einer Buchhandlung aus. Große Stufen dienten zum Sitzen. In der Mitte stand jemand und hielt einen Vortrag. Wir setzten uns hin, es war gesteckt voll. Mit den Besitzerinnen konnte ich nicht reden. Ich wusste gar nicht, welche der anwesenden Frauen die richtigen waren.

Der Vortrag war langweilig. Worum es ging habe ich vergessen. Schon bald entschieden wir uns, gleich wieder zu gehen. Was gar nicht so einfach war, weil man sich durch die Massen drängen musste. Der Vortragenden gefiel das nicht und sie sagte auch etwas Böses. Ich habe vergessen, was sie sagte.

Endlich draußen, stiegen wir in ein Auto. S fuhr, obwohl sie hinten saß und ich vorne. Sie fuhr gegen einen Pfeiler und machte dabei etwas an ihrem Auto kaputt. Das schien sie nicht zu stören. Ohne Rücksicht darauf zu nehmen, fuhr sie weiter, in eine Garage. Mich wunderte das. "Hier bleibst du stehen?", fragte ich. "Ja, hier möchte ich hin. Ich muss etwas erledigen." Schnell stieg sie aus. Ich sagte zu den anderen: "Was will sie hier?" "Frag sie selbst!", kam die Antwort.

163

Donnerstag, 17. September 2020

M. hatte schon wieder ein neues Auto. Das erzählte ich den Kindern. Ob es wirklich ein neues Auto war, oder nur ein anderes, gebrauchtes, weiß ich nicht mehr so genau.

Wir wollten verreisen und den Kindern unser Auto da lassen. Offenbar hatten wir jetzt mehrere, denn es wäre sich für mehrere Kinder ausgegangen, wie ich aufzählte.

Es folgten einige sehr aufregende Szenen. Eine Gruppe Männer wollte mich entführen. Sie hatten einen sehr auffällig bedruckten Lieferwagen. Der erste Versuch scheiterte. Entweder hatte ich etwas was sie haben wollten, oder ich wusste etwas, was sie wissen wollten. Noch war die Angst nicht so groß, weil es mir sehr leicht gefallen war, sie abzuschütteln.

Die Idee tauchte auf, man habe sie vielleicht wegen ihres Versagens gefeuert. doch das war nicht der Fall. Schon bald versuchten sie es wieder. Diesmal hatten sie M. unter einem Vorwand zum Lieferwagen gelockt - und somit auch mich, weil ich ihn begleitete. Er hatte nicht begriffen, wie gefährlich diese Leute für mich waren. Als ich den Lieferwagen sah, bekam ich Angst, konnte aber nicht so einfach weglaufen. Es stiegen wieder dieselben Männer aus, die schon einmal versucht hatten mich zu entführen.

Aus dem Auto zogen sie eine Bahre, auf der eine tote Frau lag. Das schüchterte mich total ein. Die Bahre stellten sie ab. Als ich genauer hin sah bemerkte ich, dass aus dem Oberschenkel der Frau eine kleine Kamera ragte. Das war sehr leicht zu erkennen, weil die Kamera wie ein Auge aussah, welches sich auch hin und her bewegte. Mit diesem Auge überwachten sie das Geschehen. Sie wagten es dann doch nicht, mich ins Auto zu zerren. Es war Tag und auf der Straße gingen Leute.

Wir waren also entkommen. Bei einem Haus läuteten wir an. Zuerst wusste ich gar nicht was ich wollte. Eine unfreundliche, weibliche Stimme fragte was wir wollten und M. antwortete irgend etwas. Ich ging einige Schritte weiter zur Türe. Dort stand schon eine junge Frau. Sie trug ein sehr enges, aber eher langes Kleid, das glänzte. Das irritierte mich. Ich wusste nicht was ich sagen sollte. Da half M. wieder. Er sprach von Erinnerungen an die Schulzeit und ob sie Klassenbücher habe. Sie war zur selben Schule wie ich gegangen und hatte von jedem Jahr ein solches Buch. Wahrscheinlich hätte sie auch welche her geborgt, aber weil wir keine genaueren Angaben machen konnten, tat sie es nicht. "Woher soll ich denn wissen, was genau sie suchen?", meinte sie lachend.

Dienstag, 8. September 2020

Irgendwelche ganz normale Arbeiter. Sie waren ständig in der Nähe. Ich ging mit einer Scheibtruhe herum, in der ich etwas transportierte. Die Scheibtruhe hatte vorne aber kein Rad. Das gehörte so. Die Rad-Losigkeit führte dazu, dass ich mich ziemlich schwer tat. Vermutlich hatte ich sie von den Arbeitern, denn ich meinte vorwurfsvoll: "Mit einem Rad würde es leichter gehen!" (Im realen Leben könnte man damit nicht fahren.)

Ein kleiner Fuchs rannte herum. Er hatte jemandem etwas gestohlen, wahrscheinlich wichtige Papiere. Die Arbeiter lachten. Ich fand es auch komisch. Zum Lachen hatte ich aber keine Energie.

Der kleine Fuchs stahl jemand anderem Rechnungen. Sie gehörten einer Gruppe orthodoxer Juden, die ihm nun nachliefen. Wieder lachten die Arbeiter. Einer meinte: "Nie erlebe ich etwas Geheimes und jetzt gleich mehrmals!" Es sah wirklich lustig aus, als der Fuchs mit den Rechnungen rannte und hinter ihm die Juden. Was da so geheim sein sollte, war mir nicht klar. Darüber wunderte ich mich.

Sie kamen dem Tier nicht nach, denn es ging einen Hang hinauf. Da war er im Vorteil. Auf diesem Hang befand ich mich gerade. Der Fuchs setzte sich hin. Da sah ich, dass gleich neben ihm, in einer kleinen Höhle, ein Häschen hockte. Nun bekam ich Angst, er würde es vielleicht töten und fressen.

Gerade hatte ich die Scheibtruhe am oberen Rand des Hangs abgestellt, einige Dinge heraus genommen - unter anderem Ordner mit Inhalt - und oben abgelegt. Das ging nicht auf einmal. Ich brauchte dazu mindesten 3 Vorgänge. Dort oben stand in der Nähe mein Auto. Es sah nicht wie mein Auto aus dem realen Leben aus. Ich hatte vor, alles ins Auto zu laden. Doch jetzt musste ich das Häschen retten.

Ich lief zu den beiden Tieren, packte das Häschen am Hals und versuchte, es aus der Höhle zu ziehen. Das war enorm schwierig. Der Fuchs blieb sitzen. Erstaunt sah er mich an, denn das Häschen hatte er noch nicht entdeckt. "Beiß mich nicht, dann tue ich dir auch nichts!", sagte ich zu ihm. Während ich mich mit dem Häschen abmühte, das nicht und nicht aus der Höhle kommen wollte, starrte ich ständig den Fuchs an, als wolle ich ihn bannen.

Samstag, 5. September 2020

Eine fremde Frau suchte meine Nähe. Es gelang ihr, mich zum Kauf eines Damenrocks zu verleiten, obwohl ich sonst nur Hosen trug. Y. war auch irgendwie dabei. Sie probierte das Kleidungsstück auch.

Es war zwar nur ein kleines Geschäft, aber ich bezahlte nicht direkt. Wahrscheinlich überwies ich es, oder ich gab jemandem Geld, um es hin zu bringen. Daran erinnere ich mich nicht genau. Eine

167

Bestätigung für die Bezahlung gab es nicht. Die Frau war Slowakin. Sie erklärte mir, sie würde das Rückgeld auszahlen, denn ich hatte einen größeren Geldbetrag überwiesen, als der Rock wert war. Das Geld drückte sie mir in die Hände.

Es sei slowakisches Geld, meinte sie erstaunt. Das Geld war nichts wert. Deshalb sah es viel aus. Einen ganzen Packen gab es. Irgendwie kam es, dass auch dieses Geld verschwand. Die Ware erhielt ich aber auch nicht. Man hatte mich betrogen.

Wir saßen bei mir zu hause zusammen in einem Raum. Ich ärgerte mich, weil ich betrogen worden war. Seltsamerweise war auch die Betrügerin da. Lange Zeit blieb ich ruhig sitzen, ohne etwas zu sagen. Dann ging ich hinaus. Als ich draußen war, fiel es mir wie Schuppen von den Augen. Y. musste beteiligt gewesen sein, deshalb hatte sie den Rock probiert. Den hatte sie vermutlich bekommen.

Ich stürmte zurück ins Zimmer und schrie Y an: "Du gehörst zu denen! Pack deine Sachen und verschwinde! Verschwindet alle, lasst mich alleine, ich will meine Ruhe haben!" Zu der fremden Frau sagte ich noch: "Betrügerin!"

Alle gingen, waren jedoch mehr oder weniger ungerührt, während ich immer wütender wurde. Später waren sie auch alle wieder da. Da sagte ich noch zu B: "Das gilt nur für diejenigen, die sich betroffen fühlen!" Sie fühlten sich nicht betroffen, auch Y. nicht.

Meine Erregung blieb dennoch. Ich regt mich vor allem auf, weil sie gerade mich betrogen hatten, obwohl ich sowieso so wenig Geld hatte.

(Ich gehe davon aus, dass dieser Traum nicht mich meint. Die Wohnung sah anders aus und auch die anwesenden Personen kamen mir eigentlich fremd vor.)

Freitag, 4. September 2020

Wahrscheinlich war ich in einer Ärztepraxis, um Tabletten zu holen. Es könnte aber auch ein Krankenhaus gewesen sein, denn dort arbeiteten mehrere Personen. Alles war hell und der Raum war groß. Zwei verschiedene Tabletten gab man mir in die Hand, nachdem ich sie zuvor hergegeben hatte. Vermutlich sollten sie als Muster dienen. Die beiden waren jedoch falsch. Die Ärztin nannte mehrere Medikamente mit Namen. Sogar im Traum konnte ich mir diese Namen nicht merken. Ich nehme an, nichts davon war für mich gedacht, sondern ich besorgte alles nur für jemand anderen. Der Traum war nur leider nicht ganz bewusst. Deshalb blieb einiges unklar.

Zwischendurch sah ich nach der Wäsche und stellte fest, dass jemand die Kluppen abmontiert, die Wäsche aber hängen hatte lassen. Ich verdächtigte B. Das würde zu ihr passen, dachte ich. Kurz war ich mir nicht sicher, ob nicht vielleicht doch ich selbst es gewesen sei, verwarf den Gedanken aber wieder. Da müsste ich schon total dement sein, um das zu machen, dachte ich. So kam ich mir überhaupt nicht vor. Die Wäsche ließ ich hängen.

Dann ging ich wieder zu der Ärztin und erzählte die seltsame Geschichte. "Gerade verkehrt!", lachte ich. Ob sie mir überhaupt zuhörte? Mittlerweile war sie fertig geworden. Mich wunderte, wie viele Tabletten verschrieben wurden. Sie sagte noch etwas dazu, weil bisher etwas anders gewesen war. Dann ging ich weg.

Wir fuhren mit dem Hund in der U-Bahn. Er sah anders aus als real. So ganz genau konnte ich ihn auch nicht erkennen. Es gab jedoch Anhaltspunkte, an denen ich bemerkte, dass es ein anderer Hund war. Wer bei mir war, ist auch unklar, aber ich war sicher in Gesellschaft eines oder mehrerer Menschen.

Man hörte aus einiger Entfernung jemanden sagen: "Wo hat ihr Hund den Beißkorb? Wissen Sie nicht, dass er in der U-Bahn einen braucht?" Erschrocken sah ich meinen Hund an. Auch er hatte keinen Beißkorb auf. Wir begannen zu suchen, mussten jedoch feststellen, dass wir gar keinen dabei hatten.

 Zwar konnte man durch sämtliche Waggons gehen, weglaufen war jedoch unmöglich. Irgendwo wollte ich den Hund verstecken. Was eine eher blöde Idee war. Der Kontrollor kam näher. Aufgehalten wurde er von anderen Leuten, deren Hunde auch ohne Beißkorb im Zug waren. Nun hieß es entweder schnell handeln, oder hoffen, dass die Bahn rechtzeitig stehen bleibt und wir aussteigen können.

Der Hund lag eingerollt irgendwo herum. An der Leine war er auch nicht. Er schlief recht gut, von weitem konnte ich ihn nicht wecken. Ich musste also zu ihm. Da sah ich, dass ein anderer Hund vor ihm stand, der ihn bedrohte. Weil ich meinen Hund greifen und anleinen wollte, drohte er mir, indem er die Zähne fletschte. Die Besitzer saßen daneben und grinsten, statt mir zu helfen. Das ärgerte mich. Sie hatten offenbar keine Angst vor der Kontrolle, denn ihr Hund war ja auch ohne Beißkorb.

Mittwoch, 2. September 2020

Es war ein schrecklicher Traum. Leider habe ich den Anfang vergessen. Deshalb weiß ich nicht mehr, wodurch das Geschehen ausgelöst worden war.

Ich fühlte mich nicht gut. Irgendetwas stimmte mit mir nicht. Plötzlich machte mich jemand darauf aufmerksam, dass auf meinem Gesicht kleine Tierchen krochen. Entsetzt musste ich feststellen, dass sie aus meiner Nase kamen.

Vorsichtig holte ich einige heraus. Es sah danach so aus, als habe ich die Plage besiegt. Doch das war ein großer Irrtum. Nach kurzer Zeit kamen weitere
171

Tierchen heraus. Ich mühte mich damit ab, sie alle zu entfernen. Mit der Zeit wurde ich immer panischer. Weil ich mir nicht anders zu helfen wusste, zog ich an meiner Nase und riss sie mir aus. Gleichzeitig löste sich auch ein Teil der Wange ab. Es war zwar relativ schmerzlos, aber grauenhaft. Die Leute sahen mich seltsam an. Nun war ich die Tiere anscheinend los, denn in diesem Umfeld konnten sie nicht mehr existieren. Wahrscheinlich wurden sie durch die Luftzufuhr zerstört. Jetzt konnte ich nur noch hoffen, dass die Nase und die Wange wieder anwuchsen. Mit der linken Hand drückte ich beide Teile ans Gesicht. So ging ich ab diesem Zeitpunkt herum. Tatsächlich! Sie begannen mit dem restlichen Gesicht und dem offenen Fleisch zu verschmelzen. Nur am linken Kiefer schien es nicht so richtig zu klappen, weil dort nichts war, mit dem ich es hätte abdecken können. Aber es verheilte wenigstens. Schon bald fühlte ich mich nicht mehr so entstellt.

Donnerstag, 27. August 2020

Den ersten Traum in dieser Nacht hatte ich, als ich noch wach war. Es war ganz seltsam. Notieren wollte ich ihn mir nicht, denn dazu war ich zu müde.

Es ging um Leute, die ihr Geld in ein Bauvorhaben gesteckt hatten. Nun kamen sie hin, aber es war nichts gebaut worden. Dort war Wüste, total ungeeignet als Wohnort. Es waren zwei weiße Familien und eine schwarze. Sie hatten alles verloren. Die Häuser würden nie gebaut werden, wusste ich. Der Name Albuquerque fiel mir ein. Danach rätselte ich, wie man das schreibt und ob man das wirklich so ausspricht. Ich hatte keine Ahnung was das ist und musste in der Früh nachsehen.

In einem Lokal waren sehr viele Leute. Es war auch ziemlich laut. Ein Mann redete mit mir, den ich aus dem realen Leben nicht kenne. Im Traum schienen wir zumindest Bekannte zu sein. Ständig regte er sich auf. Worüber, habe ich entweder vergessen, oder ich wusste es im Traum auch nicht. Meistens hielt er eine Flasche Wein in der Hand. Immer wieder versuchte ich ihm zu erklären, dass er im Lokal keinen Wein trinken dürfe, den er mitgebracht hatte. Das funktionierte nicht. Also versuchte ich etwas anderes. Es gelang mir, einen Krug aufzutreiben, der im Lokal verwendet wurde. In den Krug schüttete ich den mitgebrachten Wein. Niemand schien es zu bemerken. Dann drückte ich ihm den Krug in die Hand. Er trank weiter.

 Das Lokal bestand aus zwei Teilen. Der Mann ging laut räsonierend in den zweiten Teil und ich folgte ihm. "Rede nicht so laut! Es muss nicht jeder über alles Bescheid wissen!", meinte ich. Ich wurde von ihm ignoriert. Das Lokal war gestopft voll. Wir mussten uns durch die Menschenmassen kämpfen. Endlich kamen wir ins Freie, aber auch dort waren extrem viele Menschen. Sie saßen nebeneinander, eng wie die Sardinen in der Büchse. Man musste über sie hinweg steigen. Doch auch das war fast unmöglich, weil sie mit den Knien an eine Mauer stießen. Es war eine Kunst, niemandem auf den Schoß zu steigen. Ich händelte mich von einem zum anderen, auf der Suche nach Zwischenräumen. Vor mir der schimpfende, jammernde Bekannte. "Da muss ich mir eine Schallplatte kaufen!", schrie er und wollte erklären, was er damit meinte. Dabei verstand ich genau was er sagen wollte: "Ich weiß, du wiederholst alles wie eine Platte mit Sprung!"

Plötzlich tauchte ein weiterer Mann auf, der offenbar zu uns gehörte. Diesen kenne ich auch nicht aus dem realen Leben. "Was ist jetzt mit dem Ausflug?" Das sollte ein Ausflug werden, wunderte ich mich. "Wir können nichts anderes tun, als herum zu gehen. Mit dem Auto können wir nicht fahren, dazu seid ihr viel zu besoffen."

Mittwoch, 26. August 2020

Gemeinsam mit mehreren anderen Menschen war ich in bergigem Gebiet unterwegs. Ich war übermütig wie ein kleines Kind und sprang lustig herum. Alle wunderten sich. "Heute habe ich nach urlanger Zeit einmal wieder sehr gut geschlafen!", meinte ich lachend. Das konnten sie nicht so recht verstehen, weil sie ja fast immer gut schliefen. Für mich war das eine richtige Befreiung. Die bisher blockierte Lebenskraft strömte sozusagen in mich hinein, während ich mich bisher immer nur mühsam aufrecht halten konnte. Lustig ging ich weiter und sagte: "schükri-rüki"! Ich hatte keine Ahnung was das bedeuten sollte, weil ich wohl zu wach war und zum Beobachter wurde. Gleichzeitig mit diesem gesagten Wort, sah ich wie man es schreibt: suki-ruki.

Samstag, 8. August 2020

Es war ein ziemlich langweiliger Traum.

M und ich waren in ein Lokal gegangen. Am Eingang gab es einen Tisch, oder einen Stuhl, auf dem ich meine Tasche deponierte. Nach einiger Zeit dachte ich, es wäre gut nach meiner Tasche zu sehen. Doch da war sie schon weg. Mich ärgerte, dass M zwar schon einmal daran vorbei gegangen war, sie aber dort gelassen hatte. Aber ich sagte nichts. "Ich glaube die Tasche ist weg!", meinte ich und blieb dabei ganz ruhig. In der Tasche hatten sich meine Karten, Geld und Ausweise befunden. "Dabei habe ich dauernd in ihre Richtung gesehen. Niemand kam dort vorbei, so viel ich erkennen konnte!" Auch M blieb ruhig, so als wäre der Verlust total gleichgültig.

Vom Verlust meiner Tasche hatte ich vor einiger Zeit geträumt. Das fiel mir jetzt ein. Offenbar hatte der 'Traum sich gerade erfüllt.

Zufällig bemerkte ich etwas, das wie eine Schublade aussah. Vielleicht habe ich die Tasche dort deponiert, damit sie niemand findet und nur darauf vergessen? Also fing ich an, darin zu kramen.

Ich fand eine Unmenge an Gegenständen, die alle mir gehört hatten. Wir brauchten mehrere große Säcke, um alles darin zu verstauen. Aus der Lade wurde unser altes Haus. Was ich alles mitzunehmen vergessen hatte, wunderte ich mich. Diesmal war ich gründlich, denn es sollte das letzte Mal sein, dass ich es betreten würde. Alles musste weg.

Unter den Sachen war Nähzeug mit vielen Nadeln und anderer Krimskrams. Nichts mit dem man sehr viel anfangen kann. Mit dieser Kramerei verbrachten wir einige Stunden. Jemand brachte die vollen Säcke zu einem Auto. Dann fielen die Worte: "Leiter Grigoritsch". Es gab überhaupt keine Beziehung zu unserer Tätigkeit. Das fiel mir sogar im Traum auf.

Montag, 3. August 2020

Zwei uralte Männer. Einer war 99 und einer 100 Jahre alt. Das fand ich ungemein lustig. Beide waren sehr fit. Man konnte nicht glauben, dass sie schon so alt waren. Leider kann ich mich nicht so genau an den Traum erinnern. In einer Szene sah ich einen Mann im Bad. Ein Funkgerät spielte dabei eine Rolle. Das hatte man ihm gegeben, damit er nicht an Einsamkeit stirbt, sagte jemand. Die Kosten (für das Gerät?), würden 199 Euro betragen.

 Als ich mir die Mails durch sah, bemerkte ich eine Zuschrift vom Finanzamt an M. Dort stand: "Hier ist ihre neue Steuernummer!" Dazu gab es eine lange Nummer, die ich mir natürlich nicht merken konnte. Dem Text entnahm ich, dass M. eine Firma gegründet hatte. Er war gerade anwesend. "Hast du eine Firma gegründet?", fragte ich ihn und er antwortete: "Ja!" Dann wollte er die Mail sehen, aber anscheinend hatte ich das Programm schon geschlossen. Es gelang mir nicht mehr, es zu öffnen, weil ich die Augen geschlossen hielt. Das ärgerte ihn: "Bist du total betrunken?", fragte er mich, worauf ich antwortete: "Nein, ich bin so müde, ich kann die Augen nicht aufmachen!" Tatsächlich hatte mich eine ungeheure Müdigkeit ergriffen. Trotzdem wollte ich unbedingt die Augen öffnen und die Mail suchen. Es ging nicht. M. meinte, es wären Buchstaben, was meiner Meinung nach nicht stimmen konnte, denn ich hatte die Zahl ja gesehen. WILLKOMMEN würde dann auf einem Objekt stehen und noch etwas, (Ich habe leider vergessen was noch dort stehen sollte.) Zu seinen Worten passend, sprühte er etwas an die Wand, was ich als Feuchtigkeit spüren konnte. Sehen konnte ich es nicht, weil ich ja die Augen nicht öffnen konnte.

Plötzlich gab es einen Szenenwechsel. Gemeinsam mit anderen Personen stand ich am Ufer eines zugefrorenen Sees. "Wir gehen jetzt auf das Eis!", rief jemand. Es war nur an manchen Stellen glatt, weil man offenbar geschaufelt hatte. Der meiste Teil war mit Schnee bedeckt. Ich glaube, die anderen waren allesamt junge Männer, die einer Sportlergruppe angehörten. Sie wollten Schwimmer werden. Einer nach dem anderen ging aufs Eis. Ich wollte das nicht, weil ich Angst hatte auszurutschen. Plötzlich bemerkte ich, wie das Eis dünner wurde. An anderen Stellen bäumte es sich auf, wie bei einer riesigen Welle, die aber aus lauter Eis bestand. Einige Männer waren schon im Wasser und schwammen um ihr Leben. Die anderen hörten meine Rufe nicht, oder ignorierten sie, bis auch sie ins Wasser fielen. Sie versuchten sich nun alle ans Ufer zu retten.

Es ist schwer zu beschreiben und noch schwerer zu erklären. Heute Nacht wurde ich wach und sah fast schon eine Zeichnung. Ein richtiger Traum war es nicht, ganz wach war ich aber auch nicht. Kurz sah ich einen Teil dieser Zeichnung, später kamen weitere Gedanken dazu. Deshalb musste ich 2x aufstehen, um alles zu notieren, bzw. zu zeichnen. Was das bedeuten sollte, weiß ich leider ganz und gar nicht.

Dienstag, 28. Juli 2020

Heute Nacht träumte ich ständig von afghanischen Köchen, die grillen sollten. Es wimmelte nur so von diesen Köchen. Mir ging das auf die Nerven. An eine Handlung kann ich mich nicht erinnern. Es war, als hätte ich gar nicht geschlafen, sondern sei wach.

Sonntag, 26. Juli 2020

Ich wollte auf Urlaub fahren. Vielleicht nach Mallorca, aber das weiß ich nicht so genau. Jedenfalls war es dort im Sommer immer warm und schön. Man musste dorthin fliegen, konnte aber das Auto im Flugzeug mitnehmen. Man riet mir davon ab, es auch zu tun. Angeblich dürfe es nicht zu viel Öl (oder eine andere Flüssigkeit) an einer bestimmten Stelle im Auto geben und bei mir sei das der Fall. Also ließ ich das Auto zu Hause.

Auf meiner Reise begleiteten mich Y, Didi und noch jemand. Als wir ankamen zeigte man uns ein riesiges Gebäude. Im Erdgeschoß war alles voller Leute. Es war hell, man konnte auch einkaufen. Dort gab es eine Abteilung des Reisebüros. Während wir gemeinsam mit einigen anderen Leuten einer Führung folgten, fragte ich ständig, in welchem Stockwerk wir uns denn befinden würden. Zwischendurch fiel mir ein, dass wir bisher keinen Lift und keine Treppe benützt hatten. Offenbar waren wir im Parterre. Antwort bekam ich keine. Ich dachte nach, ob sich in den oberen Stockwerken die Garage befindet, oder die Hotelzimmer.

Die Kinder (Y und Didi - beide waren Kinder) waren plötzlich weg. Ich hielt nach ihnen Ausschau. Man

179

konnte an einer Stelle den ganzen Raum
überblicken. Jemand der zu mir gehörte wollte
dorthin, aber ich wollte das nicht. Dann kamen sie
schließlich von alleine wieder zu uns. P.
(Kindheitsfreund - real verstorben) war da und auch
R. (real verstorben) tauchte auf. Beide sahen
anders als real aus. P. hatte sein Auto
mitgenommen. Er erklärte mir, es stimme nicht,
was man mir gesagt hatte. Man dürfe nicht zu
wenig Öl (oder andere Flüssigkeit) im Auto haben.
Vielleicht würde er uns mit seinem Auto
mitnehmen, dachte ich. Ohne Auto sei es schwierig,
an den Strand zu kommen.

Die Führung war aus, ich fragte bei dem Reisebüro
nach, wo unsere Zimmer seien. Niemand wusste
etwas davon. Als hätten wir gar nicht gebucht. Nun
hatten wir kein Zimmer, kein Auto und wie ich
bemerkte, auch kein Geld. Eine junge Frau führte
uns schließlich zu einem Stand, der vom Reisebüro
betrieben wurde. Dort solle ich nachfragen, meinte
sie. Das tat ich, wieder ohne Erfolg. Stattdessen
erzählte mir ein Mann etwas über das Wetter. Ein
Blick nach draußen genügte. Es war kühl und es
regnete. Sehr ungewöhnlich für diese Gegend. Er
sagte dann noch etwas über Mariahilf, wo es auch
solch schlechtes Wetter gäbe. Das hing damit
zusammen, dass es eine Großwetterlage gab, die
dafür sorgte, dass an so weit entfernten Orten
gleiches Wetter herrschte. Das hatte ich nicht
wissen wollen, aber es war schade, dass wir wohl
nicht baden können würden.

Plötzlich fiel mir ein, ich hatte die Schuhe in einer Tasche irgendwo stehen gelassen. Die Schuhe wollte ich nicht auch noch verlieren. Zum Glück war alles noch da.

Was sollten wir tun? Angst erfasste mich, die so stark war, dass ich davon sogar wach wurde.

Sonntag, 19. Juli 2020

In dem Geschäft, in dem ich früher gearbeitet habe, traf ich auf Dr. G., der damals der Teilhaber des Chefs gewesen war. Also auch mein Chef. Wir unterhielten uns. Er meinte, er habe irgendwelche Schwierigkeiten wegen einem Arzt. Auf meine Frage, ob er schon in Pension sei, sagte er, er sei 43 Jahre alt. Da habe er noch lange zur Pension hin.

Nach dem Gespräch ging ich weg. Doch später begegnete ich ihm zufällig wieder. Gerade öffnete er die Türe von einem anderen Geschäftslokal und trat auf die Straße. Mich hatte beschäftigt, dass er 43 Jahre alt sei. Das konnte nicht stimmen. Vor so vielen Jahren war er schon relativ alt gewesen und jetzt sollte er erst 43 sein? Doch ich fragte ihn nicht danach, sondern sagte: "Haben sie sich selbstständig gemacht?" Hatte er. Das Geschäft war wlnzlg und es gab fast keine Bücher. Alles war seltsam.

Samstag, 18. Juli 2020

Jemand hatte mir sämtliche Kleider aus der Wohnung gestohlen. Ich vermutete meine Feinde dahinter, denn es gab keinerlei Einbruchsspuren und wer würde schon Kleidung stehlen? Erst später merkte ich, dass auch noch Geld fehlte.

Weil ich keine Kleidung mehr hatte, musste ich im Pyjama gehen. Er war dunkelblau, locker geschnitten und hatte sowohl lange Beine, als auch lange Arme. Anscheinend fiel es den Menschen auf der Straße gar nicht auf, denn man ignorierte mich. Es war kalt. Das war unangenehm. Leider hatte ich auch keine Jacke mehr.

Diesmal wollte ich eine Anzeige machen, obwohl es ziemlich aussichtslos erschien, die Täter zu finden. Sie waren mächtig, niemand würde sie belangen. Irgendwie kam ich an Polizisten. Sie schenkten mir eine Jean aus einem Lager, das sie beschlagnahmt hatten. Dadurch wirkte ich nicht mehr so, als wäre ich gerade aus dem Bett aufgestanden.

Kurze Zeit später traf ich auf meine Feinde, die ich sofort erkannte, ohne sie zuvor gesehen zu haben. Es handelte sich um eine ganze Gruppe von Menschen, die mir deutlich ihren Hass zeigten. Sowohl Frauen, als auch Männer waren in dieser Gruppe. Sie drohten, es würde so weiter gehen, sollte ich mein Verhalten nicht ändern. Ich hatte etwas gemacht, was sie ärgerte. Was das war weiß ich nicht mehr. Da schrie ich sie an: "Das kann ich nicht! Es ist so wie es ist!"

R. war da, nachdem er sehr lange weg gewesen war. (Real lebt er seit einigen Jahren nicht mehr.) Auch er vermisste etwas und ich wollte es ihm deshalb kaufen. Aber mit welchem Geld? Ich hatte ja keines mehr und mir war nicht klar, ob er welches hatte. Diese Sache verlor sich und plötzlich war meine Mutter auch da. (Real ebenfalls vor einigen Jahren verstorben.) Wir wollten eine Reise machen. Da kamen wieder meine Feinde ins Spiel, die mir Schwierigkeiten machten. Mir wurde bewusst, dass in meiner unmittelbaren Nähe noch einige andere waren, die zu ihnen gehörten. Auch diese Leute erkannte ich sofort. Wohin genau wir fahren wollten, weiß ich nicht mehr. Ich glaube es sollte eine Schifffahrt werden, die mehrere Länder betraf. Darunter war ziemlich sicher ein arabisches Land.

Mein Pass war weg. Sicher hatten auch ihn meine Feinde gestohlen. Da machte ich einen ziemlichen Lärm, was die Pläne der Feinde offenbar durchkreuzte. Sie wollten nicht die Aufmerksamkeit anderer Menschen auf sich lenken.

Alle Leute hatten rote Pässe. Ein Mann, der auch zu den Feinden gehörte, gab mir lächelnd einen grünen. Das alleine wunderte mich schon. Er sagte: "Das ist doch ihr Pass? Sie haben ihn doch eh", so als wäre es meiner, den ich sowieso in der Tasche hatte. Dabei hatte ich ihn zuvor noch nie gesehen.

183

Etwas verunsichert war ich aber. Trotzdem fühlte ich mich im Recht und wollte dem Spuk nun endlich ein Ende bereiten. Ich begann den Pass zu studieren. Meine Mutter sah mir dabei aufmerksam zu. Er bestand aus enorm billigem Papier und er wirkte schon ziemlich zerfleddert. Wie ein Pass sah er gar nicht aus, eher wie ein kleines Büchlein. Je weiter ich blätterte, desto weniger ähnelte er einem echten Dokument. Zum Ende hin bestand er nur noch aus Werbung.

5. Juli 2020

Wir zogen schon wieder um. Diesmal in eine Wohnung, die in der Nähe von größeren Straßen und Wohnhäusern war. Doch auch dort blieben wir nur ganz kurz. Wieder zogen wir um. Ich meinte, da würden wir unsere Post nicht mehr bekommen, weil man uns die gar nicht so einfach nachsenden könne.

In der nächsten Wohnung hatten wir eine Nachbarin. Alles wirkte dort offen, man konnte leicht zu uns in die Wohnung kommen. Unsere Nachbarin hatte zwei Buben. Sie hatten asiatische Augen, wirkten sonst aber europäisch. Die Mutter war Europäerin. Die Kinder waren temperamentvoll, aber brav. Sie freundeten sich mit mir an und durften deshalb auch zu mir kommen, wann immer sie wollten. Mit der Mutter unterhielt ich mich über ihren Mann. Sie lebte nicht mit ihm zusammen, hatte aber Kontakt. Er wollte gar keine Kinder mit ihr haben, akzeptierte aber die Situation, die er geschaffen hatte. Ich würde auch auf ihre Kinder hin und wieder aufpassen, meinte ich. Darüber freute sie sich. Sie wollte gleich weggehen. Erst da sah ich, dass sie auch noch ein Baby hatte. Es war ein schwarzes Kind. Das Gesicht sah aus, als sei es eine erwachsene Frau.

Auf drei Kinder aufpassen, von denen eines noch wenige Monate alt war, wollte ich eigentlich nicht. Nur war die Frau schon fast aus dem Haus, ich konnte nichts mehr einwenden. In Zukunft wollte ich nicht auf alle drei Kinder aufpassen.

29.6.2020

Wahrscheinlich hatte es einen Krieg gegeben. Einige Leute und ich waren in einer Stadt. Es gab Geschäfte, aber keine Menschen. Wir hatten relativ viele Lebensmittel, aber auch anderes. Was das andere war, weiß ich nicht. Um es zu erkennen, war ich nicht bewusst genug. Nun wollten wir weiter. In unserer Nähe war ein Russe, der vermutlich ein Soldat (wie wir?) war. Zwischen ihm und uns gab es keine Feindschaft, aber auch keine Verbindung. Es wirkte auf mich, als seien da zwei Armeen, die nicht gegeneinander kämpften, aber auch nicht direkt miteinander. Vielleicht gab es einen gemeinsamen Feind, den wir unabhängig voneinander bekämpften.

Da wir eben sehr viel zu essen hatten und nicht alles brauchten, sagte jemand: "Geben wir die Hälfte dem Russen?" Er brauchte dringend Lebensmittel, das war irgendwie ersichtlich. "Gut!", meinte ein anderer, "Aber nur die Lebensmittel!" Alles andere behielten wir für uns. Nicht weil wir es benötigten, sondern um dem Russen nicht zu viele Vorteile zu verschaffen.

25.6.2020

Es gab heute noch einen weiteren Traum, der sich jedoch seltsam entwickelte. An sich ging es nur um einen Mann. Er jammerte herum und das hatte mit seinem Kopf zu tun. Ich glaube es ging um den äußeren Bereich. Irgendwann ging mir das auf die Nerven, deshalb wollte ich ihm helfen. „Mach mal die Haare auf!", meinte ich. Er war überrascht, tat aber was ich sagte. Nun war ich baff. Es kam eine wunderschöne Haarmähne zum Vorschein, die ihm bis zur Hüfte reichte. War er zuvor noch eher hässlich gewesen, wirkte er plötzlich schön. Sein dunkler Vollbart passte gut zu seinem Äußeren. (Ich glaube ich habe schon einmal etwas ähnliches geträumt.) Alle pflichteten mir bei: „Du siehst sehr gut aus!", aber er meinte: „Ich gefalle mir als Mann mit den langen Haaren nicht!" Das war nun etwas unklar. Meinte er, er gefalle sich nicht, wenn er Mann war und lange Haare trug, wenn er Frau war aber schon? Doch darauf ging ich nicht ein. Zu beschäftigt war ich, seine Haare zu kämmen.

Zeitweise schien er der Lebensgefährte von B. zu sein. Das war nicht so ganz klar.

(Plötzlich spürte ich arge Schmerzen in meiner Wade. Es war kaum auszuhalten. Deutlich spürte ich, wie sich die Muskeln unter der Haut bewegten. Offenbar hatte ich einen Muskelkrampf. Normalerweise werde ich von so einem Krampf sofort hell wach. Diesmal war es anders. Zwar stöhnte und jammerte ich, doch trotzdem versuchte ich einfach mit Entspannung zu reagieren. Es war auch nicht so, dass sich die Wade total krampfte. Die Entspannung schien zumindest teilweise zu funktionieren. Nach einiger Zeit wurde ich aber dann doch total wach.)

Der erste Traum in dieser Nacht war nur ein kurzes Aufblitzen, weil ich noch gar nicht richtig schlief. Es platzte mitten in meine Konzentration auf Jenni (eine verschwundene Frau).

Eine Frau stand auf einem größeren Brett, das ähnlich wie ein Surfbrett aussah. Es war an einem Strick befestigt, ansonsten aber frei beweglich. Starke Wellen brandeten dagegen. Sie konnte sich nur mühsam darauf halten.

Jemand sagte deutlich: „Die Fleischwerdung!"

Alles andere habe ich vergessen, weil es sehr undeutlich war.

Der zweite Traum war ziemlich ausführlich. So sehr sogar, dass ich mir nicht alles merken konnte, was gesprochen wurde.

187

Jemand unterhielt sich mit mir. Es gab keine Handlung, nur dieses Gespräch. „Walter! Du weißt ja wie er war (oder ist?)" , sagte diese Person. Ich stellte eine Frage und bekam zur Antwort: „Na, Miranda und ihre Männerorganisation!" Jemand kam hinzu und sprach auch mit uns. Es klang, als würde diese Person uns Fragen stellen, während sie in Wahrheit diese Form der Kommunikation nur auswählte, weil sie uns auf diese Weise etwas mitteilen konnte. Dazu gehörten viele Namen und Zahlen, die ich mir alle nicht merken konnte. Schließlich redete ich weiter und erzählte was ich erlebt hatte, weil mir jemand anderer etwas berichtete. „Plötzlich kam eine riesige Welle. Ich weiß nicht woher. Es hatte gar nicht geregnet!" Während ich sprach, sah ich was ich sagte. Unseren alten Garten, in dem plötzlich die große Welle auftauchte, auf der etwas schwamm. Dabei dachte ich an einen Drachen. Der Gesprächspartner nickte: „Ja, genau so war es!" Damit meinte er sein eigenes Erleben.

22.6.2020

Ich stieg in die Straßenbahn ein. Als ich mich setzte fiel mir auf, dass ich einen Pyjama trug. Jedes Teil gemustert, aber jedes in einem anderen Muster. Nicht grell, trotzdem auffällig. „Warum hast du mir nicht gesagt, dass ich einen Pyjama trage?", fragte ich entsetzt S. Sie gab keine Antwort. Nun wollte ich so schnell wie möglich nach Hause. Unterwegs hatte ich ein Baby mit. Es hatte Splitter in den Füßen stecken, die ich entfernte. Das Kind trug keine Schuhe. Mich wunderte, dass es nicht jammerte. Wir gingen lange herum. Dann wollte ich es stillen, denn es hatte Hunger.

Wir hatten Besucher, die ich aus dem realen Leben nicht kenne. Es gab interessante Gespräche, an deren Inhalt ich mich aber nicht erinnere. Als sie gehen wollten, packte eine Frau viele Sachen zusammen. Ich glaube es waren leere Flaschen. Alles war recht bunt, auch die Flaschen. Da konnte ich natürlich nicht einfach zusehen. Ich nahm auch viele Sachen und sagte zu den Kindern, sie sollten auch helfen. S. erklärte mir, die Leute hätten etwas mit Milch und mit Antibiotika zu tun. Das war schlecht. „Das habe ich dir doch schon gesagt!", meinte sie vorwurfsvoll. „Jetzt geht das wieder los!", sagte ich leise, weil ich mich über ihre ewigen Vorwürfe ärgerte. Sie hatte es mir tatsächlich schon einmal erzählt, doch ich hatte es vergessen. Nun fiel es mir wieder ein.

Irgendwie kam ich die Hermesstraße hinunter. Vielleicht ging ich zu Fuß? Zumindest S. war da noch bei mir, denn ich fragte sie: „Sind das Katzen?" Vor einem Geschäft hatte ich ein Tier gesehen. Es sah nicht eindeutig wie ein Hund, aber auch nicht eindeutig wie eine Katze aus. Das Tier war mittlerweile weg, sie konnte es daher nicht mehr sehen. Drei oder vier junge Männer gingen gerade zur Türe des Geschäfts hinein. Auf diese deutete ich, was sie total verwirrte. „Katzen?", antwortete sie unsicher. „Ja! Dort!", bekräftigte ich meine Aussage.

Ich ging weiter, überquerte die Straße, bog rechts ab, zur Haltestelle der Straßenbahn. So bepackt wie ich war, wurde es immer quälender. Deshalb wollte ich so schnell wie möglich das Geschäft der Leute finden, um endlich alles abladen zu können. Es war nicht zu finden. Überrascht sah ich mir die Auslagen an – es war nicht da. Alles wirkte fremd, nicht so wie ich es in (Traum)Erinnerung hatte. (Real gab es solche in Geschäft dort nie.)

Bei unserem Computer war etwas kaputt. Man musste einen ganzen Teil heraus nehmen und ersetzen. (Vermutlich gibt es das Teil im realen Leben gar nicht.) S. und ich waren deshalb in einem Geschäft, denn bei ihrem Computer gab es dasselbe Problem. „Was kostet das denn?", fragte ich eine Frau, die uns bediente. „Ungefähr 850.–€!", meinte sie. „Was? So viel? So viel will ich nicht ausgeben!", meinte ich. Da erklärte sie mir, es gäbe eine andere Möglichkeit. „Sie können einen gebrauchten füllen lassen." Dazu musste man Kohlenstaub und noch etwas hinein füllen. „Aber das dauert 4 Tage. Während dieser Zeit können sie nicht ins Internet. Sie können höchstens die Schlagzeilen lesen." S. war bereit, mir ihr altes Teil zu überlassen. Das machte die ganze Sache etwas billiger. Doch das Befüllen würde wohl doch auch teuer werden, dachte ich. Immerhin wären dazu gleich 4 Tage notwendig. Die 4 Tage ohne Internet störten mich hingegen nicht. Es sei vielleicht ganz gut, einmal 4 Tage lang nicht ins Internet zu gehen.

Mittwoch, 17. Juni 2020

Derzeit konzentriere ich mich nur auf Jenni. Einen richtigen Versuch mit Zeichnungen habe ich noch nicht gemacht. In dieser Nacht (17. bis 18. 6.2020) hatte ich einen seltsamen Traum beim Einschlafen. Es war so, als wäre meine Empfindung in zwei Teile geteilt. Das ist schwer zu beschreiben. Man kann sich das ungefähr so vorstellen, als würde man gleichzeitig zwei Fernsehsender ansehen, die nebeneinander auf einem Bildschirm laufen. Der eine Teil war meine Konzentration auf Jenni. Gleichzeitig lief daneben ein Traum ab, der aber nicht sehr intensiv war. Wahrscheinlich weil ich auf der anderen Seite zu bewusst gewesen bin. Die Traumhälfte ließ mich sogar fühlen, als würde ich in steilem Gelände mit unpassenden Schuhen gehen. Es war aber nicht so steil, dass man nicht mehr hätte gehen können. Ich war sehr vorsichtig, um nicht auszurutschen. Danach tauchte plötzlich ein Name auf. Ob er mit der Szene etwas zu tun hatte, weiß ich nicht. "Familie Aschenbacher"

Montag, 15. Juni 2020

Der Traum bestand nur aus einem Gespräch. Jemand von der ÖVP unterhielt sich mit mir und sagte: "Wenn wir ..... so machen, würdest du uns dann wählen?" (Leider habe ich vergessen was genau sie machen würde, um gewählt zu werden. Aber es wird meiner Einstellung entsprochen haben.) Darüber dachte ich eine Weile nach und sagte dann: "Ja, das wäre möglich!" Ganz sicher war ich mir zwar nicht, weil ich dachte, sie würden vielleicht nur so tun, als ob und dann doch wieder machen, was sie schon bisher gemacht hatten. Aber ich dachte, sollte das ernsthaft gemeint sein, würde ich sie wählen, auch wenn ich für sie sonst nicht war.

Mittwoch, 3. Juni 2020

2. Traum von heute

Ob alles was ich erfuhr auf eigener Anschauung beruhte, oder ob es mir jemand erzählte, weiß ich nicht. Dabei ging es um eine große Stadt, an deren Rand sich plötzlich eine große Gruppe Ausländer ansiedelte. Ich glaube es war Berlin und die Ausländer waren alle Österreicher. Das versuchte ich zu erfassen. Ich sagte, die Deutschen seien plötzlich von Österreichern umringt - oder umgekehrt. Die Stadt würde nun enorm groß werden. Dort würde ich nicht gerne leben wollen. Sie hatte nun etwas überdimensionales an sich, was mich geradezu erschreckte.

Wir waren in einem Lokal, in dem man etwas essen konnte. Es gab plötzlich Schnitzel, was es nie zuvor dort gegeben hatte. Offenbar waren wir etwas spät dran, denn vieles war bereits aus. Salate bekam ich noch, aber auch nur ganz wenig. Eier waren da, manche in Packungen, aber gekocht. Zuerst wollte ich mir welche nehmen, aber dann dachte ich, die seien sicher aus Käfighaltung und die wolle ich nicht.

Deutlich hörte ich viele Leute mit deutschem Akzent sprechen. Ein Mann las laut etwas vor. Es ging um Menschen, die anscheinend sehr arm waren. Eine Mutter und ihr Sohn würden ihr Blut verkaufen, um überleben zu können. Dabei ging es nicht um einen Roman, sondern um die Beschreibung echter Lebensumstände. Er fand das lustig, was man aus dem Tonfall erkennen konnte. In dieser Weise ging es weiter. Schließlich meinte er lachend, sie müssten ihr Blut verkaufen, weil sie keine Öfen hätten. Damit meinte er, die Leute seien arm und könnten sich nicht dagegen wehren, weil sie keine Juden umbringen könnten, wie im 2. Weltkrieg. Das empfand ich als reinen Zynismus. Zu jemandem sagte ich: "Ich kann mit den Linken nichts anfangen!" Damit meinte ich Leute wie diesen Mann.

Schließlich gingen wir nach Hause. Es war unser altes Haus, aber in der Gegend sah es ganz anders aus, als es real dort ausgesehen hatte. Es gab viele kleine Häuser, die eher an Hütten, als an normale Häuser erinnerten. Jemand sagte: "Was macht denn der Polizist auf eurem Dach?" Erstaunt sah ich nach oben, doch da war niemand. Die frühere Nachbarin, Frau Ju. kam gerade und ich ließ sie ein. Auf ihrem Balkon stand ein Mann, der eine seltsame Uniform trug. War das ein Polizist? Ich hatte keine Ahnung. Ich hoffte, M. würde nicht merken, dass ich sie herein gelassen hatte.

Dienstag, 2. Juni 2020

Ich sollte verreisen. Wahrscheinlich wollte ich das gar nicht, aber es ließ sich nicht vermeiden. Aber es gab ein Problem. Die Abreise verzögerte sich ständig, aus verschiedenen Gründen. Mir dauerte das schon viel zu lange. Immer wieder sagte ich: "Ich habe fast die ganze Nacht nicht geschlafen!" Damit wollte ich ausdrücken, ich sei schon so extrem müde, ich könne nicht mehr länger warten. Dabei fühlte ich mich gar nicht so müde, wie ich mich eigentlich hätte fühlen sollen. Doch ich wusste, ich war total übermüdet und das könne sich negativ auswirken, weil ich (glaube ich) ein Auto lenken musste. Zumindest so lange ich schlief, kam die Abreise wohl nicht zustande.

Montag, 1. Juni 2020

Eine sehr junge Frau hatte schon mehrere Kinder. Eben erst hatte sie wieder eines bekommen. Darüber freute sie sich und ihr Mann fand das auch gut so. Mir fiel auf, dass er irgendwie seltsam begeistert war. Das ist schwer zu beschreiben. Ich
194

versuchte der Frau klar zu machen, dass sie arbeiten gehen solle. Wenigstens halbtags. Das wollte sie natürlich nicht. Erstens war es schwer mit so vielen kleinen Kindern und zweitens wollte sie sowieso nicht arbeiten. Doch ich drängte weiter darauf, obwohl ich sie gar nicht kannte und auch keinerlei Einfluss auf sie hatte. Schließlich sagte ich, ihr Mann könne seinen Job verlieren. Das glaubte sie mir nicht. "Er arbeitet doch bei der Donau, da kann das nicht passieren!", meinte sie überzeugt. Was sie meinte war nicht ganz klar, aber ich dachte dabei an die Donau Versicherung. Ich war anderer Ansicht.

Sonntag, 31. Mai 2020

Gemeinsam mit M. war ich irgendwo unterwegs. Leider erinnere ich mich nicht daran, wo wir waren. Jedenfalls waren viele Leute da. Es gab auch ein Lokal, oder einen Wartesaal. So genau weiß ich das auch nicht. Dort saß ich lange herum. Schließlich wollte ich gehen. Ein Kind spielte und redete ständig. Offenbar auch mit mir. Viele Papierstücke lagen auf dem Tisch. Die suchte ich alle zusammen, um sie weg zuwerfen. Das Kind protestierte, weil ich auch etwas dazu getan hatte, was ihm gehörte.

Ich wollte noch auf die Toilette. Unterwegs sah ich unseren großen Hund brav sitzen. Er hatte keine Leine, lief aber nicht weg. Die vielen Leute und der Lärm irritierten ihn nicht. Das war ungewöhnlich.

Unser kleiner Hund war verschwunden. Ein Mann, den wir im Traum (aber nicht real) kannten, hatte ihn mitgenommen. Das wäre real ungewöhnlich gewesen, im Traum jedoch nicht. Die Leinen fanden wir nicht mehr. M. suchte danach, musste sich dann aber mit einem Band begnügen.

Die Toiletten sahen schrecklich aus. Sie bestanden aus Baumstämmen, die zusammen gesteckt waren. In der Mitte befand sich die Schüssel. Aber nur in einer. Bei der gab es jedoch keine Türe, sondern nur einen Vorhang aus dickem Plastik. Als ich das sah, ließ ich es lieber bleiben.

Wir gingen weg. Unterwegs bemerkte ich, dass meine Brieftasche fehlte. Obwohl ich sehr gut auf sie aufgepasst hatte, war sie verschwunden. Man habe sie mir vermutlich auf dem Weg zur Toilette gestohlen, meinte ich. Nun machte ich mir Sorgen, weil zwar kein Geld drinnen war, aber die Karten. Das müsse ich anzeigen, sagte ich, kam dann aber nicht dazu.

Samstag, 23. Mai 2020

Es waren zwei Träume, die ich unabhängig voneinander hatte.

Etwas wie ein Gesangswettbewerb sollte stattfinden. Was genau das sein sollte weiß ich nicht. Jedenfalls wollte S. sich beteiligen. Ich hörte sie ein Lied singen, das ich aus dem realen Leben nicht kenne. Aber ihre Stimme klang wie die eines jungen Mannes. Deshalb nehme ich an, dass es dabei um fremde Menschen ging. Ich sagte. "Wer weiß, vielleicht wirst du noch entdeckt!"

Wir wollten etwas mit der Gasheizung machen. Was genau weiß ich nicht. Das Gaswerk war dagegen. Oder vielleicht eine andere Behörde, die dafür zuständig war. Zufällig lernte ich einen Anwalt kennen, den ich fragte, ob man da etwas dagegen tun könne. "Ja, man könnte klagen!", meinte er. Was er dafür verlangen würde, fragte ich ihn. Er: "5000 bis 10000 €! Dazu kommen noch verschiedene Schriftstücke, die jedes 100€ kosten. "Das muss ich mir noch überlegen!", antwortete ich. So viel Geld hatte ich nicht. Das wollte ich ihm aber nicht sagen.

Sonntag, 17. Mai 2020

Ich hatte Kontakt zu einem buddhistischen Meister. Er war ähnlich wie der Dalai Lama, aber weniger bekannt. Der Mann war noch verhältnismäßig jung. Mir imponierte er. Plötzlich starb der Mann. Seine Leiche war aufgebahrt, ich war ganz in der Nähe. "Kann ich von ihm Haare haben?", fragte ich jemanden, der dort zuständig war. Meine Bitte wurde mir gewährt. Diese Person schnitt ihm einige Haare ab und gab sie mir. Diese wollte ich gut unterbringen, damit ich sie nicht verlieren. Das war mit großen Schwierigkeiten verbunden. Bei meiner Suche nach einem geeigneten Gegenstand, in welchem ich die Haare sicher verwahren könnte, stieß ich auf einen Briefumschlag, in dem sich schon Haare von dem Meister befanden. Offenbar hatte ich sie schon früher bekommen und darauf vergessen.

Es gab dann noch einige Szenen, an die ich mich nicht mehr erinnere. Schließlich konzentrierte ich mich auf ihn, weil ich auf ein Zeichen hoffte. Mehrere Leute waren in meiner Nähe, die ich nicht kannte. Wir befanden uns in einem gebirgigen Gebiet. Plötzlich rief eine laute Stimme: "Good luck to you and your family!" Erstaunt sahen sich die Menschen um, aber sie konnten niemanden sehen. Es war der Meister, der sich von mir auf diese Weise verabschiedete. Freudig schrie ich zurück, ich würde mich bei ihm bedanken.

Offenbar war ich in der Zukunft. Alles sah anders aus. Es erinnerte mich an utopische Filme. Rund um mich herum wirkte alles leer. Keine Natur weit und breit. Keine Farben, sondern weiß in weiß.

An der Wand, etwas weiter oben befand sich ein Kästchen. Auf mich wirkte es irgendwie verdächtig. Deshalb schrie ich hinauf: "Wer bist du?" Niemand antwortete, also wiederholte ich meine Frage. Irgendwann kam dann doch eine Antwort, aber mit dieser konnte ich rein gar nichts anfangen. Jemand sagte etwas von: alles sei mehrmals gescheuert worden (oder so ähnlich). Darüber wunderte ich mich.

Entweder kam ein Pferd, oder ein Hund herein. Man hatte das Tier vor einen Wagen gespannt. Ein Knall - und das Gespann lag auf der Seite. Es stellte sich die Frage, wieso das Tier zusammen gebrochen war. "Es wird einen Schwächeanfall erlitten haben!", meinte ich. Worauf ich gefragt wurde: "Was ist denn ein Schwächeanfall?" Das irritierte mich. "Das weiß doch jeder! Ich habe das auch manchmal. Da spürt man in der Herzgegend ein Flattern!"

Donnerstag, 14. Mai 2020

Eine sehr belebte Gegend. Ich unterhielt mich mit einigen Leuten. Unter anderem ging es darum, dass man sich chippen lassen konnte, oder musste. Aber das schien eher für ganz wenige, auserwählte Menschen zu sein. Zu denen gehörte ich. Wieso weiß ich nicht und wahrscheinlich wusste ich es auch im Traum nicht. Vermutlich war ich schon gechippt. Ein Mann erzählte, sein Vater habe die Rechte an einer Geschichte gekauft. Die sei nun so teuer, dass niemand sich leisten konnte, daraus einen Film zu machen. Ich konnte nicht verstehen, weshalb er das gemacht hatte. Denn nun profitierte er ja auch nicht davon.

Plötzlich kam Bewegung in die Geschichte. Etwas entfernt hörte man Schüsse fallen. Anfangs schienen die Anwesenden das gar nicht zu realisieren, bis ich sie darauf aufmerksam machte.

Ich sah ihn durch ein Fenster. "Lauft!", schrie ich und rannte los. Aber ich wählte einen anderen Weg als die meisten anderen. Das war ein Fehler. Aber auch dort waren sehr viele Menschen. Er kam gerade auf uns zu. Ich konnte ihn nicht genau erkennen. Dass er ein Gewehr trug, sah ich jedoch. Um mich herum waren noch immer viele Leute. Wir liefen so schnell wir konnten, doch der Schütze kam immer näher. Auch wenn wir die Richtung änderten, er ließ sich nicht abschütteln. Es war als würde er mich suchen.

Immer wieder hörten wir den Mann schießen und schließlich gab es kein Entrinnen mehr. Wir konnten nicht mehr ausweichen, es ging nicht weiter. Panisch kroch ich unter irgendwelche Fetzen, oder Sand. Was das war habe ich vergessen. Plötzlich Stille. Einige Zeit wartete ich, dann kam ich hervor. "Was ist passiert?", fragte ich, denn die Leute waren alle noch da. "Sie haben ihn verhaftet!", kam die Antwort. Darauf sagte ich: "Schade! Sie hätten ihn erschießen sollen. So ist er noch immer gefährlich. Er könnte fliehen!"

Am Straßenrand parkte ein großer Bus. Auf dem Bus gab es ein Schild, auf diesem stand: "gechippt"! Das machte mich unsicher. Sollte ich dort einsteigen? Das machte ich dann doch nicht. In der Nähe bemerkte ich einen Mann, der mich aufmerksam beobachtete.

Mittwoch, 13. Mai 2020

Eine Gruppe Menschen. Irgendwie gehörte ich dazu. Was für Leute das waren wusste ich sicher im Traum, bewusst aber nicht. Eine Frau traf eine Entscheidung. Es wunderte mich, dass es eine Frau war, die diese Entscheidung überhaupt treffen konnte. Nur bestimmte Menschen durften eine Führungsposition einnehmen. Das störte mich, obwohl ich zu diesen Menschen gehörte. Die Frau teilte durchsichtige Plastikblätter aus. Sie sahen so ähnlich aus wie Gefriersäcke.

Weil ich mich ärgerte zog ich mich in ein Zimmer zurück. Neugierig war ich aber schon, was sich da jetzt abspielte. Deshalb horchte ich hinaus. Draußen stand die Frau und hielt lautstark einen Vortrag. Sie sagte: "Egal ob jemand xxx, oder xxx, oder jüdisch ist: wir sind ein Team!"

Als sie merkte, dass ich ihr zuhörte, lächelte sie. Ich sagte zu jemandem der mit mir im Zimmer war: "Da muss ich doch hinunter gehen! Ich möchte schon wissen, was die vorhaben!"

Freitag, 1. Mai 2020

Wir waren zumindest zeitweise in unserem früheren Haus. Es sollte Geburtstag gefeiert werden. Ich weiß nicht wessen Geburtstag es war. Vielleicht ging es dabei um Z. Eine alte Dame war da, die ich im Traum kannte. Vermutlich war sie eine Verwandte. Real kenne ich sie nicht. Sogar im 201

Traum war mir das klar. Deshalb gehe ich davon aus, dass dieser Traum von fremden Menschen handelte.

Die alte Dame hatte eine Geburtstagtorte gebacken. Diese Torte war sehr groß und bestand aus drei übereinander gestapelten Teilen. Gefüllt war sie mit einer fetten Creme. Ich sagte: "Die Torte ist geil!" So wie die Frau reagierte, wusste ich nicht, wie sie mich verstanden hatte. Früher verstand man unter einer geilen Torte, eine extrem fette Torte. Heute würde man eher meinen, sie sei besonders gut, oder schön. Ich meinte damit, sie sei zu fett.

Aus der fettigen Creme hatte sich die Frau eine Rose gemacht, welche sie nun auf einer großen Nadel an der Bluse trug. Ich versuchte ihr zu erklären, dass die Rose zu fett und zu schwabbelig war, doch sie verstand es nicht. Was meine Vermutung stärkte, sie sei schon leicht dement. "Das ist mir noch nie passiert!", meinte sie schließlich, als sie dann doch zu begreifen schien, was ich zu sagen versuchte. Gemeinsam entfernten wir das Ding wieder. Natürlich hinterließ es Flecken.

Es folgten Gespräche. Jemand sagte, Z. müsse eine Prüfung (oder etwas ähnliches) machen, wisse jedoch nicht, was sie nehmen solle. Das bedeutete, sie müsse ein Werkstück herstellen. Alle rätselten. Da schlug ich vor, sie solle etwas nähen, weil ich dachte, sie würde gerne nähen. Etwas für mich solle sie machen, meinte ich, denn ich würde

202

sowieso Kleidung brauchen. Den Stoff könnte ich bezahlen. Sie war damit einverstanden. Kurz dachte ich noch darüber nach, ob sie auch Modelle zeichnen und umsetzen könne. Das sei sehr wichtig.

Danach ging ich auf die Toilette. Zumindest diese Szene spielte sich in unserem realen Ex-Haus ab. Offenbar kam jemand herein, noch bevor ich fertig war. Diese Person hatte es eilig und betätigte an meiner Stelle die Spülung. Draußen unterhielten sich lautstark die Kinder, die jugendlich zu sein schienen. Ich sagte: "Müsst ihr immer so laut sein? Papa schläft!" Da wurden sie dann doch etwas leiser.

Dienstag, 28. April 2020

Gemeinsam mit einer Person, die ich nur undeutlich wahrnehmen konnte, befand ich mich in unserem ehemaligen Garten. Ich glaube wir hatten eine Katze

Im Garten der Nachbarn K., war deren Tochter P. mit zwei Katzen. Zuerst fiel sie mit der einen Katze gemeinsam von einem Baum, dann mit der anderen Katze. Zumindest auf die eine Katze fiel sie direkt hinauf. Das wirkte sehr gefährlich auf mich, aber es schien relativ gut aus gegangen zu sein.

Mittwoch, 22. April 2020

Ein Traum nicht beim Aufwachen, sondern beim Einschlafen. Ich war noch zu wach, um etwas zu sehen. Deshalb war der Traum undeutlich und mehr gedacht, als miterlebt.

Mehrere Personen schienen anwesend zu sein. Eine Person sagte: "Hat ..x. den Mordbefehl weiter gegeben?"

Es wurde ein Name genannt, aber ich überhörte ihn sozusagen. Vermutlich weil ich eben noch zu wenig im Traum drinnen war. Ich hatte den Eindruck, dass diese Person nicht nachfragte, ob ordnungsgemäß der Mordauftrag weitergegeben wurde, sondern eher wie jemand, der gegen diese Person ermittelt.

Montag, 20. April 2020

Zufällig kam ich bei einer Bank vorbei, bei der ich ein Konto hatte. Da kam ich auf die Idee, ich könne nachsehen wie viel Geld ich darauf liegen hatte. Also ging ich hinein. Währenddessen fiel mir auf, dass ich die Maske vergessen hatte. Ich verwendete daher ein Tuch, welches dauernd verrutschte. Doch als ich mich umsah, staunte ich nicht schlecht. Niemand trug eine Maske und der Raum war gesteckt voll mit Menschen. Man konnte sich kaum vorwärts bewegen.

Die Angestellten waren sehr beschäftigt. Es war laut und unruhig. Erst nach längerer Wartezeit wendete sich eine Angestellte mir zu und fragte, was ich denn möchte. Ich wolle auf dem Konto nachsehen, meinte ich. Ob sie das für mich machen würde. Dann sagte ich noch meinen Namen. Die Frau konnte nichts finden. Was für ein Konto ich denn hätte, wollte sie wissen. Es fiel mir schwer das zu erklären. Umständlich erklärte ich, es sei ein Konto das man hat, wenn man noch Geld auf dem normalen Konto liegen hat. Dann überweist man es dorthin. Sie verstand mich nicht. Schließlich ging sie mit meiner Karte weg. Nach kurzer Zeit kam sie wieder zurück. Was nun mit meinem Konto los war, weiß ich nicht. Wahrscheinlich wusste ich es auch nicht im Traum. Danach verließ ich die Bank.

Auch draußen trug niemand mehr eine Maske. Überall drängten sich Menschen. Es gab auch eine Demonstration. Zu der wollte ich auch, doch ich war etwas zu spät. Sie hatte schon begonnen. Auf einer Straßenkreuzung hatten sich viele Menschen versammelt. Jemand hielt eine Rede. Es waren aber doch nicht so viele Leute gekommen, wie sich die Organisatoren es vermutlich erhofft hatten. Man konnte noch zu den vorderen Reihen durch und es gab sogar noch freie Sitzplätze auf kleinen Mauern. Dort setzte ich mich hin.

Neben mir saß ein junger Bursche. Er sah eigenartig aus, weil seine Gesichtsfarbe total ungewöhnlich war. Eher orange, war er. Um ihn ging es. Einige junge Ausländer wunderten sich, dass die Leute sich für den Burschen so einsetzten, da auch er aus dem Ausland stammte. Offenbar hatte sich die Situation geändert und es war eher ungewöhnlich, dass gegen Abschiebungen demonstriert wurde. Mir war jedoch nicht klar, wieso für ihn demonstriert wurde.

Ein alter Mann - vermutlich ein Obdachloser - hatte für ihn Geld gesammelt. Das Geld war zuerst fast weg, dann war es wieder da. Viele 1€ Münzen waren darunter. Ich sagte, der Mann habe sicher einiges gestohlen. Vorher schien es nämlich viel mehr gewesen zu sein. Das war jedoch nicht sonderlich wichtig.

Freitag, 17. April 2020

Es ging in dem Traum um Fledermäuse. Was genau geschah, weiß ich leider nicht mehr. Ich erinnere mich nur daran, dass wir auf den Dachboden gingen, um eventuell vorhandene Fledermäuse zu verjagen. Ich konnte mir nicht vorstellen, dass es dort oben welche geben könnte. Wir gingen hinauf. Wer die andere Person war, konnte ich nicht wahrnehmen. Sie hatte jedenfalls eine Taschenlampe dabei, mit der sie den Dachboden absuchte. Anscheinend war es nicht unser realer Dachboden, denn bei uns gibt es elektrisches Licht. Tatsächlich fanden wir zwei Tiere irgendwo an der Decke hängen. Das empfand ich als eklig. "Wie können sie überhaupt hier herein kommen?", fragte ich. Es kam keine Antwort. Nun mussten wir eine humane Lösung finden, die Tiere los zu werden.

Donnerstag, 16. April 2020

Heute hatte ich einen Traum, der so unverständlich war, dass ich davon wach wurde. Ich sagte: "Hmmmm!" und war wach. Es war mir jedoch nicht möglich, irgendetwas von diesem Traum zu verstehen. Es gab also auch vermutlich nichts zu sehen.

Das ist nicht der erste Traum, der so abgefahren war, dass ich ihn gar nicht erfassen konnte. Ich hatte schon früher hin und wieder einen Traum, der etwa ohne Bilder war. Gemeinsam hatten sie, dass es nichts gab, was man hätte beschreiben können. Somit gab es auch nichts, was man hätte verstehen können.

Sonntag, 12. April 2020

Fremde Männer drangen in unser Haus ein. Es handelte sich nicht um das reale Haus. Offenbar hatte ich vier eher kleinere Kinder. Zwei davon versteckte ich in einem Kasten. Wo die beiden anderen Kinder waren, weiß ich nicht. Ich selbst versteckte mich unter Tüchern.

Die Einbrecher durchsuchten alles. Die Kinder fanden sie nicht. Mich natürlich schon, denn mein Versteck war nicht besonders gut gewählt. Der Boss fand das lustig. Er lag mit dem Kopf auf mir und fragte lachend: "Was riecht denn da so eigenartig?" Dann gab er die Tücher weg.

Wertsachen, oder Geld besaß ich nicht. Es gab also nichts interessantes zu finden. Das war bald klar. Ich dachte schon, sie würden gleich wieder gehen, doch plötzlich kamen seine Leute mit zwei meiner Kinder, die sie irgendwo gefunden hatten. Ein Kind hatte einen Halbedelstein in der Hand, den es dem Boss geben wollte. Das andere Kind hielt etwas wertloses. Sie weinten.

Auf einmal wurde klar, dass es seine Kinder waren. Das hatte er nicht gewusst. "Es ist verständlich, dass es schwierig ist, plötzlich Vater von großen Kindern zu werden!", meinte ich. Dann begann ich ihn zu analysieren. Er sei eigentlich ein sehr trauriger Mensch, erklärte ich ihm. Seine böse, brutale Seite trat dadurch ein wenig in den Hintergrund.

Irgendwie kam ich zu Leuten, die sich mit einem Chinesen unterhielten. Es wirkte offiziell, als wäre es eine Konferenz. Ich wollte unbedingt mit diesem Mann sprechen. Das war aber nicht so einfach. Also versuchte ich es, indem ich in den Raum ging, in dem die Konferenz abgehalten wurde. Dann sah ich den Mann auffällig an. Er verstand mich zwar, reagierte aber nicht. Da versuchte ich dasselbe nochmals. Diesmal deutete er fast unmerklich, er werde gleich kommen.

Tatsächlich kam er. Wir fuhren mit dem Auto. Seine Frau und ein Mann begleiteten uns. Direkt wollte ich nicht sagen, was ich von ihm wollte. Mein Onkel habe früher eine chinesische Zeitung nach Hause gebracht, die hätte ich dann gelesen und sogar abonniert. So in der Art ging es weiter. Kurz waren wir bei uns zu hause, wo ich früher gewohnt hatte.

Plötzlich merkte ich, dass seine Frau und der Mann verschwunden waren. Der Chinese erklärte, sie sei ins Krankenhaus gegangen. Er wirkte sehr freundlich, aber irgendwie distanziert. Doch plötzlich änderte er sein Verhalten. Er wollte mich umbringen.

Samstag, 11. April 2020

Ich schlief (im Traum) tief und fest. M. rief nach mir, aber er konnte mich nicht wecken. Es dauerte lange, bis ich endlich erwachte. "Ich kann nur schwer einschlafen, aber wenn ich endlich schlafe, schlafe ich ganz tief und fest!", sagte ich.

Dienstag, 7. April 2020

Der Traum war nur halb bewusst, deshalb konnte ich mir nicht alles merken und auch nicht alles verstehen was geschah.

Einige Personen waren mir feindselig gesonnen. Das Seltsame war, dass sie etwas gegen mich unternahmen, was eigentlich hinter meinem
209

Rücken geschah. Trotzdem war es gleichzeitig so, als wäre ich in ihrer unmittelbaren Umgebung und konnte alles mitverfolgen was sie sagten und taten.

Diese Leute versuchten mich zu einer bestimmten Handlung zu bewegen. Das gelang ihnen aber nicht. Was immer sie auch taten, sie erreichten ihr Ziel nicht. Irgendwann schienen sie zu verstehen, dass ich das was sie erwarteten, niemals tun würde.

Sie unterhielten sich nun über mich und auch über verschiedene Vorkommnisse. Plötzlich änderten sie sich in ihrer Ausdrucksweise und ihrem Verhalten. Sie wirkten auf mich nicht mehr so extrem bösartig und aggressiv wie bisher, sondern ruhig und vernünftig. Das wunderte mich. Diese Leute sprachen über etwas Böses, Gefährliches, das irgendwo drinnen war. Vielleicht in einem Computer? Da kamen dann auch in diesem Zusammenhang D und Y zur Sprache. Ein Mann sagte über B: "Bei ihr herrscht das Chaos. Es wird eine Weile dauern, bis sie entgiftet ist." Ich wusste nicht, ob ihr Computer gemeint war, oder sie selbst.

Dann traten diese Leute eher in den Hintergrund und es ging nur mehr um Y und B. Sie hatten falsche Freunde, die sie zum Saufen animierten. Ich sagte: "Müsst ihr euch immer so versaufen? Manchmal glaube ich, ihr seid gar nicht meine Kinder!" An dieser Stelle änderte sich aber auch wieder das Traumbild, denn ich sah und bemerkte

210

zwar alles, war aber nicht wirklich anwesend, bei dem was ich sah und bemerkte. Deshalb wusste ich auch gar nicht mehr so genau, ob es sich wirklich um Y und B handelte, sondern um irgendwelche Jugendliche, die ich gar nicht kannte.

Mittwoch, 25. März 2020

Ich hatte fast lauter wirre Träume, die ich nicht erfassen konnte. In erster Linie ging es um Menschen, die sich irgendwo trafen. Sie standen in kleinen Gruppen beisammen, vermutlich in Häusern, oder in Gärten. Diese Leute konnte ich genau sehen, weil der Bereich, in dem sie sich befanden, hell erleuchtet war, während um sie herum Dunkelheit herrschte. Das Wort "Generalmobilmachung" drängte sich mir auf. Ich glaube es wurde nicht einmal gesagt, sondern nur von mir gedacht.

Donnerstag, 19. März 2020

Österreich hatte sich von der EU abgespalten. Dadurch hatte sich natürlich einiges im Land geändert. Es gab aber doch noch eine Verbindung zur EU. Auf welcher Ebene das war, weiß ich nicht genau. Vielleicht sogar bei der Währung.

Ich war mit der U-Bahn gefahren und stieg gerade aus. Plötzlich herrschte große Aufregung am Bahnsteig. Es gab dort eine Informationsstelle.

Einige Leute wollten etwas an diesem Schalter mitteilen, nur war leider niemand der Verantwortlichen da. Daher gingen sie wieder. Erst als ich kam, tauchte ein zuständiger Beamter auf. Ich erzählte ihm, was die Leute gesagt hatten. (Habe ich leider vergessen.) Das war für ihn jedoch nicht aufschlussreich.

Nun fiel mir ein, als ich in der U-Bahn war, hatte es eine Durchsage gegeben. Sie lautete: "An der Grenze hat es schon wieder einen Schießbefehl gegeben!" Das war wichtig und das interessierte auch den Beamten. Er sagte: "Aha!" Es war bereits der 2. Schießbefehl. Das sollte eigentlich nicht vorkommen. Der Beamte wollte heraus finden, ob der Schießbefehl immer von derselben Person gekommen war.

Dienstag, 17. März 2020

Es ging um meine Bilder, die ich für einige Räume gemalt oder gezeichnet hatte. Offenbar tat sich in dieser Hinsicht etwas hinter meinem Rücken. An den Anfang erinnere ich mich nicht genau. Die Erinnerung setzt an einem Punkt ein, wo jemand davon ausging, dass meine Bilder gestohlen worden waren.

Kurz danach fuhr an uns ein sehr großer, offener Wagen vorbei. Ein kleinerer LKW, dessen Ladefläche frei und offen einsehbar war. Darauf lauter Bilder. Das letzte Bild erkannte ich sofort.

Darauf sah man einen Fuß. Dieses Bild hatte ich gemalt. (Das stimmt mit der Realität überein. Allerdings habe ich es nur auf ein Papier gemalt, im Traum war es ein großes Bild auf Leinwand.) Offensichtlich hatte es jemand gestohlen.

Es sah aber nicht ganz genauso aus, denn es hatte im oberen Bereich noch mehrere andere Bilder, die ich nicht kannte.

Wir folgten dem Auto. Es fuhr sehr langsam, daher war es nicht schwer, ihm zu folgen. Wir waren am Kleinen Ring. Bei einem Haus hielt das Auto. Ich regte mich ziemlich auf und wollte die Polizei holen, wartete aber noch. Unklar war nämlich, ob die Männer die Bilder verkaufen wollten, oder ob sie gerade unterwegs waren, weitere Bilder zu stehlen.

Donnerstag, 5. März 2020

An den Traum kann ich mich nicht genau erinnern. Ich weiß nur noch, dass wir eine Straße suchten. Zu diesem Zweck hatten wir kleine Bücher in der Hand, vielleicht Buchpläne. Darin las ich. Viele Straßennamen, vermutlich in Wien, aber mit einer ungarischen Endung versehen. Leider habe ich den genauen Wortlaut vergessen, deshalb weiß ich nicht, ob es wirklich Ungarisch war. Real kann ich nicht Ungarisch.

Mich wunderten die Endungen. Es gab zwei verschiedene. Vielleicht bedeutet eine Endung

Gasse und die andere Straße, dachte ich. Es folgten weitere Überlegungen in dieser Hinsicht.

Dienstag, 3. März 2020

Mit welchen Personen ich zusammen war, weiß ich nicht. Wo ich war, weiß ich auch nicht. Es gab viele Gespräche. Unter anderem meinte jemand, ein Mann (dem Namen nach vermutlich Araber) würde in einem Haus in der Friedenszeile wohnen. Diese Person deutete in Richtung des Hauses. Es war aber nicht so ganz klar, um welches Haus es sich genau handelte. Aber so ungefähr wusste ich was gemeint war.

Später lief im Fernsehen eine eindrückliche Sendung. Eine Sprecherin sagte, ein Mann - sie nannte dessen Namen - sei extrem gefährlich. Das sollte man auch einigen Jugendlichen mitteilen, denn auch sie seien in Gefahr. Es handelte sich um denselben Mann, von dem ich wusste, dass er in der Friedenszeile wohnte. Man vermutete ihn aber in den USA. Ich habe vergessen wo genau, im Traum wusste ich es.

Plötzlich raste ein Auto heran und bremste knapp vor uns. Drinnen saßen einige Jugendliche. Ein Gesicht fiel mir besonders auf. Ein sehr junges Mädchen mit Sommersprossen und leicht rötlichem Haar, das wild wirkte.

Sollte ich die Polizei verständigen? Ich wusste es nicht. Jemand riet mir, anonym anzurufen. Das wollte ich auch nicht, denn ich fürchtete, man könne trotzdem heraus finden, dass ich angerufen hatte.

Samstag, 29. Februar 2020

Heute Nacht hatte ich lauter unausgegorene, zum Teil wirre Träume. Unausgegoren heißt, die Träume haben sich nicht bewegt. Es herrschte sozusagen Stillstand, nichts passierte. Fast wie im echten Leben, wenn man gerade nichts erlebt, weil niemand da ist.

Ein Satz: Die Funktionalität der Seele.

Ein dunkelgrüner VW Käfer, ziemlich alt, fuhr auf einen Platz und hielt.

Wir waren in einem Haus, das ich aus dem echten Leben nicht kenne. Offenbar drohte uns Gefahr, deshalb versuchten wir das Haus total abzuschließen. Das war ein Ding der Unmöglichkeit. Auf der Toilette gab es Fenster, die eine Oberlichte hatten, wie in den alten Zinshäusern. Dort oben hätte jemand eindringen können, stellte ich fest. Dieser Traumteil beschäftigte sich dann nur noch mit dem Absichern des Hauses.

Weil ich in der Nacht nicht richtig schlafen konnte, legte ich mich am Nachmittag hin - ließ das Internet Radio laufen - und konnte plötzlich schlafen. Ich begann zu träumen:

Unter anderen war S. da. Sie gab mir alte Sachen
von sich, die sie nicht mehr brauchte. Darunter
viele kleine Gegenstände, vermutlich Spielzeug.
Ihre Wohnung sah anders aus. Die Möbel waren
vielleicht neu. Sie waren eher dunkler. Ich wunderte
mich, dass sie so viele alte Sachen hatte, obwohl es
wenig Platz zum Verstauen gab.

Auch ich fand alte Gegenstände, an die ich mich
gar nicht mehr erinnern konnte. Wahrscheinlich
waren sie im alten Haus gewesen. Schließlich fielen
meine Schlüssel vom Schlüsselbund. Die Anhänger
hatte ich verloren, nur die Schlüssel waren noch da.
Ob es alle waren, wusste ich nicht. Z. war nun auch
da. Sie gab mir einen Schlüsselbund mit ganz alten
Schlüsseln, damit ich meine darauf hängen konnte.

Mittwoch, 26. Februar 2020

Ich unterhielt mich mit einer Frau. Die Frau wirkte
krank. Am Wochenende sei sie im Ausland
gewesen, meinte sie. Dann verabschiedeten wir
uns voneinander und sie wollte gehen.

Sie wäre mir dabei ziemlich nahe gekommen. "Ich
habe kein Corona!", sagte sie lachend. "Wo waren
sie dann am Wochenende?", fragte ich sie. "In
Großbritannien!" Da wurde ich plötzlich skeptisch:
"Na ja, dann sollte man vorsichtig sein!" Offenbar
war die Möglichkeit, sich in England anzustecken,
sehr groß.

Dienstag, 25. Februar 2020

Wir waren vermutlich in der Türkei. Dort wo wir wohnten, war eine Grenze in der Nähe und es gab nur wenige Häuser. Ein Jäger kam zu uns auf Besuch. Sein Gewehr hatte er bei sich. Der Mann bedankte sich bei mir, für etwas das ich irgendwann einmal für ihn getan hatte. Ich wusste nicht einmal im Traum, was das war.

M. wollte für den Jäger eine Pistole kaufen. Das konnte man dort über Internet machen, ohne sich bei der Polizei zu registrieren. Es genügte eine Unterschrift, um eine Pistole besitzen zu dürfen, aber die musste man zu Hause lassen. Wollte man eine Pistole mit sich herum tragen, benötigte man dann schon eine Registrierung.

Als ich sah, was M. machte, erklärte ich ihm, ich wolle auch eine Pistole haben. Dabei dachte ich an meinen Traum, der mir vor Jahren prophezeit hatte, ich würde wegen einer Krankheit später qualvoll ersticken. Damit das nicht passiert, würde ich mich erschießen können. Nun war die Gelegenheit gekommen, eine Pistole für diesen Fall zu kaufen. Das wollte ich ausnützen.

Zwar wusste M. nicht, weshalb ich eine Pistole haben wollte, aber er hatte nichts dagegen und bestellte auch eine für mich. Aber wie sollte ich sie nach Österreich schmuggeln? Darüber machte ich mir Gedanken.

Sonntag, 23. Februar 2020

Wo ich herum fuhr, wusste ich wahrscheinlich gar nicht. Irgendwo hielt ich. Es gab einen Stand, an dem Weine verkauft wurden. Obwohl ich lieber einen Fruchtsaft gekauft hätte, kaufte ich eine Flasche Rotwein. Dann fuhr ich nach Hause, wo auch immer das war. Zwei Frauen, die ich aus dem realen Leben nicht kannte, waren da. Offenbar waren wir Freundinnen. Ich schätzte sie auf ungefähr 30 bis 40 Jahre. Sie sahen durchschnittlich aus.

Der Wein war eine Überraschung. Die beiden Frauen freuten sich. Ich freute mich auch. (Real trinke ich keinen Wein, weil er mir nicht schmeckt.) Es war ein ganz besonderer Wein und die Flasche trug ein exklusives Etikett. Im Traum sah ich es nur undeutlich. Es war ein japanisches Motiv. Wahrscheinlich war der Wein aus Japan. Alles hatte auch mit Meer und Schiffen zu tun. "Zu diesem Wein müsste man sich passend anziehen! Ich habe ihn am Christkindlmarkt gefunden.", meinte ich lachend. "Du bist ja eher nicht passend gekleidet, aber du schon.", meinte ich zu den Frauen. Da sah ich sie erst genauer an. Eine trug zwei schlichte Schlabbershirts übereinander. Als sie sich bückte, blitzte eine kurze Hose hervor. Die hatte dicke Streifen. Die andere Frau hatte einen Matrosenanzug an.

(Anmerkung: Am Tag zuvor sahen wir uns eine Sendung im Fernsehen an, bei dem es um Alkohol freie Weine ging. Man sah einen Mann, der einen Matrosenanzug trug, wie der, den ich im Traum sah. Wir diskutierten darüber. Offensichtlich hat der Traum diese Bilder und das Thema aufgegriffen. Er hat es aber erweitert, indem er einen Bezug zu Japan herstellte und zum Christkindlmarkt herstellte. Der Christkindlmarkt findet zu Weihnachten in Wien statt.)

Jemand hatte S. einen, oder mehrere Wellensittiche geschenkt. Das wollte sie nicht, aber sie wurden ihr aufgedrängt. Es gab in diesem Zusammenhang einige Szenen, an die ich mich nur schwach erinnere. Kurz danach setzte sie sich und begann bitterlich zu weinen. Davon wurde ich wach.

Donnerstag, 20. Februar 2020

An den Traum kann ich mich nur undeutlich erinnern. Jemand wollte unbedingt in einen Keller. Eine andere Person wollte ich daran hindern. Da sagte er zu der anderen Person: "19 Millionen Dollar! Aber 19 Millionen Dollar!" (Anmerkung: Ganz sicher bin ich mir nicht, ob es 19 oder 18 Millionen hieß.) Entweder befand sich in diesem Keller so viel Geld, oder er musste dort etwas bestimmtes machen, um das Geld zu bekommen.

Freitag, 14. Februar 2020

Viele fremde Menschen. Eine Frau begann gespreizt zu reden, als wäre sie eine Romanfigur, oder als würde sie eine Rolle am Theater spielen. Das fand ich komisch. Sie tat es aus Überzeugung, weil ihr die deutsche Sprache so wichtig war. Wahrscheinlich war auch die Rede von Prag. (Vor dem Krieg sagte man, das schönste Deutsch werde in Prag gesprochen.) Die Frau sprach aber im Grunde genommen kein schönes Deutsch, sondern ein künstliches.

Danach war ich in unserem alten Haus, im ersten Stock. Irgendwo hatte ich ein Kleinkind gefunden, dessen Augen mit einem dicken Klebeband verklebt waren. Zuerst dachte ich, ein Stirnband sei nur verrutscht, doch dann sah ich, es war ein Paketband aus Plastik. Mühsam befreite ich das Kind davon. Das war nicht leicht, denn es klebte sehr stark an den Haaren.

Endlich war der Kopf frei, da musste ich feststellen, das ganze Kind war mit diesem Klebeband umwickelt und damit gefesselt. "Wir werden die Polizei verständigen!", sagte ich zu dem Kind und befreite es mühsam auch vom restlichen Klebeband.

Es waren nun auch noch andere Personen anwesend, wobei ich nicht weiß, wer das war. Das Kind legte ich ab und ging ins Parterre. Alles war voll Staub, die Wände abgeschlagen, ein Fenster im

Wohnzimmer war entfernt worden. Ein junger Mann, offenbar ein Handwerker, saß inmitten des Drecks auf einem Stuhl und starrte vor sich hin.

Da sah ich das Kind im Raum stehen. Wie konnte es unbemerkt herunter gekommen sein? Es war nackt. Erstaunt sah ich auf dessen Hinterteil. Es hatte einen kleinen Schwanz. Warum man ihm den nicht entfernt hatte? Darüber grübelte ich, aber ich musste auch lachen, weil ein Kind mit Schwänzchen schon etwas seltsam aussieht. Es war kalt. Ich nahm das nackte, mit Staub bedeckte Kind auf meinen Arm und trug es nach oben. Dabei schimpfte ich über den Arbeiter, weil dieser sich nicht um das Kind gekümmert hatte. Diesem schien das egal zu sein.

Später hatte ich noch einen Traum, den ich aber leider komplett vergaß, bis auf einen Satz: "Wir sind hier in Nebraska!"

Mittwoch, 12. Februar 2020

Wir waren irgendwo unterwegs. Wo das war, weiß ich nicht. Zwei Frauen lernte ich kennen, mit denen ich mich unterhielt. Es stellte sich heraus, dass sie Kolleginnen waren. Zwar arbeitete ich dort schon lange nicht mehr, aber zumindest eine von ihnen hatte von mir gehört. Das stellten wir fest, als ich meinen Vornamen nannte. "Arbeitet ihr noch?", fragte ich die Beiden. Sie sahen nicht jung aus, ihr Alter konnte ich aber nicht schätzen. Eine sagte:

"Ja, ich arbeite noch!", die andere meinte: " Ja, aber nicht mehr lange!" "Ich arbeite am 48er.", erklärte die erste. Sie wirkten irgendwie unlustig. Als hätten sie keine Freude in ihrem Leben.

M. war auch da. Er fuhr mit seinem Auto weg und ich glaube, eine Kollegin nahm er mit. Ich nahm die andere mit meinem Auto mit. Was sich als sehr schwierig heraus stellte.

Zuvor hatten wir gemeinsam eingekauft und ich hatte mehrere Säcke voll mit Lebensmitteln. Als wir zum Auto kamen stellte ich fest, es war total mit irgendwelchen Sachen voll gestopft. (Letzteres entspricht der Realität, denn ich hatte am Tag zuvor aus dem alten Haus Müll mitgenommen, konnte ihn aber nicht entsorgen, weil die Container alle voll waren.) Das war natürlich unangenehm, doch sie nahm es hin. Es folgte ein langes Ausräumen und Umpacken, bis wir endlich alles verstaut hatten. Dann fuhren wir endlich los.

Sonntag, 9. Februar 2020

Gerade erst hatten wir uns ein neues Haus gekauft. Doch schon kurz danach bekamen wir wieder ein anderes. Wie das möglich war, weiß ich nicht, vermutlich hatten wir es auch gekauft. Nun ging alles wieder von vorne los. Alles erneuern, renovieren und die ganzen Sachen ins neue Haus bringen. Das freute mich eigentlich nicht, trotzdem scherzte ich, weil das neue vom alten Haus nur wenige Schritte entfernt lag.

Samstag, 8. Februar 2020

Wir hatten unser Haus verkauft (real). Der neue Besitzer teilte mir mit, dass man ein Buch von mir gefunden habe, ob ich es nicht mehr brauchen würde. Das Seltsame war, dass man nun aber nicht mehr wusste, wo es war.

Wir gingen in das alte Haus. Die Wände waren extrem schlecht, stellte ich fest. Mein Opa hatte, als er das Haus baute, ganz seltsame Dinge gemacht. In die Wände hatte er Bretter und auch schlechte Bilder eingebaut. Als ich das nun weg nahm, wurde die dicke Mauer gleich viel dünner. Alles war lose, Steine brachen heraus, es sah aus, als würde das Haus bald einstürzen. Dann nahm ich die Einbaukästen heraus. Dahinter befand sich ein riesiger Raum, den ich staunend betrat: "Wir hätten einen Palast haben können, wenn wir das gewusst hätten!", meinte ich überrascht.

Allerdings war der Fußboden nur aus dünnen Sperrholzplatten. Ich hatte ständig Angst, das Haus könne unter unserer Last zusammen brechen. Während wir durch die unbekannten Räume gingen, erzählte ich von einem Tagebuch. Kurz schien ich es auch in der Hand zu halten. An sich waren die Räume total leer. Doch dann bemerkte ich ganz hinten ein Regal mit Büchern. Als wir dort ankamen, waren sehr viele Leute dort. Offenbar waren es Gäste des neuen Besitzers. Teilweise konnte ich deutlich hören, was sie sagten.

An der Wand befand sich also das Regal, welches offenbar mir gehört hatte. Alles wirkte strahlend und gar nicht alt, oder schäbig. Viele bunte aber auch manche glitzernde Bücher waren drinnen. Gemalte Bilder, an die ich mich nicht erinnern konnte, hingen an der Wand. Jemand sagte: "Niemanden hat das interessiert, keiner hat es gelesen!" Damit meinte sie meine Bilder und auch einige Bücher, auf welche sie direkt hin wies. Wahrscheinlich hatte ich sie geschrieben. Einige Leute trugen weiße Gewänder und große Anhänger. Sie wirkten wie von einer Sekte, oder von einer Geheimgesellschaft. Die Kleidung ließ sie weise und würdig erscheinen. Gönnerhaft sahen sie mich an. Es gefiel ihnen hier und was sie lasen, gefiel ihnen noch mehr. Sie fühlten sich von meinen Aussagen in einigen Büchern angesprochen und hielten mich für eine von ihnen. Dabei wusste ich eigentlich nicht wer sie waren, obwohl ich wahrscheinlich kurz den Namen ihrer Gesellschaft wusste. Auch den neuen Besitzer traf ich dort wieder. Es störte ihn nicht, dass ich meine Sachen nun einzupacken begann.

Es waren so viele Bücher und Bilder welche ich einpacken musste, dass ich unbedingt dazu Hilfe brauchte.

2. Traum

Wir hatten einen Besucher, der uns (real) vor einigen Monaten besucht hatte. Wobei es nicht so ganz klar war, ob er wirklich diese Person war, weil ich nicht genau sagen kann, wie er aussah. Gekommen war er mit einem alten, total kaputten Auto. Mit dem konnte er nicht nach Hause fahren. Deshalb brachte ich ihn mit meinem Auto zum Flugplatz. Als wir unterwegs waren, kamen wir durch eine Gegend in der es noch nicht sehr viele Häuser gab. Es waren aber doch schon mehr als bei seinem letzten Besuch. Das stellte er erstaunt fest. Ich dachte: "Warte nur, wie es hier aussehen wird, wenn du das nächste Mal kommst!", aber das sagte ich dann doch nicht. In der nächsten Zeit würde es dort eine rege Bautätigkeit geben, wusste ich plötzlich.

Donnerstag, 6. Februar 2020

In letzter Zeit kann ich schwer einschlafen. Vermutlich weil ich erst spät schlafen gehe, obwohl ich schon extrem müde bin. Dann bin ich richtig überdreht. Dazu kommt, dass meine Füße wieder schmerzen.

Mir geht dann sehr viel im Kopf herum, die Gedanken springen hin und her und ich habe oft das Gefühl, dass sie von selbst kommen und nicht von mir produziert werden. Das ist ein eigenartiger

Zustand. Man ist wach und doch auf einem anderen, als dem normalen Level.

In diesem Zustand tauchte folgender Satz auf: "Als nächstes krachen China und Japan aneinander!"

Dieser Satz wurde von mir nicht gehört und eben nicht von einer Traumgestalt gesagt. Es gab auch kein dazu gehöriges Traumbild. Eine Erklärung, was dieser Satz nun genau bedeuten soll, gab es auch nicht. "Krachen aneinander", könnte wirtschaftlich, politisch, oder gar militärisch gemeint sein. Aber es könnte sich auch um geologische Ereignisse handeln. Ich habe keine Ahnung und bin schon gespannt, ob etwas in dieser Richtung passieren wird.

Montag, 3. Februar 2020

Am Abend vor dem Traum sah ich im Fernsehen eine Dokumentation über den Vesuv und andere Vulkane in Italien. Offensichtlich wurde der Traum davon ausgelöst. Das kommt vor.

Leider weiß ich nicht, wo wir waren. Es befanden sich zumindest zeitweise Menschen in meiner Nähe, die ich im Traum kannte. Doch wahrscheinlich waren es keine Bekannten aus dem realen Leben. Meine Mutter war auch da, ich erlebte diese Frau als meine Mutter, weiß aber nicht, ob sie es tatsächlich war. Einmal sagte sie zu mir: "Du wirst ihm immer ähnlicher!" Damit meinte sie meinen Vater. Darüber dachte ich nach, weil ich
226

ihn (real) nur bis zu meinem 3. Lebensjahr erlebt hatte. Mir fehlte daher der Vergleich, in welcher Weise ich ihm immer ähnlicher werden würde. Mich beschäftigte dieser Gedanke weiterhin, während die Handlung ablief.

Wir waren ganz in der Nähe eines Vulkans. Viele Menschen befanden sich an seinen Hängen, was ich nicht verstehen konnte. Wie konnten sie sich so in Gefahr bringen? Sie hatten offensichtlich keine Angst. Doch plötzlich realisierte sich meine Ahnung. Der Berg brach aus. Wenigstens glaubte ich das.

Wir waren zum Glück doch relativ weit weg und ich reagierte auch sehr schnell. Deshalb geschah uns nichts, während wir flohen. Die Menschen an den Hängen wurden regelrecht abgeschüttelt. Es regnete in Strömen. Wahrscheinlich wurden sie vom Wasser weg geschwemmt. Feuer, oder Asche sah ich nicht. Flüsse bildeten sich, von denen alles mitgerissen wurde, was im Weg stand. Es war, als würden Teile des Berges abbrechen und die darauf befindlichen Menschen mit in die Tiefe reißen. Wahrscheinlich gab es ein starkes Erdbeben. Es war schrecklich.

Das Seltsame war, dass rund um uns niemand Angst vor dem Vulkan hatte. War das also gar kein Ausbruch, sondern nur eine andere, harmlosere Naturkatastrophe? Dort wo wir nun waren, konnte ich den Berg nicht mehr sehen. Obwohl ich einen Ausbruch befürchtete, wagte ich mich wieder ein Stück zurück. Alles wirkte normal und unaufgeregt, während ich verängstigt und nervös einen Platz suchte, von dem aus ich den Berg sehen konnte, ohne in Gefahr zu geraten. Den fand ich nicht.

Irgendwo konnte man ein Stück nach unten, ins Erdinnere. Es war entweder ein Schacht in einer unbelebten Gegend, oder ein U-Bahn-Schacht. Als ich drinnen war, berührte ich mit den Händen die Wand. Sie war sehr heiß. Also war er doch aktiv und stand kurz vor dem Ausbruch. Das sagte ich jemandem. Was ich gesehen hatte, war sozusagen ein Vorbote.

Zwei Männer unterhielten sich. Sie waren Brüder. Einer sagte spöttisch: "Jetzt wird aus deinem tollen Plan wohl doch nichts! Du hast zwar das Land gekauft, aber es wird vom Vulkan verschlungen werden!"

Mittwoch, 29. Januar 2020

Wo ich war, kann ich nicht sagen. Die Umgebung kam mir nicht bekannt vor. Ich befand mich in einem Raum und tat etwas, mit dem ich aber Schwierigkeiten hatte. Was das war weiß ich auch nicht mehr. Putin kam hinzu und half mir. Mindestens dreimal übernahm er das, was eigentlich ich hätte tun sollen. Zumindest die dritte Handlung hatte mit einem Pulver zu tun, welches man mit Hilfe einer speziellen kleinen Schaufel in ein Gerät geben musste. Zwischendurch umarmte

228

er mich und flüsterte mir auch etwas ins Ohr dabei. Ich verstand kein Wort.

Putin war extrem freundlich, hilfsbereit und fast zärtlich. Das wunderte mich, weil das ganz und gar nicht zu ihm zu passen schien. Als er mich zum letzten Mal umarmte, veränderte sich etwas. Ich musste die Knie etwas beugen, weil sich der Größenunterschied geändert hatte. "Das war jetzt seltsam!", sagte ich zu ihm, "Ich komme mir auf einmal so groß vor und sie so klein!" Tatsächlich schien ich viel größer als er zu sein, was davor nicht der Fall war. Er lächelte, ohne beleidigt zu sein.

Nun wich meine Sympathie für ihn wieder, die er durch sein Verhalten bei mir ausgelöst hatte. Ich begann zu grübeln. Hatte er mich umarmt, weil er mir etwas gegeben hatte, um meinen Verstand zu verwirren? Was mag er zu mir gesagt haben? War es etwas Drohendes, was mich - in Kombination mit einer Droge - in Panik hätte versetzen sollen? Ganz sicher hatte sich nicht meine Größe verändert, das war mir klar, denn das wäre ja unmöglich gewesen. Also blieb nur die Erklärung, einer Droge ausgesetzt worden zu sein. Vielleicht hatte er mich so testen wollen, um zu erfahren, ob ich vor ihm Angst hatte. Da ich total unbefangen war und auch blieb - vielleicht nur deshalb, weil ich nicht verstanden hatte, was er zu mir sagte - schien er beruhigt gewesen zu sein.

Als ich an mir hinunter blickte, sah ich meine nackten Beine genauer an. Entsetzt musste ich feststellen, dass sie stark behaart waren. Es sah fast aus wie ein Fell. Das erschreckte mich und es wunderte mich auch. Wie war das denn möglich? Das Traumbild ging ab da in Überlegungen über. In erster Linie fragte ich mich, wie ich die Haare entfernen könnte. Rasieren würde da vermutlich nicht wirklich helfen.

Montag, 27. Januar 2020

Offenbar hatte ich mich sehr spontan entschieden, eine weite Flugreise zu machen. Leider erinnere ich mich nicht mehr genau, wohin es gehen sollte. Jedenfalls Richtung Indien, oder Hinterindien. Das Ticket besorgte ich mir, dann wartete ich. Da war ich noch zu Hause.

Eineinhalb Stunden vor dem Abflug sollte ich auf dem Flugplatz sein. Es war entweder drei in der Früh, oder ich sollte um drei wegfahren. Weil ich noch etwas Zeit hatte, legte ich mich kurz hin - und schlief natürlich gleich ein, denn ich war unsagbar müde. Als ich aufwachte, war es schon ziemlich knapp. Ich hatte verschlafen. Wie sollte ich so schnell zum Flugplatz kommen? Die letzte Möglichkeit war ein Taxi. Das wollte ich aber wirklich nur nehmen, wenn es nicht mehr anders ging. Es war mir schlicht zu teuer. Offenbar hatte ich wenig Geld. Das würdee aber nichts machen, weil das wenige Geld in dem Land, in welches ich fahren wollte, viel wert war.

Es folgten nervige Szenen. Als ich zum Bus ging - ich wohnte noch dort wo ich bisher real gewohnt hatte - fuhr dieser gerade weg. Es würde wahrscheinlich viel zu lange dauern, bis der nächste käme. Dann stellte ich fest, dass ich nichts gepackt hatte. Kleidung könne ich mir am Ankunftsort kaufen, dachte ich. Trotzdem hätte ich noch einiges gebraucht und deshalb musste ich wieder nach Hause.

So ging es den Rest des Traums dahin. Obwohl die Zeitnot im Vordergrund stand, schien es sich theoretisch immer noch rechtzeitig auszugehen, wäre ich nur endlich gefahren. Aber immer wieder kam etwas dazwischen.

Schließlich war ich wieder zu Hause. Der Hund war da. Das machte mir Sorgen, an ihn hatte ich bisher nicht gedacht. M. würde ihn sicher nur mit Dosenfutter versorgen, welches er nicht vertrug. Trotzdem machte ich mich erneut auf den Weg. Doch diesmal schien es wirklich schon zu spät zu sein. Ich dachte nach, ob der Flug nicht verschoben werden könne, ich würde es nicht schaffen. Es wäre ein Nachtflug gewesen. Da hätte ich bequem im Flugzeug schlafen können. Nur musste ich eben so zeitig in der Früh weg. Vielleicht wäre ein späterer Flug sowieso besser.

Samstag, 25. Januar 2020

Leider war ich zu faul aufzustehen, um den Traum mitten in der Nacht zu notieren. Deshalb habe ich fast alles vergessen. In Erinnerung blieb mir nur, dass es um einen Außerirdischen ging. Er war männlich und sah ganz normal aus, also wie ein Mensch. Der Alien stand irgendwo oben, hob die Hand wie zum Gruß und rief:" Ich bin hier!" Vermutlich war er der einzige seiner Art, zumindest im Moment. Eine Gefahr stellte er nicht dar, denn er war freundlich und friedlich.

Freitag, 24. Januar 2020

Vom heutigen Traum habe ich mir nur zwei Szenen gemerkt.

Jemand in meiner Umgebung hatte Kontakt zu einem wichtigen Mafia Mann. Naturgemäß war dieser Mann sehr gefährlich. Das war mir zwar bewusst, aber trotzdem redete ich mit ihm in einer humorvollen Art und nahm ihn "auf die Schaufel", wie man bei uns sagt. Plötzlich packte er mich am Hals und hob mich hoch. Ich war überrascht, weil es nicht weh tat und ich auch genug Luft bekam. Angst hatte ich auch keine, denn ich sah, wie er ein wenig lächelte. Gleich darauf ließ er mich wieder hinunter. Eigentlich wollte ich sagen, er sei ganz schön stark, doch das ließ ich dann lieber bleiben. Stattdessen umarmte ich ihn, wie man einen Vater umarmt. Das gefiel ihm ebenso, wie meine kleinen Frechheiten ihm zuvor gefallen hatten.

Etwas (ich erinnere mich nicht mehr was es war) hatte ich gemacht. Das half anderen Leuten. Eine Jüdin kam aus diesem Grund zu uns. Ob sie aus Israel war, weiß ich nicht. Sie schien eine wichtige Person zu sein und sie wirkte sehr beeindruckend. Mich ignorierte sie allerdings aus einem unerfindlichen Grund. Schließlich war sie gerade wegen mir gekommen. Offenbar war ihr dies aber nicht bewusst. Mich ärgerte ihre Ignoranz. Dann sagte ich etwas auf Französisch zu ihr. Es war nur ein Wort. Da sah sie mich kurz an, antwortete auf Französisch, um mich gleich wieder zu ignorieren.

Mittwoch, 22. Januar 2020

Ich sah mit meine Banksachen an und kam auf die Idee, bei einer anderen Bank ein Konto zu nehmen. In der Hand hielt ich ein kleines Formular, auf dem ich alle meine Daten eintragen sollte. Wie in Träumen üblich, war das ein Ding der Unmöglichkeit. Ständig irrte ich mich, obwohl ich sehr sorgsam alles zu tun versuchte. Schließlich erklärte ich den Kindern, ich würde wohl besser direkt zur Bank gehen und das alles von den Angestellten eintragen lassen. Eine Tochter meinte: "Aber nicht wieder undercover?" Ich war überrascht, wie sie darauf kam. "Undercover? Wie kommst du darauf?", antwortete ich erstaunt. Man sagt doch nie wer man ist, wenn man sich erkundigt, wie ein Konto aussehen würde.

Dienstag, 21. Januar 2020

Bei einer Straßenbahnhaltestelle bot ein Mann ganz frech Welpen an. Er erklärte sogar, ein Dokument dazu zu geben. Was für eines das sein sollte, wusste ich nicht. Tatsächlich hatte er schon einige Hunde verkauft. Zwei waren noch da. Auch mir bot er sie an.

Im Handy suchte ich nach einer geeigneten Telefonnummer, die ich hätte anrufen können. Über google fand ich nichts. Das dauerte alles so lange, aber zum Glück war der Mann noch da. Schließlich ging er in ein Geschäftslokal. Ich glaube es war ein kleiner Friseursalon. Ich beobachtete ihn, während ich weiter suchte.

Krampfhaft versuchte ich auch das Straßenschild zu lesen, was mir nicht gelang. Schließlich musste ich ja sagen wo ich war. Das ging nicht. Stattdessen las ich ein großes Schild, auf dem der Weg irgendwohin gewiesen wurde. Ich glaube es stand dort: Oper! Allerdings bin ich mir nicht sicher. Die Nummer der Straßenbahn wusste ich auch nicht mehr.

Schließlich fand ich eine Telefonnummer der Polizei, die zu passen schien. Dort rief ich an und schon bald tauchte eine Polizistin auf. Wahrscheinlich trug sie Zivilkleidung. Sie erklärte mir, eigentlich nicht die richtige Person zu sein, übernahm den Fall aber.

Nachdem ich ihr gezeigt hatte, wo der Mann war, gingen wir zu dem Frisörgeschäft. Drinnen fanden wir etwas Seltsames.

Ein eher jüngerer Mann hatte angebliche Zwillinge auf einen Tisch gelegt. Es waren aber die Körper von Kindern und die Gesichter von Erwachsenen. Das irritierte mich etwas, trotzdem ging der Traum ganz normal weiter. Die Polizistin schritt schon ein. Der Mann sollte die Papiere der Zwillinge her zeigen. Da unterbrach ich sie und sagte: "Das ist nicht der Richtige!" Erst dachte ich, der Mann den wir suchten sei mit den Hunden schon weg, doch dann entdeckte ich ihn in einem anderen Raum. Man musste an einer blauen Wand vorbei gehen, dann konnte man in den Raum sehen, in welchem er sich befand.

Er bot auch der Polizistin die Hunde an. Ob sie nicht gleich beide Hunde nehmen würde, fragte er sie. "Oder nehmen sie wenigstens die Kleine!", hörte ich ihn noch sagen. Nun begann sie zu amtshandeln. Für mich war der Fall erledigt.

Doch in einem anderen Raum fand ich mein Auto. Jemand hatte es gestohlen und die Räder abmontiert. Statt nun die Polizistin zu verständigen, ging ich erst einmal nach Hause. Dort erzählte ich es jemandem.

Sonntag, 19. Januar 2020

Als ich zu einem alten Haus kam, das zur Hälfte uns gehörte, war ich über die andere Hälfte des Hauses erstaunt. Es gab viele morsche Holzteile, alles schien irgendwie verfallen zu sein. Diese Hälfte gehörte K., einer weitschichtigen Cousine. Ihr Sohn war da. (Es gibt ihn real, aber nichts an ihm stimmte mit der Realität überein.) Es gab auch einen Zwischenraum zwischen den Häusern.

Der Mann war ziemlich abweisend. Eine Nachbarin kam auch hinzu. Vielleicht waren wir in der Türkei? (Ich glaube ich kenne sie real.) Er mochte meine Familie nicht, was er auch gleich deutlich sagte, ohne zu wissen wer ich war. Als ich meinte: "Das bin ich!", war er überrascht. Die Nachbarin hielt ihm die Hand zum Gruß hin. Das ignorierte er.

Es war schwer, sich mit ihm zu unterhalten, denn er konnte weniger gut Deutsch, wie die meisten Ausländer. Das wunderte mich auch. Anscheinend war er gerade dabei das Haus zu renovieren. Aber es war klar, dass er das alleine nicht schaffen konnte. Alles in allem war es eine sehr unerfreuliche Begegnung.

Freitag, 17. Januar 2020

Y. hatte vorgeschlagen, ein Theaterstück anzusehen. Wir gingen hin. Wer aller mit war, weiß ich nicht so genau. Jedenfalls war auch noch Bu. dabei.
236

Wir setzten uns auf den Balkon. Von dort aus konnte man gut sehen. Karten hatten wir aber keine. Es gab nur wenige Zuschauer. Das Stück war unbekannt, die Schauspieler auch. Wir warteten auf den Beginn. Dann dachte ich, es sei vielleicht besser eine Karte zu kaufen. Ich ging hinunter, man schickte mich zur Managerin. Sie verlangte mehr als 200,--€. Wäre es billiger gewesen, hätte ich für die anderen auch Karten genommen. Aber so viel Geld wollte ich für einen Theaterabend nicht bezahlen. Die Managerin gab mir keine Karte, sondern kleine Brocken eines harten Gegenstands. Das wunderte mich schon. Wollte sie das Geld für sich behalten?

Als ich wieder oben war, bemerkte ich Aufruhr. Man hatte doch gemerkt, dass einige Personen keine Karte hatten. Ich zeigte die Brocken her. Darüber wunderte man sich, akzeptierte es aber. Die Leute wurden umgruppiert und meine Angehörigen entlarvt. Jemand regte sich über sie auf. Die Theatergruppe habe sowieso so wenig Geld, wurde gesagt. Alle gingen. Ich wartete kurz, dann stand ich auf und sagte: "Mir geht das langsam auf die Nerven! Ich warte jetzt schon so lange auf den Beginn, für mich ist das schon zu spät, ich muss morgen aufstehen und arbeiten gehen!" Dann ging ich auch. Y. war noch da, der ich meine Karte anbot, aber sie lehnte ab und ging auch weg.

Als ich draußen war, waren alle verschwunden. Ich fuhr nach Hause. Mir fiel unterwegs auf, dass ich im

Brustbereich leicht blutete. Erst zu Hause bemerkte ich einen tiefen Schnitt in der Brustwarze.

Wir diskutierten noch über das Stück. Dabei hätte ich geschlafen und wisse deshalb nicht, worum es gegangen war, meinte ich. Der Preis sei viel zu hoch. Um das Geld hätte man schon ins Burgtheater gehen können, fügte ich hinzu. Dabei handelte es sich um eine kleine Bühne einer extrem linken Theatergruppe.

Nachdem ich meine Verletzung hergezeigt hatte, diskutierten wir darüber, ob ich ins Krankenhaus gehen sollte. Meine Mutter (real schon verstorben) meinte, es könne zu einer Infektion kommen, ich solle es behandeln lassen. Also ging ich. Draußen stand ich jedoch nur ratlos herum. In welches Spital solle ich gehen? Lieber ging ich wieder nach Hause und fragte dort, wohin ich gehen solle.

Dienstag, 14. Januar 2020

Es gab so etwas wie einen Wettbewerb, an dem ich mich offenbar beteiligt hatte. Es gab nur zwei Personen, die für diesen Preis infrage kamen. Eine davon war ich. Nun hieß es abwarten, bis eine Entscheidung zwischen uns beiden getroffen wurde. Die Jury beriet bereits darüber.

Das Warten war unangenehm. Ich begann darüber nachzudenken, wieso ich überhaupt in die engere Auswahl gekommen war, denn ich hatte noch keinen Roman geschrieben. Deshalb zweifelte ich
238

plötzlich auch daran, den Preis zu erhalten. Nach langem Nachdenken fiel mir ein, dass zwei renommierte Verlage bereits je eine Kurzgeschichte von mir veröffentlicht hatten. (Das entspricht nicht der Realität und deshalb glaube ich auch nicht, dass ich von mir selbst geträumt habe. In letzter Zeit lese ich oft was junge Autoren über sich schreiben.) Mir fielen aber die Namen der Verlage nicht ein, obwohl ich mir den Kopf darüber zerbrach.

In der Jury saß auch ein Mann, der meine bisherigen Veröffentlichungen kannte. (Dabei handelte es sich um eine real existierende Person und um meine real existierenden Veröffentlichungen.) Ich dachte, wenn sie diese Werke kennen, werden sie mich sicher nicht auswählen. Denn dazu war das alles viel zu persönlich. Obwohl ich ja nicht bei der Beratung anwesend war, wusste ich, was die Leute sagten. Jemand meinte, ich hätte nur Andeutungen machen können, was meine damalige Situation betraf. Jetzt würde ich jedoch alles ganz deutlich schreiben können, sollten sie mich auswählen.

Es war eine etwas seltsame Szene. Eigentlich spielte ich mehr oder weniger auf der Straße irgendwo mit, aber es schien trotzdem ein Casino zu sein. Wie das Spiel funktionierte wusste ich nicht, deshalb machte ich alles intuitiv.

Es gab einen großen Apparat mit großem Bildschirm. Auf dem Bildschirm musste man

239

entweder etwas drücken, oder aber etwas richtig einstellen. So genau erinnere ich mich nicht. Anscheinend machte ich zwar alles richtig, aber es kam kein Geld, sondern zuerst Ware und dann Bälle mit Zahlen darauf, sowie Chips, wie man sie im Casino hat.

Ich stellte etwas ein und schon kurz danach kam jemand und servierte viele Lebensmittel. Ich glaube es war wie in einem Caféhaus. Das ging so weiter, die Gewinne häuften sich. Doch dann musste ich kurz weg. Als ich wieder kam, war nicht mehr so ganz klar, ob die Gewinne noch vorhanden waren, oder ob jemand sie mir gestohlen hatte. Das blieb mehr oder weniger offen. Jemand hatte das Tor zur Garage geschlossen, merkte ich, als ich durch das Fenster sah. Auch sonst war alles verschlossen und in einer Einfahrt (die es real bei mir zu Hause nicht gibt) standen Autos. Es könnte sein, dass eines der Autos einer meiner Gewinne war. Ich vermutete auch, M. habe vielleicht einiges im Keller verstaut und deshalb das Garagentor zugesperrt.

Montag, 13. Januar 2020

Gerade war ich dabei, dünne Metallstangen zusammen zu stecken. daraus sollte ein Gebilde werden, welches in eine Auslage kommen sollte. Das hatte sowohl mit Büchern, als auch mit Schokolade zu tun. Doch eine Frau nahm mir meine Idee weg. Bei ihr klappte es nicht so, wie sie es sich

240

vorgestellt hatte. Plötzlich meinte sie: "Nein, das ist nicht gut!" Es hätte eigentlich gegen das Buchgeschäft im allgemeinen gehen sollen. Sie wollte mit ihrem Projekt die Verlogenheit des ganzen Systems anprangern. Worum es dabei genau ging, habe ich vergessen. Gesagt wurde von jemandem: "Nein! Es wird sowieso so viel Schokolade eingeschmolzen!"

Nachdem sie eine Kehrtwendung eingelegt hatte, kam sie ganz groß mit ihrem Projekt heraus. Eine große Buchhandlung brachte es. Deutlich konnte ich lesen, welche Kooperationen es gab. Offenbar hatte das internationale Dimensionen. Ich lachte und sagte zu mir selbst: "Aha! Die Revolution wurde abgesagt!"

Für mich hatte das alles keine unmittelbaren Konsequenzen. Mir hätte das ja nicht passieren können, weil ich meine Meinung nicht änderte.

Sonntag, 5. Januar 2020

Ich konnte mir vom ganzen Traum nur merken, dass anscheinend meine Tasche gestohlen wurde. Darüber regte ich mich auf. Nachdem ich sie in ein Auto gelegt hatte, war sie weg, obwohl ich die ganze Zeit über beim Auto gewesen war. Es war nicht möglich festzustellen, wer als Dieb infrage kam. Wahrscheinlich war gar niemand in der Nähe gewesen. Zumindest hatte ich niemanden bemerkt.

Freitag, 3. Januar 2020

Der Traum war etwas undeutlich. Betroffen waren unsere früheren Nachbarn, die gegenüber von uns gewohnt haben. Die Personen sahen aber anders aus, als sie real aussehen. Deshalb ist es unsicher, ob sie wirklich betroffen waren.

Chr. hatte große Probleme. Anscheinend waren es Probleme finanzieller Natur. Ihr Verwandter, der bei ihr im Haus gewohnt hatte, war ausgezogen. Das kam ziemlich plötzlich. Ob das Haus noch beiden gemeinsam gehörte, oder ob sie ihren Anteil schon ihm überschrieben hatte, war unklar. Aber wahrscheinlich hatte sie ihren Teil schon überschrieben, denn sie hatte zu wenig Geld, um ihn auszuzahlen. Er wollte, dass sie auszieht.

Mit diesem Problem beschäftigte ich mich. Irgendwie müsse es doch möglich sein, ihr zu helfen, dachte ich.

Mittwoch, 1. Januar 2020

Zwei Männer beschatteten mich. Das bemerkte ich sehr bald. Sie waren zwar nicht gefährlich, aber ich empfand sie als lästig. Deshalb versuchte ich sie abzuschütteln. Es war nicht ganz klar, ob sie gleich zu Anfang merkten, dass ich sie bemerkt hatte. Abschütteln konnte ich sie jedenfalls nicht. Dabei ging ich sogar in ein Hallenbad, weil ich dachte, dorthin würden sie mir wohl nicht folgen. Sie taten es doch.
242

Das Bad wirkte sogar im Traum total fremd. Als ich ins Becken steigen wollte bemerkte ich, dass man das Wasser fast ganz ausgelassen hatte. Schwimmen konnte ich dort also nicht. Nachdem ich einige Zeit dort herum gegangen war, verließ ich es wieder.

Die Männer glaubten, ich würde mich mit gefährlichen Leuten treffen wollen. Das war natürlich nicht der Fall. Zufällig begegnete mir Bu., oder jemand den ich für sie hielt. Obwohl ich dachte, sie sei es, kam sie mir doch irgendwie fremd vor. Also war sie es wahrscheinlich nicht. Sie wollte shoppen gehen. Das wollte ich zwar nicht, aber ich begleitete sie dennoch ein Stück. Während wir uns unterhielten dachte ich darüber nach, ob es für sie schlecht sein könnte, mit mir gesehen zu werden. Ändern konnte ich es jedoch nicht.

Die beiden Männer tauchten auch schon bald wieder auf, nachdem ich schon gehofft hatte, sie endlich los zu sein. Diesmal unterhielten sie sich mit mir. Ich dachte nach, ob sich in diesem Moment ein alter Traum erfüllen würde. Vor längerer Zeit hatte ich geträumt, Verfolger würden mit mir plötzlich in direkten Kontakt treten. (Anmerkung: diesen Traum hatte ich real vor einiger Zeit.) Allerdings lief der Kontakt nicht so wie im Traum ab. Sie drohten mir nämlich indirekt, ich würde meine Wohnung vielleicht wieder verlieren. Dann wiederum meinten sie, B würde vielleicht ihre Wohnung wieder verlieren. Diese Drohung sollte mich dazu veranlassen, ihnen die gefährlichen Leute zu zeigen, von denen sie dachten, ich würde sie kennen. Das verstand ich, obwohl sie es nicht sagten. Nur leider kannte ich diese Leute nicht. Ich hatte keine Ahnung wer das sein sollte.

Mich regte die Drohung so auf, dass ich davon erwachte. Erst als ich total wach war wurde mir klar, dass sie mir meine Wohnung nicht wegnehmen konnten. Was B. betraf, war das allerdings anders.

Sonntag, 29. Dezember 2019

Jemand war beauftragt worden, eine Person zu töten, die ich nicht kannte. Irgendwie erfuhr ich davon. Diesen Mord wollte ich verhindern, hatte dazu aber keine Möglichkeit. Ich wusste ja nicht einmal wer diese Person war und wo ich sie hätte finden können. Deshalb fragte ich einen Mann, ob er etwas tun könne. Er meinte: "Das ist nur die alte Ida! Die ist total unwichtig!"! Offenbar hatte er nicht vor, die Frau zu retten.

Mittwoch, 25. Dezember 2019

1. Traum

Jemand hatte russische Soldaten getestet. Bei drei von ihnen wurde festgestellt, dass sie Schizophrenie hatten. Darüber machte jemand einen Witz. Das wurde im Fernsehen übertragen.

Als Reaktion darauf sagte ein Mann zu einem anderen Mann: "Dabei wurden erst 10 untersucht!" Das war zum Lachen, dachte er dabei. Denn wenn von 10 Männern 3 krank waren, wären das bei 100 Männern 30 Kranke. Was er sagte, führte zu heftigen Protesten unter den Fernsehzuschauern. Er musste sofort gehen.

Diese Geschichte versuchte ich jemandem zu erzählen. Das war sehr schwierig. Zuerst fiel mir das Wort Schizophrenie nicht ein. Deshalb versuchte ich die Krankheit zu beschreiben, damit die anderen das Wort erraten konnten. Konnten sie aber nicht. Dann redete ich stockend und unsicher weiter. Die anderen waren offensichtlich total desinteressiert. Das machte mich nervös und ich gab meine Bemühung auf.

2. Traum - keine genaue Erinnerung

Es ging um sehr gefährliche Leute, die ich irgendwie als solche erkannt hatte. Nun machte ich mir Gedanken darüber, ob ich ihnen so antworten sollte, dass sie begriffen, dass ich sie bemerkt hatte. Welche Entscheidung ich dann traf, weiß ich nicht.

Montag, 23. Dezember 2019

Plötzlich merkte ich, dass ich eine Spinne im Mund hatte. Angeekelt spuckte ich sie aus. Dabei zerfiel sie allerdings in mehrere Teile. Das war dann noch ekeliger. Doch damit nicht genug, fand ich auch
245

noch eine weitere Spinne auf mir sitzen. Ich schrie, beutelte mich ab, um das Tier wieder los zu werden. Mein Verdacht war, dass diese Spinnen von S. stammten.

Wie ich erfahren hatte, war sie mit einem Australier zusammen. Darüber unterhielt ich mich nun mit ihr. "Er will keine Wohnung mit mir gemeinsam bewohnen!", meinte sie. "Dann will er vermutlich nicht für immer mit dir zusammen bleiben.", sagte ich. Das wollte sie mir nicht glauben. "Viele Australier sind genauso verrückt wie viele Amerikaner.", erklärte ich ihr. Dann staunte ich nicht schlecht, denn sie meinte, sie würden gemeinsam im Busch leben. Ohne irgendeine Behausung. Das erklärte allerdings die vielen Spinnen, die also doch von ihr stammten.

Samstag, 21. Dezember 2019

Zufällig traf ich zwei Frauen, die miteinander verheiratet waren. Sie hatten bereits zwei Kinder, wobei beide Kinder die leiblichen der einen Frau waren, während die andere sie nur adoptiert hatte. Jetzt wollten sie noch ein drittes Kind.

Als ich sie sah, staunte ich nicht schlecht. Diesmal sollte die andere Frau die Mutterrolle übernehmen, die noch keine leiblichen Kinder hatte. Sie war auch schon schwanger. So wie sie nun aussah, hätte ich sie nicht erkannt. Vorher war sie ein männlicher, extrem schlanker Typ gewesen und nun wirkte sie sehr fraulich. Geschminkt war sie auch noch dazu. Sie sah wirklich gut aus. Aber eben so, als wäre es eine ganz andere Frau, als die mir bekannte.

Mir gefiel diese Entscheidung, denn nun hatte jede der beiden Frauen ein leibliches Kind. Das würde ihrer Ehe nicht schaden, sondern diese sogar festigen. "Sind die Kinder miteinander verwandt?", fragte ich. "Haben alle denselben Vater?" Das war offenbar nicht der Fall, was ich schade fand, denn wären sie verwandt gewesen, hätte ihnen das psychisch genützt. So aber waren zwei Halbgeschwister und das dritte Kind war ganz fremd.

Montag, 16. Dezember 2019

Anfangs war ich alleine mit dem Rad unterwegs. Es wurde schon dunkel, obwohl es erst Nachmittag war. Ich dachte, es hat keinen Sinn weiter zu fahren, weil ich auch gar nicht wusste wo ich fahren sollte. Zur Sicherheit wollte ich aber noch bei google maps nachsehen, weil es dann plötzlich heller wurde. Die Sonne kam heraus. Leider nur für kurze Zeit, dann wurde es richtig dunkel. Deshalb ließ ich mein Rad einfach stehen und war plötzlich mit meiner Tochter gemeinsam in einer Straßenbahn.

Obwohl ich ja zuvor alleine war, hatte ich in der Traum-Erinnerung eine Radtour mit meiner Tochter gemacht. Sie war ziemlich jung und ich bin

247

überzeugt, dass wir wieder fremde Menschen waren und nicht wirklich wir selbst. Vielleicht sollte ich jeden Sonntag so eine Tour mit ihr machen, das würde ihr sicher gefallen, dachte ich. Dann dachte ich an mein Rad, welches ich stehen gelassen hatte. Wahrscheinlich würde ich es nicht mehr bekommen. Es sei aber auch unvorteilhaft. Besser sollte ich ein Klapprad kaufen, mit dem ich leicht in einer Straßenbahn fahren könne.

Mindestens zwei Männer mit seltsamen Uniformen stiegen zu. Sie sprachen alle Anwesenden an. "Eine Entenbombe ist explodiert und ihr seid draußen unterwegs?", fragten sie uns. Da fiel mir ein, jemand hatte schon früher von einer Entenbombe erzählt, die explodiert sei und auch eine weitere habe es bereits gegeben. Das wäre nun also die dritte Entenbombe? Warum sollten wir nicht hinaus gehen, die Männer seien ja auch draußen. Das ging mir alles durch den Kopf. Was eine Entenbombe war, wusste ich auch nicht, aber sie schien eine verheerende Wirkung zu haben, sonst hätte man uns nicht vor ihr gewarnt.

Wahrscheinlich waren wir in unserem alten Haus. Ein Mann rief, ich ging hinein und suchte nach ihm. Er war wirklich drinnen, wir hatten auch nicht zugesperrt gehabt. Anscheinend war er ein netter Mensch, der nur nach jemandem gesucht hatte. Der Mann wollte mir etwas zeigen, damit ich verstehe wonach er sucht. Es ging dabei ums Drucken. Ich sagte: "Moment, ich hole jemanden!", und ging weg, um mit einem Drucker zurück zu kommen. Mit dem unterhielt er sich nun.

Ich ging danach wieder weg und war nun plötzlich in Begleitung meiner Eltern, die real schon lange verstorben sind. Sie sahen aber vermutlich nicht so aus, wie sie real ausgesehen hatten. Das weist darauf hin, dass es sich bei ihnen eigentlich um fremde Menschen handelte. Wir gingen in der alten Gegend herum und trafen dort auf alte Bekannte, bzw. auf Nachbarn. Krampfhaft versuchte ich in ihren Gesichtern Hinweise darauf zu finden, wer sie waren. Das wussten wir nämlich nicht, weil sie total fremd aussahen.

Alles sah hier anders aus, als es früher ausgesehen hatte. Es war jetzt ein moderner Wohnblock. Sie baten uns hinein. Zu unserer größten Überraschung gelangten wir jedoch nicht in ihre Wohnung, sondern in einen Saal, der aus mehreren Einheiten bestand. Wir wunderten uns. "Hier wohnt ihr?", fragten wir, denn alles war dort voller Menschen. Es erinnerte eher an ein Pflegeheim, aber dafür wirkten sie zu jung. Ihre Tochter, die auch anwesend war, sollte eigentlich in meinem Alter sein, war aber so um die 20, oder 30, ihrem Aussehen nach zu schließen. Ich war ungefähr so alt wie sie, stellte ich fest.

Der Mann lachte, aber es schien ihm unangenehm zu sein. "Nein! Irgendein Einkommen muss man ja haben!" Damit wollte er sagen, das seien alles kleine Kaffeehäuser und eines davon gehöre ihm.

249

Es bestand aus einem Tisch und einigen Stühlen. Uns wurde etwas serviert. Dann begannen wir zu fragen: "Habt ihr euer altes Haus verkauft? Hier war doch ein alter Bau mit vielen Einheiten?" Darauf gab der Mann keine Antwort. Stattdessen meinte er: "Habt ihr schon einmal eine Maus gehabt? Wir hatten eine. Früher hatten wir dort unten ein altes Häusl. In dem wohnte kurz die Tochter und da gab es eine Maus ...." So ungefähr redete er auf uns ein. "Wo war denn das Häusl?", flüsterte ich meiner Mutter zu. Sie schien das zwar zu wissen, aber ihre Antwort war unklar.

Noch immer rätselten wir, wer die Leute eigentlich waren, kamen aber auf keinen Nenner. Immer stärker wurden die Zweifel, ob wir sie überhaupt kannten. Offenbar kannten sie jedoch uns, also mussten wir sie auch früher gekannt haben, in alten Zeiten. Nach einiger Zeit gingen wir. Genau genommen war der Traum aus, ich wachte halb auf, da fiel mir plötzlich ein, wie sie hießen: Schuster!

Anmerkung: Es gab tatsächlich jemanden - oder gibt es noch - der Schuster hieß, aber diese Leute waren im Traum vermutlich nicht gemeint, denn der Name sagte mir im Traum eigentlich nichts. Deshalb wunderte ich mich, dass er mir eingefallen war.

Samstag, 14. Dezember 2019

Plötzlich musste ich auf die Toilette gehen. Es gab auch eine. Im Traum gibt es meistens keine und ich suche dann immer fieberhaft nach einer Toilette. Ausnahmsweise war es nicht so. Danach hatte ich ein Blackout. Das bemerkte ich aber erst, als ich wieder im vollen Besitz meiner geistigen Kräfte war. Denn nun sah ich, dass erstens die Toilette total verschmiert war und zweitens die Türe weit offen stand. Mein erster Gedanke galt der offenen Türe. Hatte mich jemand beobachtet? Erst danach betrachtete ich die verschmierte Wand und den Boden. Offenbar hatte ich argen Durchfall gehabt. Nachträglich erinnerte ich mich schemenhaft an meine Aktionen. Es war so arg wässrig gewesen, dass ich mir nicht helfen hatte können. Nun begann ich zu putzen. Angst machte mir, dass ich offensichtlich unbewusst gehandelt hatte. Was war mit mir geschehen?

Donnerstag, 12. Dezember 2019

Den Traum habe ich mir nicht merken können. Nur eine Unterhaltung blieb mir teilweise im Gedächtnis.

Zwei Personen unterhielten sich. Die eine Person meinte: "Ach, das ist der Fall 21!?" Worauf die andere erwiderte: "Es gibt keinen Fall 21!" (Ich bin mir ziemlich sicher, dass die Zahl 21 genannt wurde, es könnte aber auch die Zahl 12 gewesen sein.)

Sonntag, 24. November 2019

(Die reale Geschichte: Sie war bei allen verhasst, nur ich mochte sie: die Mi Tant, oder auch Tante Mia. Sie war die Schwester meiner Großmutter. Jeden Sonntag kam sie zu uns auf Besuch, selbst als sie bereits dement war. Nur aufgrund einer Nachbarin, die meine Mutter anrief, wurde ihre Erkrankung bemerkt. Dann wurde sie von unserer Familie aufgenommen und schon bald in ein Altersheim abgeschoben. Um diese Frau drehte sich der Traum, obwohl sie schon vor Jahrzehnten verstorben ist. In meinen Träumen taucht sie immer noch zeitweise auf.)

Wir hatten bemerkt, dass Tante Mia Alzheimer hatte. Sehen konnte ich sie nicht. Der Traum bestand nur aus einem Gespräch über sie und aus Überlegungen. Ich wollte sie nicht sich selbst überlassen. Schließlich war sie jetzt hilflos. Deshalb überlegte ich, ob wir sie aufnehmen könnten. Ich dachte nach, ob M. damit einverstanden wäre. Jedenfalls fühlte ich mich für sie verantwortlich.

Samstag, 16. November 2019

Wo genau ich war, weiß ich nicht. Im Traum dachte ich im Hörndlwald zu sein. Das war vielleicht nur eine Assoziation, denn sehen konnte ich nur eine große Wiese. Mein Hund tobte auf der Wiese herum. Er wirkte wie ein junger Hund, nicht wie ein alter. Ich sagte: "Wie in alten Zeiten" und ich freute mich, weil er sich wie früher benahm, als er noch jung war und immer frei im Wald laufen durfte. (Anmerkung: das entspricht der Realität. Jetzt ist das nicht mehr möglich.) Mit wem ich sprach weiß ich nicht genau. Wahrscheinlich mit meinem Hund. "Auch wenn wir übersiedeln, werden wir noch oft hierher zurück kommen.", meinte ich noch. Dann gingen wir weiter.

Dienstag, 12. November 2019

M. und ich sollten eine Entscheidung bezüglich unserer Kinder treffen. Dabei ging es um das Religionsbekenntnis. Es ist unklar, ob es sich wirklich um unsere Kinder handelte, denn sie waren noch klein. Ich dachte nach, welche Religionsgemeinschaft ich angeben sollte. Mir fielen ganz ausgefallene ein. Das fand ich ziemlich lustig.

Erst dachte ich, M. würde sich über mich ärgern. Doch er lächelte dazu, was mich wunderte, weil er gerade erst verärgert gewesen war (letzteres entspricht der Realität). Schließlich entschieden wir uns zur Angabe: o. B.

Mittwoch, 30. Oktober 2019

An die Handlung kann ich mich nicht erinnern. Ich sah einen sehr muskulösen Mann. Besonders auffällig war war sein muskulöser Arm. Wir unterhielten uns. Dann streckte ich ihm meinen Arm entgegen. Auch dieser war nackt, so wie seiner. Erstaunt stellte ich fest, dass auch ich relativ muskulös war. Viel mehr als ich gedacht hatte.

Sonntag, 27. Oktober 2019

Wir hatten viele Besucher, wobei ich nicht bewusst genug war um zu erkennen, um wen es sich handelte. Elektronisches Spielzeug gab es. M. hatte mehrere Fernbedienungen in der Hand, die sehr billig aussahen. Als ich sah, dass sie aussahen als wären sie bloß in Plastik verpackt, sagte ich zu M.: "Pass auf, dass du sie nicht kaputt machst!" Darüber redeten wird dann kurz, weil er meine Warnung nicht ernst nahm.

Plötzlich fragte ich, wie es Ha. gehe. Sein bisher bester Freund, der krank ist. Er solle ihn anrufen. M. meinte: "Das kann ich nicht. Die sind geschieden. Räumlich getrennt!" Darüber dachte ich nach. Meine Gedanken kreisten um Nu. und deren Mutter. (Er ist der Onkel von Nu., also auch der Schwager von deren Mutter. Natürlich ist er nicht mit einer von beiden verheiratet.) Ich dachte nach, wie sie damit umgehen würden.

Man konnte Ha. nicht anrufen, oder sonst wie erreichen. Weder über seine Frau, noch direkt. Die räumliche Trennung schien also sehr weit zu gehen.

254

Montag, 30. September 2019

Ein ganz einfacher Mann konnte die Zukunft vorher sagen. Als die Menschen das begriffen, kamen viele Leute zu ihm. Sie alle wollten etwas über ihre Zukunft wissen. Von da an hielt er sich für außergewöhnlich. Er wurde hochnäsig, eingebildet. Als ich sah wie er sich entwickelte, versuchte ich ihn zu warnen. Das war aber nicht möglich, denn dafür war er unempfänglich. Dann verließ ihn plötzlich seine Fähigkeit und er machte sich lächerlich. Meine Vermutung hatte sich bestätigt. Nur wer natürlich bleibt behält diese Fähigkeit. Wer zum Selbstdarsteller wird, verliert sie wieder.

Freitag, 27. September 2019

Irgendwie war ich unabsichtlich in Russland gelandet. Dort kannte ich mich nicht aus. Wahrscheinlich hatte ich auch kein Geld. Lange Zeit irrte ich herum. Schließlich begegnete mir ein eher jüngerer Schwarzer. Ich weiß nicht ob er aus Afrika stammte. Er sah gut aus und wirkte sportlich. Der Mann wollte mir helfen. Ob das überhaupt möglich war, kann ich nicht sagen. Zumindest tröstete er mich.

Donnerstag, 26. September 2019

Heute träumte ich bereits zum 3. Mal vom Lebensgefährten Zs. Den 2. Traum habe ich nicht notiert. Er ähnelte sehr dem 1. Traum.

Z. nahm mich zu sich mit nach Hause. Es gab eine große Glastüre und mehrere Zimmer. "Wie bist denn du zu so einer tollen Wohnung gekommen?", fragte ich Z. Es war eine rhetorische Frage und es gab daher keine Antwort. Im Schlafzimmer lag ein Mann im Bett. "Du schläfst noch immer?", rief Z. dem Mann zu, der nun aufwachte. Es war ihr Lebensgefährte. Er sah ganz anders aus, als in meinen beiden anderen Träumen. Der Mann war ein eher hellerer Typ, total unauffällig. Mir fielen meine beiden Träume ein, die ich von ihm gehabt hatte. Jetzt ärgerte es mich, dass ich sie nicht den anderen erzählt hatte, jetzt wo sie sich erfüllten. Es wäre vermutlich ein überzeugender Beweis für Psi gewesen.

Mehrere andere Leute waren auch da. Es war ein reges Kommen und Gehen.

Montag, 23. September 2019

Eine mir bekannte Person und ich, standen bei einer Kasse im Supermarkt. Sie hatte einen Einkaufswagen und ich hatte auch einen. Es ging nichts weiter. Bei der Kasse befanden sich mehrere Personen, aber keine davon tat sehr viel. Zeitweise wurde jemand bedient, dann wieder hörten sie damit auf. Die Kunden regten sich auf. Nun wurde eine weitere Kasse geöffnet. Dort arbeitete ein Mann.

Gerade bevor ich an die Reihe kommen sollte, fuhr ich mit dem Wagen weg. Aber gleich danach drehte ich um und kam zurück. Es gab eine richtige Kreisbewegung. Meine Begleiterin war fertig und ich stellte mich genau an die Stelle, an der ich zuvor gewesen war. Obwohl die Frau hinter mir ja wissen musste, dass ich die ganze Zeit vor ihr gewartet hatte, regte sie sich auf. Ich hätte mich vorgedrängt. Sie wurde bedient, ich nicht. Die Kassendame grinste. Meine Sachen hatte ich schon auf das Förderband gelegt. Nun musste ich sie wieder einräumen. "Setzen sie sich kurz hin!", meinte sie lachend. Mir kam alles so vor, als handele es sich um eine bewusst konstruierte Sache um mich zu ärgern.

Natürlich ärgerte ich mich. Meine Rache bestand darin, mit dem Einkaufswagen hinaus zu fahren. Das fiel niemandem auf, weil ich ja gerade von der Kasse kam, an der ich vorbei gefahren war. Bezahlt hatte ich nicht.

Ich betrachtete ein Foto. Es zeigte einen jüngeren Mann. Sein Gesicht wirkte etwas dicklich. Die Augen waren groß, dunkelbraun, freundlich. Er wirkte fröhlich. Den kompletten Namen hörte, oder las ich, vergaß ihn aber wieder. Er hatte einen Spitznamen, ähnlich wie "Retter der Tiere". Man sah nur das Gesicht, in einer Großaufnahme. Der Mann

257

war Tierschützer. Jemand meinte, er sei bereits tot. Das Foto hatte man kurz vor seinem Tod gemacht. Es war irgendwie verwirrend, denn er wirkte als würde er noch leben. Vielleicht hatte man ihn ermordet.

Sonntag, 22. September 2019

Unser Hund sollte operiert werden. Wir waren bei einem Tierarzt, bei dem wir noch nie gewesen waren. Wie er aussah, wusste ich gar nicht. Es gab in dieser Ordination sehr viele Angestellte. Einen davon hielt ich zuerst für den Arzt. Das stellte sich als Irrtum heraus. Jemand trug unseren Hund an mir vorbei. Das Tier hatte man in Tücher, eigentlich alte Fetzen, eingewickelt. Er wirkte viel kleiner und leichter als mein wirklicher Hund. Das wunderte mich. Man konnte gar nicht erkennen ob es ein Hund war, oder ein menschliches Baby. Ich war misstrauisch. Deshalb schob ich das Tuch etwas beiseite, damit ich sehen konnte, ob es sich wirklich um meinen Hund handelte. Das war aber nicht möglich. Aber er hatte ein Plakat bei sich, an dem ich ihn erkannte. Er schien es wohl zu sein.

Plötzlich tauchte der richtige Arzt auf und erklärte, es sei zu spät, wir hätten den Termin verpasst. Er meinte, wir sollten später wieder kommen. Dann war er auch schon wieder weg. Jemand verriet uns, dass der Tierarzt in Kroatien mehrere Häuser habe. Das legte den Schluss nahe, er wäre geldgierig und würde deshalb zu teuer sein. Gut sei er auch nicht. Ihn interessiere nur das schnelle Geld. Vielleicht wäre es besser, doch wieder zu unserer alten Tierärztin (P.) zu wechseln, dachte ich.

Es folgten verschiedene Überlegungen. Plötzlich fühlte ich etwas Hartes im Mund. Es war ein Stockzahn, der mir einfach so ausgefallen war. Offenbar hatte er keine Wurzel mehr.

Montag, 16. September 2019

Es gab sehr große Spinnen um mich herum, gegen die ich kämpfte. Das war sehr gefährlich. Eine Spinne packte ich am Rücken und schleuderte sie weg. Ich hatte das Gefühl, die Tiere würden wie höhere Wirbeltiere denken und mich so als Feind wahrnehmen. Immer wieder griffen sie mich an.

Ein Mann saß da. Er war ein ziemlich dunkler Typ. Im Laufe der Handlung wurde klar, das es der Freund von Z. war. Sie wollte, dass ich ihn kennen lerne. Das wunderte mich.

Sonntag, 15. September 2019

Wir befanden uns in der Friedenszeile, dort wo sie direkt in die Hermesstraße mündet. Genau dort, wo die letzten Häuser stehen. Danach gibt es Bäume und Wiese. Ich konnte alles gut erkennen und es schien auch alles wie in der Realität auszusehen. Offenbar befanden wir uns aber im Freien und nicht in einem Haus. Es klopfte extrem laut. Tok - tok - tok - immer wieder. Dann hörte es einige Zeit auf, um schon bald wieder zu beginnen. Wir rätselten was das denn sein könnte. Ich tippte auf die Waschmaschine. An dieser Stelle dürfte sich mein Wachbewusstsein eingeschaltet haben, denn mir fiel ein, dass die Waschmaschine leer war.

Wir fanden nicht heraus wer oder was da klopfte. Plötzlich waren drei Menschen da. Eine Frau, ihr Mann und das Kind. Das Mädchen spielte unbeeindruckt. Erst jetzt bemerkte ich meine eigene Tochter, die ebenfalls spielte. Sie war jünger als das fremde Kind, etwa 3 oder 4 Jahre alt. Zeitweise nannte ich sie so, wie wir sie real nennen. Doch mehrmals sagte ich etwas anderes. So ähnlich wie Didi, oder Dodo. Auch das fiel mir auf und verunsicherte mich. Während ich zwar den richtigen Namen wusste, kam mir immer wieder der falsche in die Quere.

Eines war jedenfalls klar. Sie war nicht mein reales Kind und ich war wohl auch nicht identisch mit der Hauptperson. Ich identifizierte mich nur mit dieser. Auch das Alter schien nicht zu stimmen. Was meine Tochter betraf, stimmte es sicher nicht.

Der fremde Mann hatte einen leichten Akzent. Vermutlich war er Jugoslawe, dachte ich. Er war sehr freundlich und er lächelte dauernd bei dem was er sagte. "Ich glaube ihr habt einen Klopfer!", meinte er. Damit war nicht gemeint, wir seien etwas verrückt, oder blöd, sondern er meinte einen

Klopfgeist. Jetzt wurde es etwas gruselig. Mit diesem Gedanken beschäftigte ich mich auch einige Zeit über.

Die Kinder wollten den Hang mit einem Dreirad hinunter fahren. Das verhinderte ich. "Ihr werdet euch überschlagen!", sagte ich. Es war schwer, sie von ihrem Vorhaben abzuhalten. Aus einem nicht nachvollziehbaren Grund sollte ich die Kleidung des fremden Kindes waschen. Dessen Mutter gab mir drei Kleidungsstücke in die Hand. Zuerst sollte ich sie nur aufbewahren, später hieß es, ich solle sie waschen. Das hatte mit dem Klopfen zu tun, an dem anscheinend wir schuld waren.

Es kam dann doch anders. Bei mir lief gerade nachweislich kein Elektrogerät und es klopfte trotzdem wieder. "Das war aber jetzt nicht bei uns.", erklärte ich und horchte aufmerksam, woher das Klopfen kommen könne. Wir fanden es nicht heraus, aber die Wäsche musste ich wenigstens nicht waschen.

Mittwoch, 4. September 2019

Offenbar war ich bei einer öffentlichen Veranstaltung. Viele Menschen waren anwesend. Ein kirchlicher Würdenträger war anwesend. Ein Mann hielt einen Vortrag. Um diesen ging es bei einem Gespräch. Er sei in Israel ausgebildet worden. Ein Mann der Mordechai hieß, hatte ihn in Israel unterrichtet. Deshalb war das Buch, das er geschrieben hatte, so gut. Jemand sagte den Namen falsch, ich meinte deshalb: "Eher doch Mordechai!" Auch ein Nachname wurde genannt, ich weiß aber nicht ob er zu Mordechai gehörte. Er klang ähnlich wie Arndt. Das Buch konnte ich deutlich sehen. Den Titel merkte ich mir nicht, denn er war sehr lang und kompliziert. Es war ein wissenschaftliches Werk.

Jemand war plötzlich verschwunden.

Danach ging es um mich. Eine blonde Frau mittleren Alters wollte mich zu etwas überreden. Ich saß entspannt und doch starr da und sagte: "Nein!" Damit sagte ich indirekt, ich würde auf der Seite des Mordechai stehen und mich dafür einsetzen, dass er weiter vortragen könne.

Dann zeigte man mir ein Foto, auf dem ich auch zu sehen war. Ich hatte kurzes, braunes Haar, war sehr jung und wirkte eher männlich, war aber eine Frau. Interessiert betrachtete ich das Foto. Obwohl mir klar war, dass ich es war, die man darauf sehen konnte, erlebte ich mich als fremd. Es gab auch keinerlei Ähnlichkeit mit meinem realen Aussehen in diesem Alter. Jemand sagte etwas über Leute, die überwacht werden. Die Bezeichnung war aber anders. Vielleicht war damit auch ich gemeint? Das war unklar.

In dem Traum ging es um Außerirdische. Während der Handlung wurde mir plötzlich bewusst, dass es sich nur um einen Film handelte. Doch man geriet total in den Bann dieses Films und vergaß dabei, dass es nur eine Illusion war. Das war auch mir passiert, so wie den anderen Menschen, die in diesen Film eingetaucht waren. Gleich darauf schien ich mich jedoch wieder in dem Film zu verlieren.

Die Außerirdischen bestanden aus reiner Energie, wusste ich. Sie hatten zwar materielle Formen, aber in Wahrheit versteckten sie sich nur dahinter. Anfangs sahen sie ganz und gar menschlich aus. Man wusste nie, ob man es mit einem Menschen, oder mit einem Alien zu tun hatte. Doch mit der Zeit traten neue, überraschende und auch beängstigende Formen auf. Da erkannte man gleich den Alien. Es wurde immer bedrohlicher. Jeder konnte ein Alien sein. Man konnte bald keine Unterscheidungen mehr treffen. Bis auf diejenigen, die sich eben gar nicht richtig menschlich zeigten. Ich bekam Angst, fühlte mich bedroht und schutzlos.

Dienstag, 20. August 2019

Wir wollten zwei kleine Buben adoptieren. Eines der Kinder hatte bei der Mutter gelebt, die das zweite Kind adoptiert hatte. Weil sie ihren Kindern gegenüber brutal war, nahm man ihr die Kinder ab. Offenbar war sie also nicht tot.

Ich dachte, die Kinder müssten unbedingt mit der Adoption einverstanden sein. Deshalb wollte ich sie dazu noch befragen. Doch zuerst wollte ich sie richtig kennen lernen und sie sollten umgekehrt uns kennen lernen, damit sie eine Entscheidung treffen können.

Es waren sehr ernste Kinder. Kein Wunder nach dem, was sie zu Hause erlebt hatten. Als ich Späße machte und auch zu singen begann, tauten sie auf. Sie lächelten und später lachten sie sogar.

Einem der Buben erzählte ich, dass ich eine Trompete kaufen wolle. Das interessierte ihn. Doch eine Trompete sei sehr teuer, meinte ich. Ich wolle eine gebrauchte nehmen. Meine Gedanken drehten sich schließlich um die Trompete und um andere Instrumente. Vielleicht sollte ich eine Violine kaufen, dachte ich.

Donnerstag, 15. August 2019

Am Straßenrand fand ich ein kleines Mädchen. Es lag auf dem Boden. Erst dachte ich es sei tot, aber dann merkte ich, dass es nur bewusstlos war. Das Kind trug keine Schuhe, nur Strümpfe, obwohl es extrem kalt war. Mit Mühe konnte ich es wecken. Es sagte: "Ich bin ein Stinkesammler!" Dieses Wort hatte ich noch nie gehört. Ich dachte es bedeute vielleicht Müllsammler.

Ganz in der Nähe war ein Krankenhaus. Dorthin brachte ich das Kind. Aber niemand interessierte sich für meine kleine Patientin. "Will sich ein Arzt, oder eine Ärztin das Kind vielleicht ansehen?",
264

fragte ich verärgert. Ein junger Arzt war dazu bereit. Neben ihm stand der Verantwortliche für die Finanzen des Spitals. "900,--", sagte er. So viel musste ich für die Untersuchung zahlen, obwohl es gar nicht mein Kind war. Wieder ärgerte ich mich. "Ich werde Sie einmal dazu zwingen, auch etwas zu zahlen!", meinte ich. Er lachte nur.

Der junge Arzt sprach mit dem Kind Englisch. Er redete sehr schnell und viel. Das verstand nicht einmal ich. "Das wird sie sicher nicht verstehen!", sagte ich zu ihm. So war es auch, denn das Mädchen konnte nicht Englisch sprechen. Da ging er zu einem einfachen Englisch über. Das konnte das Mädchen natürlich auch nicht verstehen. Es lachte aber darüber und sagte immer wieder: "Ach so!" Schon bald verlor der Mann das Interesse an dem Kind. Es gab eine Aufführung, oder eine Sendung im Fernsehen. Aufmerksam sah er zu. Jemand trat auf. Es dauerte, bis er sich losreißen konnte und weg sah. "Wie alt ist das Kind?", fragte er mich. "8 Jahre!"

Mittwoch, 14. August 2019

Es ging um ein junges Mädchen und um einen Mann, die offenbar heiraten wollten. Entweder sollte sie mit 30 Jahren heiraten, oder er. Sie war noch viel jünger als 30, daher hätte sie noch einige Jahre warten müssen. Alles drehte sich nur um diese 30 Jahre.

Sonntag, 11. August 2019

Gestern versuchte ich einzuschlafen. Meine Gedanken kreisten um verschiedene Themen. Plötzlich ein Traum. Ich sah meinen Hund. Er wollte über den Gaszähler klettern. Auf der anderen Seite wäre er abgestürzt. Das regte mich so auf, dass ich laut seinen Namen rief. Davon wurde ich wieder ganz wach. Wahrscheinlich war es mehr meine Stimme die ich hörte, als die Angst um den Hund, die ich verspürte.

Dienstag, 6. August 2019

Ich beschloss zu unserer alten Ärztin, Frau Dr. B., zu gehen. Als ich bei ihr war meinte ich, ich bräuchte jemanden mit viel Erfahrung. Die habe sie, sagte sie über sich selbst. In meiner Hand trug ich eine Figur, die sehr seltsam aussah. Sie war ein Symbol für meine Krankheiten. Die Ärztin verstand sie aber nicht wirklich. Sie nahm sie mir aus der Hand und die Figur fiel zu Boden und blieb dort liegen. Auch über den Golem wurde gesprochen. "Der Golem ist nur ein Symbol!", meinte ich, kam jedoch nicht dazu, mehr zu erklären. Nur das Wort Symbol wiederholte ich.

Die Ärztin rief eine zweite Person zu Hilfe. Gemeinsam machten sie etwas bei meinen Füßen. "Das ist ziemlich feucht!", sagte sie. Ich antwortete: "Das sind die Schuhe!" Damit meinte ich, in den Schuhen würde ich schwitzen. Aber es war ganz anders. Ich dachte kurz zu spüren, aus meinen Füßen würde etwas Flüssiges rinnen. Das hielt ich für Einbildung, weil das ja nicht sein könne, wie ich dachte. Die Beiden hatten mir Wasser aus dem Fuß gedrückt, oder irgendeine andere Flüssigkeit. Davon waren jetzt meine Füße nass. Ich hatte es mir also nicht eingebildet. Anscheinend half diese Prozedur.

Danach erzählte ich, manchmal hätte ich einen furchtbaren Schmerz in der Körpermitte. Die Ärztin lächelte. "Das kam aber nur selten vor!", sagte ich. Jetzt habe ich das öfter. Sie brauchte nicht sagen was sie dachte. Weil ich nicht zum Arzt deswegen gegangen war, lächelte sie. Wenn man etwas nur selten spürt, nimmt man es nicht ernst. "Das kommt entweder vom Magen, oder ..." Mir fiel nicht ein was ich hatte sagen wollen. Kurz dachte ich, es handele sich um etwas aus meinem Vorleben. Das war Krebs gewesen. Den Gedanken verwarf ich wieder. Eine Behandlung wegen dieser Schmerzen gab es offenbar nicht und die dritte Krankheit, die noch weiter oben zu liegen schien, wurde nicht mehr erwähnt.

Samstag, 3. August 2019

In dem Traum ging es um einen Mann, der gerade auf der Flucht war. Es gab eine Stelle, an der seine Verfolger auf ihn scheinbar warteten. Doch er lief so schnell vorbei, dass sie gar nicht so schnell schauen konnten. Ich wunderte mich. Wie kann jemand so schnell laufen?

Zuerst dachte er, er sei nun in Sicherheit. Das war jedoch nicht der Fall. Sie hatten ihn absichtlich entkommen lassen, um ihm folgen zu können. Das wurde ihm nun klar. Die Verfolger wollten, dass er sie zu jemandem führt, der ihnen wichtiger war als er. Als er das begriff, warf er schnell etwas weg. Ich glaube es war ein Zettel, auf dem eine Adresse stand. Statt zu tun, als habe er den Plan der Verfolger nicht verstanden, zeigte er mit seinem Verhalten, dass er sie durchschaut hatte. Das war ein Fehler.

Der Mann besaß auch eine Pistole, die er los werden sollte. Er wusste aber nicht wie. Deshalb gab er sie mir und bat mich, sie für ihn zu verstecken. Das tat ich auch. Was jedoch ziemlich schwierig war, mangels geeigneter Verstecke. Schließlich schob ich sie bei einem Gartenzaun unter einen Stein.

Ich "wusste" plötzlich einen Satz, der mir ziemlich seltsam vorkam. Er lautete: Holocaust is near the end. Der Satz beschäftigte mich so, dass ich davon wach wurde. Dazu ist zu sagen, dass ich diesen Satz niemals bewusst so formuliert hätte. Er stammt mit Sicherheit nicht aus meinem Gehirn.

Freitag, 2. August 2019

Das Wetter war schön, es war warm, vermutlich noch Sommer, oder Herbst. Doch plötzlich begann es zu schneien. Noch nie hatte ich so viel Schnee auf einmal erlebt. Ich versank darin bis zum Hals. Alle waren entsetzt. Natürlich waren auch die Autos mit Schnee zugedeckt. Doch damit nicht genug, sie froren auch ein. Kaum jemand getraute sich ins Freie. Mit der Mistgabel versuchte ich den Schnee zu schaufeln, nachdem B. mit einer Fahne, oder einem Segel - ich konnte nicht genau erkennen was es war - gescheitert war. Nachdem ich einige Autos wenigstens befreit hatte, versuchte ich sie aufzutauen. Wie genau ich das machte weiß ich nicht. Vielleicht mit warmem Wasser? Ich ging von einem zum anderen und taute eines nach dem anderen auf.

Irgendwie gelangte ich in einen Raum, in dem viele Tierschützer waren. Unter ihnen befand sich auch Balluch. Die Atmosphäre war entspannt, ich wurde gut aufgenommen. Wahrscheinlich war ich aber nicht wirklich ich selbst, das fühlte ich sogar im Traum. Die Situation änderte sich. Plötzlich war ich nicht mehr so gut integriert. Als wäre ich eigentlich gar nicht da und die anderen würden mich nicht wahrnehmen. Eine seltsame Situation. Dann löste sich das Bild ganz auf. Jemand sagte: "Früher habe ich ein eigenes Pferd gehabt! Es sprang mir immer entgegen!"

269

Wahrscheinlich änderte sich die Umgebung nun ganz. Es gab einen weiten Raum, wie ein riesiges Zimmer. Weit weg bemerkte ich eine leuchtende Kugel, die immer wieder hüpfte, als würde sie jemand an kicken. Aber immer wieder aus einer anderen Position heraus. Das beobachtete ich staunend. Da bemerkte ich, dass es keinerlei Personen gab, die etwas bewegten. Es geschah von selbst. Andere leuchtende Punkte explodierten und vervielfältigten sich so. Alles war in Bewegung. Nach einiger Zeit wurde mir klar: das ist das Weltall, mit den Himmelskörpern. Der leuchtende Ball war unsere Sonne. Ihre Bewegungen hatten etwas Sprunghaftes. Schließlich sah ich das komplette Sonnensystem. Wie war das möglich? Wahrscheinlich hatte jemand ein Miniaturmodell gebaut, dachte ich.

Mittwoch, 31. Juli 2019

Heute hatte ich zwei Träume, zu verschiedenen Zeiten.

Offenbar bezog sich der erste Traum nicht auf mich, sondern auf eine fremde Person, weil die Umstände nicht auf uns passten. Aber seltsamerweise war es unsere Gegend und unser altes Haus - welches wir eben nicht mehr lange bewohnen werden. Mir fiel auf, dass M. in der Früh immer nach rechts ging, also nicht zu seinem Auto. Ich sah auch genau den Straßenverlauf. Er bog um die Ecke und war nicht mehr zu sehen. Kurz danach kam immer aus dieser Richtung ein weißes, elegantes, teures Cabrio. In diesem schien er sich zu befinden. Das wusste ich, obwohl ich ihn gar nicht sehen konnte.

Die Person der das Auto gehörte, konnte ich nicht sehen und auch sonst nicht erkennen. Ich dachte das sei seine Freundin. Nun wollte ich mich scheiden lassen. Da fiel mir der alte Traum ein (den ich real vor langer Zeit hatte): wir wollten uns scheiden lassen, würden es aber dann doch nicht tun.

Der zweite Traum war seltsam. Irgendwie kam ich in ein Pflegeheim, aber nicht als Patientin. Auch andere Leute waren in meiner Begleitung, welche ich aus dem realen Leben jedoch nicht kenne. Plötzlich erklärte man uns, wir sollten dort arbeiten. Das erschien mir absurd, trotzdem willigte ich ein - die anderen auch.

Als ich die Situation der Patienten beobachtete merkte ich, dass man sie mehr oder weniger durch das Pflegeverhalten entmündigte und noch hilfloser werden ließ, als sie es so schon waren. Das gefiel mir ganz und gar nicht. Alle trugen Windelhosen, wie das heute so üblich ist. Ob es notwendig war oder nicht, interessierte niemanden. Alle Pfleglinge sollten gewaschen werden, ob es notwendig war, oder nicht. Das missfiel mir auch. Auf den ersten Blick hätte man denken können, damit würden sich die Angestellten mehr Arbeit machen. In Wirklichkeit gab es deshalb weniger Arbeit. Die

271

Patienten wurden zu Kleinkindern gemacht, sie bauten ab.

Sofort als ich zu arbeiten begann, änderte ich alles. Zuerst fragte ich, wer aller aufs Klo müsse. Dann suchte ich herauszufinden, wer gehen konnte und wer nicht. Die Gehfähigen sollten hinaus geführt werden, die anderen konnten auf ein Zimmerklo gehen. Auch in Bezug auf die Körperpflege führte ich Änderungen ein. Wir besorgten flache, leichte Schüsseln, die wir den Patienten auf den Tisch stellten, an dem sie saßen. So fiel es ihnen leicht, sich selbst Hände und Gesicht zu waschen.

In dieser Art ging der Traum weiter.

Dienstag, 30. Juli 2019

Genau genommen bestand der Traum nur aus einem Wort, denn die Handlung davor habe ich fast komplett vergessen.

Es gab so etwas wie eine Veranstaltung. Vielleicht ein Fußballmatch, oder ein anderes Sportereignis. Es könnte sich aber auch um einen ernsten Angriff gehandelt haben. Jemand rief mehrere Worte in verschiedenen Sprachen. Eine Sprache war Schwedisch. Das Wort Hurgada wurde dazwischen gerufen. Der Sinn bestand darin, dass diese Worte einander ähnelten. Nannte man sie gemeinsam, konnten sie leicht einen falschen Sinn ergeben, wenn man sie in der falschen Sprache verstand. Verstand man sie falsch, kam es zu einer falschen

Reaktion. Das hatte schon einmal funktioniert und schien diesmal wieder zu funktionieren. Die Gegner verstanden die Worte falsch und reagierten deshalb falsch auf den bevorstehenden Angriff. Ein Vorteil für die Angreifer.

Montag, 22. Juli 2019

Leider habe ich den Traum vergessen, weil ich ihn nicht gleich notierte. Nur ein Satz blieb mir in Erinnerung, weil er mir bedeutsam erschien. Er lautete: "Lade niemanden ein, den du nicht kennst!"

Samstag, 20. Juli 2019

Es gab Pflanzen, aus denen spitze Zacken wuchsen. Das beschäftigte mich.

Wir gingen spazieren. Viele Menschen waren da, man konnte an Ständen etwas zum Essen kaufen. Für Y stellte ich mich an einem chinesischen Stand an. Was genau ich bekam, wusste ich gar nicht. Man drückte mir etwas in die Hand und ich schüttete einen Saft darüber, der über meine Hand rann. Das wollte ich eigentlich nicht, aber es war zu spät. Auf meine Frage was das sei, bekam ich keine Antwort. War Y vielleicht darauf allergisch? "Gelten die Bestimmungen für die Hinweise auf Allergene im Essen für chinesisches Essen denn nicht?", fragte ich verärgert.

Wir wussten nicht was wir tun sollten. Nachdem wir uns beraten hatten, wollten wir Y verschweigen, dass wir nicht wussten, was in dem Essen war. Y aß davon. "Es sticht so!", schrie Y schon nach kurzer Zeit. "Wo? Innen oder außen?", fragte ich entsetzt. Jetzt war ich in Panik. "Innen!", kam die Antwort. "Ich habe furchtbare Schmerzen!" Mir wurde klar, es handelte sich nicht um eine Allergie. Es war viel schlimmer. In Y wuchsen diese seltsamen Spitzen. "Da musst sofort ins Krankenhaus!", schrie ich und rief die Rettung an.

Dienstag, 16. Juli 2019

Entweder war ich bei einer Ärztin, oder aber in einer Apotheke. So ganz klar war das nicht. Man hatte mich dazu überredet, etwas für mich zu kaufen. Doch als ich dann gefragt wurde was ich möchte, behauptete ich, etwas für eine fremde Frau zu wollen, die mich dazu beauftragt hatte, ihr etwas zu bringen. Untersucht wurde ich deshalb nicht. Ich wolle etwas, das allgemein gut sei. Genauer drückte ich mich nicht aus. Die Dame mit der ich sprach, sowie eine weitere Angestellte, oder Ärztin, rätselten herum. Schließlich wollten sie mir etwas geben, was wirklich für das allgemeine Wohlbefinden geeignet war. Trotzdem war es ein richtiges Medikament.Auch gegen Schmerzen sollte es helfen.

Dieses Medikament war wohl eher eine bestimmte Zutat, denn man zeigte mir eine lange Liste, auf der viele Medikamente standen, welche alle die gleiche Wirkung erzielen konnten. Bisher war ich nicht für Medikamente, die man gegen Schmerzen nimmt, weil das schließlich zur Gewöhnung führen würde. Doch anscheinend musste man diese nicht lange Zeit über nehmen.

Welches sollte ich nehmen? Ich hatte keine Ahnung. "Gibt es auch etwas das gut schmeckt?", fragte ich,. "Aber ja!", meinte eine der Frauen und ging ins Lager, um mir ein passendes zu bringen. Es war ein Sirup. Den nahm ich auch. Dann wollte ich bezahlen - aber die Brieftasche war weg! Mehrmals durchwühlte ich meine Tasche, um nach ihr zu suchen. Nein! Sie war weg! S. war da und noch jemand aus der Familie. "Kannst du mir Geld borgen?", fragte ich sie. "Nein!", kam die Antwort. "Dann zahle ich mit Kreditkarte!", nahm ich mir vor. Zu blöd! Die war ja auch in der Brieftasche. Ich muss sofort alle Karten sperren lassen, dachte ich. Zuvor wollte ich aber noch zu Hause suchen. Vielleicht hatte ich sie dort verloren.

Diese Suche war so anstrengend, dass ich davon wach wurde.

Sonntag, 14. Juli 2019

Wieder ein sehr undeutlicher Traum.

275

Um mich herum waren viele Iraner. Wahrscheinlich sogar nur Iraner. Anscheinend waren es keine "normalen" Menschen, sondern irgendwelche "wichtigeren". Offenbar wollten sie, dass ich etwas mache, doch ich wollte das nicht. "Die sind mir unsympathisch!", meinte ich zu jemandem. In diesem Zusammenhang sah ich zwei Worte, die jemand groß und in Blockbuchstaben aufgeschrieben hatte. Das erste Wort lautete: MORAVE, das zweite habe ich leider vergessen, weil ich mich total auf das erste konzentrierte, damit ich dieses nicht vergesse. Auch die Zahl 7 kam vor. Entweder ging es um 7 Personen, oder um 7 Dinge. Das vergaß ich aber leider auch.

Mich beschäftigte noch im Traum die Frage, was MORAVE bedeuten könnte.

Freitag, 12. Juli 2019

Wieder ein sehr undeutlicher Traum.

Ich sah einen Käfig, der so ähnlich aussah, wie früher die Käfige in Schönbrunn ausgesehen hatten. Jemand sprach mit mir und sagte: Lass dich nur ansprechen, wenn du in dem dunklen Käfig bist!" Während ich diese Worte hörte, begann ich nachzudenken. Ich dachte das kann so nicht stimmen, es müsse heißen: "... nur wenn du nicht in dem dunklen Käfig bist!" Denn ich dachte, der dunkle Käfig würde eine Depression symbolisieren.

276

Nachdem ich aber dann wirklich aufwachte, war mir gar nicht mehr klar, was nun richtig war.

Donnerstag, 11. Juli 2019

Eigentlich war es nur ein illustriertes Gespräch. Jemand erzählte von Männern und von einem Bordell. Diese Männer hätten einen Gutschein erhalten. Was das für ein Gutschein war, blieb unklar. Ich sah M. fragend an, ob er etwas davon wisse. Kurz kam ich auf den Gedanken, er würde vielleicht auch dorthin gehen. Den Gedanken verwarf ich aber gleich wieder. Eine Frau war da. Sie begann plötzlich zu weinen. Offenbar dachte sie, ihr Mann sei dort Kunde und das konnte sie nicht ertragen.

Dienstag, 9. Juli 2019

Ich hatte heute lebhafte Träume, vergaß aber fast alles als ich aufwachte. Nur diese eine Szene blieb mir in Erinnerung.

Jemandem flog ein Vogel aus dem Mund. Darüber wunderte ich mich. Die Person sagte: "Ich habe den Vogel im Hals gehabt!"

Mittwoch, 3. Juli 2019

Meine Erinnerung an den Traum ist nicht sehr gut. Zum Teil weil er schwer verständlich war. Wer ich

277

war, oder ob ich überhaupt Teil des Traums war, ist unklar.

Wenn jemand etwas Bestimmtes tat, wurde er in eine andere Realität versetzt. Dann war man entweder in einem anderen Land, oder/und man war auch eine andere Person. Das führte dazu, dass man nicht genau wusste, in welcher Realität man sich befand, bzw. ob man sich in der Realität befand.

Die Rede war von Kängurus, aber ich verstand nicht gleich. Erst nach längerer Zeit begriff ich, dass jemand in Australien gelandet war, oder dort landen würde. Ich fragte: "Ist dort immer das Wetter schön?" Jemand sagte: "Ja!" "Ist dort nie Winter?" "Ja!"

Dann sah ich einen Mann, der offenbar in Australien war. Er wollte zurück in seine reale Welt, denn sein Leben in Australien war nicht real. Auch andere Personen waren da. Alle wirkten verwirrt. Der Grund für ihre Verwirrung war der Umstand, dass sich die Scheinrealität einfach nicht auflösen wollte. Der Mann meinte: "Ich fühle mich total real!", was ja nicht der Fall sein sollte, weil er nicht real war.

Montag, 3. Juni 2019

Als ich mit dem Auto unterwegs war, kam ich zu einer Unterführung. Wo genau ich war, weiß ich nicht. Wahrscheinlich in der Nähe von Meidling. Ich glaube es war die Edelsinnstraße, Richtung innere

Stadt, bin mir aber nicht sicher. Ein Auto stand dort, Leute stiegen aus. Sie versuchten eine kleine Katze einzufangen, die sich dorthin verlaufen hatte. Das Tier wehrte sich, die Leute stiegen ein und fuhren weg. Parken durfte man dort nicht. Nun versuchte ich mein Glück. Zuerst war sie vorsichtig, doch dann kam sie zu mir und ließ sich nehmen. Ich brachte sie zu mir nach Hause.

Aus dem realen Leben kenne ich das Haus nicht. Deshalb glaube ich, dass ich nicht wirklich ich selbst war, sondern eine fremde Frau, mit der ich mich identifizierte.

Es gab eine elegante, weiße Türe mit undurchsichtigem Glas. Wie die Wohnung aussah habe ich vergessen. Nur etwas fiel mir auf. Am Plafond gab es eine quadratische Öffnung, durch die ein Baum ins Freie wuchs. Würde er noch größer werden, würde er die Bäume berühren die draußen wuchsen. Da könnte die Katze später ins Freie gelangen. Das machte mir Sorgen. Doch dann dachte ich. sie würde sich an uns gewöhnen und nicht mehr weglaufen.

Von dem Baum im Zimmer sah ich einen Querschnitt.

Donnerstag, 30. Mai 2019

Es gab Fische die so bissig waren, dass sie sogar Boote angreifen und beschädigen konnten. Ein Boot war von ihnen sogar versenkt worden. Nun war rund um das versenkte Boot Erde, oder Sand und etwas das man essen konnte. Ich weiß nicht genau, ob dort jetzt auch Wasser war, aber ich glaube eher nicht. Jemand ließ mich kosten. Es schmeckte nach Salz. Eine fremde Frau kostete ebenfalls davon.

Weil wir davon gegessen hatten, waren wir in Gefahr, von den Fischen Würmer zu bekommen.

Alles sah irgendwie alt, vielleicht sogar prähistorisch aus. Wir kamen auf die Idee, die Überreste der Fische und des Bootes einem Museum anzubieten.

Donnerstag, 23. Mai 2019

Mehrere Personen befanden sich in einem Gebäude, oder in einem Garten. Ich konnte sie hören und teilweise sehen, befand mich jedoch außerhalb. Sie wirkten nett und freundlich, wie eine sympathische Gesellschaft, die zusammen trifft, um miteinander freundschaftlichen Kontakt zu pflegen. Plötzlich kamen sie auf die Idee M. zu sagen, wer sie wirklich waren. Doch noch bevor sie das tun konnten, schrie ich draußen los: "Ditbit, Bitlib, oder wie euer Scheiß Verein heißt! Keiner mag euch, alle hassen euch!" Das schrie ich immer wieder. Natürlich konnten sie mich hören. Nun zeigten sie ihr wahres Gesicht.

Sie wollten uns angreifen. M. ärgerte sich nicht über mich, was mich wunderte. Er dachte genauso wie ich. Jetzt wo er wusste, wie sie in Wahrheit
280

dachten, mochte er sie auch nicht mehr. Er hätte zu ihnen selbst gesagt, was ich gesagt hatte.

Zwischendurch war nicht so ganz klar ob wirklich wir, wir selbst waren.

Die Meute griff uns an, wir flohen. Eine Person - vielleicht M.,vielleicht jemand anderer, - flüchtete zusammen mit mir in einen offenen Aufzug. Ein junger Bursche sah mir direkt ins Gesicht. Er stand aber außen. "Eigentlich müsste ich euch festhalten!", meinte er, "Aber dazu bin ich zu faul!" Er drückte selbst auf den Knopf, während er draußen blieb. Die Türe schloss sich. Es war eine doppelte Türe. Deshalb wurde der Platz weniger. Die andere Person und ich wurden aneinander gezwängt. Sie oder ich, sagte etwas über Putin, der uns angeblich geholfen hatte. Was genau gesagt wurde, konnte ich nicht verstehen. "Hoffentlich sind wir bald oben!", stöhnte ich, denn mir blieb die Luft weg. "Lange halte ich das nicht aus!", Bald wurden wir befreit.

Anmerkung: Im Traum wusste ich nicht mehr genau wie dieser Verein richtig heißt. Real weiß ich das. Indirekt sagt dieser Traum vermutlich aus, dass dieser Verein sich derzeit freundlich gibt, aber später aggressiv werden wird. Es handelt sich wahrscheinlich um eine Warnung, die nicht direkt mich betrifft, sondern die ganze Gesellschaft.

Mit einem von diesen Leuten hatte M. real gerade Kontakt, ohne zu wissen wer diese Person war, bzw.

in welcher Beziehung sie zu diesen Leuten stand. Das hat wahrscheinlich den Traum ausgelöst. Als ich es ihm sagte, war er aber nicht ablehnend.

Mittwoch, 22. Mai 2019

Heute hatte ich zwei Träume, die nicht miteinander zusammen hingen, weil ich dazwischen wach war.

Traum 1

An den Anfang kann ich mich nicht erinnern, weil ich mich so stark auf die geträumten Namen konzentrierte, um sie nur ja nicht zu vergessen.

Zwei Männer saßen mit mir an einem Holztisch. Wahrscheinlich befanden wir uns im Freien. Ein Mann nannte mehrere Namen. Er dachte ich würde sie vergessen, aber ich formte sie mit Kieselsteinen auf dem Tisch. Dadurch konnte ich sie mir merken. Weil ich dann andere Steine dazwischen schob, begriff er nicht was ich tat. Ich lachte. Die Namen "Familie Huber", Kies und Siegfried" fielen. Einen Namen habe ich leider dann doch vergessen. Eine kleine Holzschachtel lag auf dem Tisch. In dieser befanden sich auch Kieselsteine. Das fand ich lustig, weil Kiesel ja genauso heißt wie der Name eines Menschen. Für mich war er deshalb auch leicht zu merken. Ein Sänger sang vermutlich die Geschichte, welche ich aber eben vergaß. Das fand ich auch lustig, weil ich dabei an Wagner und seinen Siegfried dachte.

Traum 2

Unterweg trafen wir auf eine eher ältere Frau. Zuerst hielt ich sie für jung, doch von der Nähe sah sie schon ziemlich alt aus. Jünger als ich war sie jedenfalls nicht. Sie telefonierte mit jemandem und sprach dabei über uns. Wir waren drei, oder vier Frauen. In diesem Zusammenhang sprach sie von einem "Lesbenverein". Ich widersprach ihr, denn wir waren keine Lesben. So kamen wir ins Gespräch.

Die Frau war aus St. Pölten. "Geben Sie mir Ihre Telefonnummer!", sagte ich, "Wir könnten manchmal miteinander fort gehen, wenn Ihnen fad ist. Mir ist auch oft langweilig!" Das gefiel ihr und jetzt wollte sie meine Nummer. Diese wusste ich natürlich nicht. Also kramte ich in meiner Tasche nach dem Handy. Es war nicht auffindbar. Es folgte eine weitere Such nach Nummer und Handy. Wo ich in Zukunft wohnen würde, fiel mir auch nicht ein. Weder der Ort, noch die Adresse.

Schließlich gingen wir weiter. Nach einiger Zeit begegneten wir drei Männern, die wir zu uns nach Hause einluden. Es war reine Freundschaft, die sich entwickelte. Zu Hause läuteten dann noch andere Leute an der Türe. Ich glaube es waren zwei Ehepaare. D. (Ex von Y) war auch da. Ab da wurde es verwirrend. Ein Mann hatte sich aus einem unerfindlichen Grund nackt ausgezogen. Die Gäste befanden sich entweder in unterschiedlichen Zimmern, oder sogar in unterschiedlichen
283

Wohnungen. Endlich gingen die Ehepaare. Darüber war ich froh. Nun musste ich nur noch die anderen Männer los werden. Zum Glück war M. nicht da, ihn hätten die Besucher gestört. Es kann sein, das die Männer zu meinen Töchtern gehörten. Das war aber nicht ersichtlich.

Dienstag, 21. Mai 2019

An den Anfang des Traums kann ich mich nicht genau erinnern. Es ging dabei nur um Angriffe gegen mich. Ich war ständig bedroht. Wie sie abliefen, weiß ich aber nicht mehr.

Nach einiger Zeit kam ich nach Hause. Wobei ich aber nicht sagen kann, wie dieses Zuhause aussah. Entsetzt stellte ich fest, dass sich zwei oder drei fremde Personen in meinem Wohnzimmer befanden,. Sie hatten auch zwei Hunde bei sich. Einen dieser Hunde sah ich mir genau an.

Ich schrie die Leute an, sie sollten gehen, aber das wollten sie nicht. Es dauerte eine Weile bis ich sie vertreiben konnte. Schließlich zogen sie mürrisch ab, die Hunde folgten ihnen.

Samstag, 11. Mai 2019

Mein (real verstorbener) Onkel war plötzlich wieder nach Hause gekommen. Ob er aussah wie in der Realität, weiß ich nicht genau. Aber zumindest war er genauso alt und gebrechlich. Ich wusste nicht
284

wie ich ihn beschäftigen konnte. Da kam ich auf die Idee, ihn für einen Kinderurlaub anzumelden.

Zuerst wollte er nicht mitfahren, doch es gelang mir schließlich, ihn doch dazu zu überreden. Später kamen mir selbst Bedenken, aber da wollte er unbedingt fahren. Das ging so hin und her. Einmal wollte er es, dann wieder ich. "Ich werde auch auf Urlaub fahren!", meinte ich, "Aber nur drei Tage!"

Als nächstes musste ich die Veranstalter überzeugen. Die waren eigentlich nicht wirklich von der Idee begeistert. Mit einer älteren Frau unterhielt ich mich. "Er liebt Kinder!" erklärte ich ihr. Nun kamen mir Zweifel, ob mein Hinweis richtig war. Sie könnte glauben er sei pädophil. Ob ich alles weitere wirklich sagte, oder nur daran dachte es zu sagen, ist auch eher unklar. Wahrscheinlich dachte ich es nur: Er wurde mehrmals operiert und ist impotent. Kinder mochte er schon immer, aber er hatte selbst nie welche, weil seine Frauen - er war verwitwet - keine bekommen konnten. Auf die Toilette kann er nicht alleine gehen, jemand müsste ihn hin führen.

Was sicher reine Überlegung war: Vielleicht sollte man ihm einen Katheter geben, aber das geht nicht. Den müsste man wechseln. Auf der langen Fahrt wird er viel schlafen, usw.

Die ältere Dame blieb gelassen und ließ sich überreden ihn mitzunehmen. Sie meinte: "Mit dem Geld hätten sie eine schöne Wohnung kaufen können. Das kostet ein kleines Vermögen!" Die

Reise war nämlich sehr teuer. Alle Kinder die mitfuhren, waren aus reichem Elternhaus. Mir tat es um das Geld nicht Leid. Hauptsache er war glücklich.

Die Türe ging auf und mehrere Frauen kamen herein. Sie sollten die Kinder begleiten. Die Gesichter konnte ich genau erkennen. Keine der Frauen kannte ich aus dem realen Leben. Die meisten waren nicht mehr ganz jung und schön waren sie auch nicht. Aber sie wirkten sympathisch und freundlich. Der Reise stand nichts mehr im Wege, denn sie hatten nichts dagegen, obwohl ich ihnen erklärte, er sei schon 90 Jahre alt. Plötzlich wurde ich unsicher was sein Alter betrifft. War er erst 90, oder doch noch älter?

(Anmerkung: der Traum könnte sich auf seine Wiedergeburt beziehen.)

Sonntag, 5. Mai 2019

Jemand hatte mir 2 relativ große Hunde zur Betreuung überlassen. Die Tiere waren sehr brav. Leine brauchte man keine. Doch schon bald verlor ich einen der Beiden. Verzweifelt machte ich mich auf die Suche.

Irgendwann war ich zu Hause. Keine Ahnung wie es dort aussah. Jedenfalls nicht wie es real bei mir aussieht. Nun war auch mein eigener Hund weg. Nur Chelsea war noch da. Ich fragte jemanden, wo die Hunde denn hin verschwunden seien.
286

Man hatte sie jemand anderem zur Betreuung überlassen, weil sie dauernd "anschlugen". Der Begriff "anschlagen" wurde wörtlich verwendet. Darüber wunderte ich mich sogar im Traum. So sagt man es selten. Mich wunderte auch, das sie Chelsea nicht mitgenommen hatten, denn die war am lautesten.

Die Tiere waren nur wenige Häuser weiter.. Ich wollte dort hingehen und sie holen.

Donnerstag, 2. Mai 2019

Nur ein Traumfetzen.

Y. und D. befanden sich in einem Raum, den ich nicht kannte. Ihr Hund kam herein, begrüßte sie aber nur so nebenbei. Darauf reagierte eine weitere Person. "Sie liebt euch aber nicht sehr!" Die Beiden wirkten verunsichert und peinlich berührt. Sie versuchten das Verhalten des Hundes dahin gehend zu erklären, dass sie dafür keine Schuld trage. Schließlich kam der Hund zu mir. Nicht überschwänglich, aber sehr freundlich. Wahrscheinlich hatte er durch das viele Hin und Her keine tiefe Bindung zu einer bestimmten Person herstellen können. Wie bei einer Katze, fühlte sich der Hund an den Ort gebunden.

Sonntag, 28. April 2019

Der heutige Traum war eher undeutlich, ich konnte mir nur Teile davon merken.

Offenbar hatte Y. einen Freund, der ernste Absichten hatte. Zumindest stellte sich das in einem Gespräch so dar. In diesem Zusammenhang sollte sie etwas machen, das mit rechnen und zählen zu tun hatte. Ich versuchte ihr zu erklären wie man das macht. Sie kapierte es anscheinend nicht, obwohl es meiner Meinung nach ziemlich einfach war. Allerdings kam mir alles ziemlich klein und undeutlich vor, deshalb hatte auch ich Schwierigkeiten mit dem Zählen.

Es handelte sich um kleine Kästchen, die man zählen musste, aber es waren wirklich sehr viele. Es war doch irgendwie anstrengend und auch ich verzählte mich deshalb immer wieder. Zum Schluss meinte ich, alles würden wir gut können, nur mit dem Rechnen hätten wir Schwierigkeiten.

Donnerstag, 25. April 2019

Ich hatte Probleme mit meiner Kleidung. Nichts passte mir. Vieles war zu klein, anderes aber zu groß. Schließlich zog ich eine lange Jacke an. Sie war mir viel zu groß. Fast verschwand ich in ihr. Das sah komisch aus.

Danach fand ich eine Katze. Sie hatte mehrere Verletzungen. Ich brachte sie ins Tierschutzhaus.

Sonntag, 21. April 2019

Ich wollte mit dem Hund in den Wald gehen. Dazu benützte ich den Eingang beim alten Pförtnerhaus. Alles sah total real aus. Weit kam ich nicht, denn plötzlich tauchte ein Hund auf, der zu meinem Hund wollte. Dann kamen auch noch mehrere andere. Dazu war er einfach zu alt, es bestand die Gefahr, dass er verletzt werden würde. Also versuchte ich die anderen Hunde fern zu halten. Schnell verließ ich den Wald. Der Besitzer eines großen Hundes rief mir zu, sein Hund würde mir folgen. Er wollte dass ich auf ihn warte, damit sein Hund nicht auf die Straße lief. Das war mir aber egal. Die Straße überquerte ich sowieso nicht. Der fremde Hund lief außerdem in eine andere Richtung.

Nun änderte sich der Traum, denn ich hatte wahrscheinlich keinen Hund mehr bei mir. Wieder sah alles genau wie in der Realität aus. Irgendwie war ich die H. Straße hinunter gekommen und stieg in eine Straßenbahn ein. Der Zug hatte nur wenige Passagiere an Bord. Es gab sehr viele freie Sitzplätze. In dieser Straßenbahn gibt es auch real einige Sitzplätze, die direkt neben der Außenwand angebracht sind. Das sind drei oder vier nebeneinander. Darauf legte ich mich und schlief, denn ich war extrem müde. Mir gegenüber saß ein Mann, der mich die ganze Zeit über beobachtete. Plötzlich legte er sich auch hin. Aber er schlief nicht, sondern beobachtete mich weiter. Als ich mich schließlich wieder hinsetzte, tat er das auch.

Freitag, 19. April 2019

In letzter Zeit träume ich fast nie. Aber heute ist es doch passiert, wenn auch nur wenig fassbar. Es war nur ein Traumfetzen, würde ich sagen. Den Anfang weiß ich gar nicht mehr.

Um mich herum waren irgendwelche Leute, mit denen ich sprach. Es war klar, dass diese Leute Kroaten waren. Ein Mann hielt eine Rede. Ich glaube es ging um eine Wahl und er war der Kandidat. Da fragte ich die Leute: "Ihr seid doch Kroaten?" Jemand antwortete: "Nein, wir sind Serben!" Darauf ich: "Da bin ich aber froh, dass ich dem Kandidaten noch keinen Glückwunsch ausgesprochen habe. Es wäre der falsche (Kandidat?) gewesen!".Genau kann ich nicht sagen, wie das gemeint war.

Traum vom 18. April 2019

Diesmal habe ich mir nur einen "Traumfetzen" gemerkt. Teilweise wurde im Traum Französisch gesprochen.

Der Name Talleyrand wurde genannt. Es ging dabei um ein Spiel. Was genau das war habe ich vergessen. Es hieß: "Keine Angst vor kleinen Bürgern!" Der Name wurde aber auf Französisch gesagt. Das alles fand ich irgendwie lustig. Ich konnte die Schachtel sehen, in welcher die Spielfiguren aufbewahrt wurden. So als würde ich von oben her hinein sehen. Wahrscheinlich waren das die kleinen Bürger.

Traum vom 15. April 2019

In unserem Garten fand ich ein kleines Kätzchen. Beinahe hätte es der Hund vor mir gefunden, aber ich war schneller und hob es hoch. Dann sah ich zu, dass ich so schnell wie möglich aus dem Garten kam. Ich glaube die Türe sah anders aus als real. Es war eher ein Stück Zaun, welches man verschieben konnte. Deshalb war es auch schwierig sie wieder schnell zu schließen, damit der Hund nicht nachkommen konnte.

Ich machte mich auf die Suche nach den Besitzern. Wahrscheinlich ging ich im Traum den realen Weg entlang. Dort wo L. wohnt, reagierte das Kätzchen plötzlich seltsam. Das ließ mich vermuten, die Leute gegenüber seien die Besitzer. Ich läutete, eine Frau kam heraus. Ja, das Tier sei von ihnen, sie habe es an jemanden verkauft, so wie die anderen Kleinen von diesem Wurf. Sie nannte mir eine Adresse. Die Straße hieß Münichreiter Straße, glaube ich mich zu erinnern. Die Hausnummer habe ich vergessen.

Nun suchte ich die Straße. Unterwegs traf ich auf noch ein Kätzchen, welches offenbar die

Ursprungsadresse suchte. Die Kleinen wollten zurück, zur Mama. Ich konnte es nicht auch mitnehmen.

Die Gegend wurde fremder, obwohl ich eigentlich noch in meiner bekannten Umgebung war. Die gesuchte Straße konnte ich nicht finden. Dann ging ich in eine Sackgasse. Krampfhaft hielt ich Ausschau nach dem Straßenschild. Es gab keines. Schließlich begegnete ich einer Frau. Sie erklärte mir, ich sei in einem Gebäude. Ob ich die Katze noch bei mir hatte, weiß ich nicht mehr.

Traum vom 13. April 2019

Eigentlich wollte ich keinen Hund mehr haben. Doch es kam anders. Zuerst zeigte mir jemand einen Hund, der irgendwie kränklich und schwach war. In diesem Zusammenhang fiel ein wienerischer Ausdruck, wie Zniachterl, oder Krepierl. (Weil ich mir den Traum nicht sofort notierte, habe ich den korrekten Ausdruck vergessen.) Den wollte ich nehmen, doch auch das kam schließlich anders. Jemand anderer drängte mir einen Hund auf, der vermutlich eher ein Schaf war, denn er hatte gedrehte Hörner.

Anfangs war der Schafhund sehr brav und lieb. Doch dann wurde er aggressiver. Kräftig war er zudem auch. Ich hatte Angst, er würde vielleicht jemanden rammen. Mir tat er allerdings nichts.

Der Traum ging in eine andere Richtung weiter. M. begann sich für Aurobindo zu interessieren. Das wunderte mich, freute mich aber auch. Aus dem Bücherregal - es sah anders aus als das was wir jetzt haben - hatte er sich eine Biografie heraus gezogen und las sie begeistert.

Traum vom 7. April 2019

Wir waren noch in unserem alten Haus. Es gab Überlegungen eine Türe zu vergrößern, die bisher nur die halbe Größe (in die Höhe) hatte, wie eine normale Türe. Das hatte etwas mit dem Dachboden zu tun. Eine derartige Situation gibt es real aber in unserem Haus nicht.

Mehrere Frauen aus der Türkei waren da. Sie wussten, dass wir bald ausziehen würden und meinten, sie hätten auch so gerne ein Haus. Worauf ich sagte, auch manche Türken hätten schon Häuser in Wien. Sie beneideten mich trotzdem. Dabei hatten sie in der Türkei selbst Häuser und/oder Wohnungen.

Traum vom 5. April 2019

In Wien fuhr ich mit einer U-Bahn. Welche das war weiß ich nicht. Bei einer Station stieg ich aus, um dort auf eine andere zu warten. Es dauerte eine Weile bis endlich eine U-Bahn kam. Auf dem Bahnsteig warteten schon sehr viele Leute. Doch in der Bahn war es auch extrem voll. Ich hoffte, die meisten würden aussteigen, aber das war nicht der Fall.

Unwillig quetschte ich mich hinein. Drinnen bekam ich fast Platzangst. Bei der nächsten Station wollte ich wieder aussteigen.

Eine große Gruppe Leute war da, die miteinander sehr laut Jiddisch sprachen. (Ob es wirklich Jiddisch war, weiß ich nicht. Es war ein fremd klingendes Deutsch.) Weil die Leute so laut redeten, konnte man jedes Wort hören. Interessiert hörte ich zu. Alles verstand ich nicht. Mit der Zeit wurde es aber besser und ich konnte doch einiges verstehen, weil es doch Deutsch klang. Dazwischen sagten sie auch Worte in deutscher Schriftsprache. Eines davon war "Käse". Ein Bub war besonders laut. In diesem Zusammenhang sagte er, dass er der Farkas von ... (Rest vergessen) sei.

Bei der nächsten Station stieg ich aus der U-Bahn aus und gleich in die gegenüber haltende ein. Wahrscheinlich machten viele andere Fahrgäste dasselbe wie ich. Eigentlich wollte ich zur Einstiegsstelle zurück fahren. Doch als sich der Zug in Bewegung setzte, zweifelte ich an meiner Entscheidung. Ich hätte ja einfach aussteigen und in den nächsten Zug einsteigen können. Mir fiel ein, dass ich nicht auf die Linie geachtet hatte. Fuhr ich wirklich an meinen Ausgangspunkt zurück, oder hatte ich eine falsche Linie erwischt?

Traum vom 27. März 2019

Die Erinnerung an den Traum setzt an einer Stelle ein, an der ich mit ziemlich engen Schuhen sehr vorsichtig unterwegs war. Mir taten die Füße weh. Ich hatte Angst davor, zu rutschen und zu stürzen. Die Sohle hatte hohe Absätze und war glatt. So quälte ich mich dahin, bis ich bei einer Schule ankam. Zwar fühlte ich mich nicht wie ein Kind, aber ich schien doch eines zu sein.

Ein Bub, schätzungsweise neun oder zehn Jahre alt, hatte seine Sachen auf eine kleine Treppe gelegt. Um weiter gehen zu können, musste ich darüber steigen. Ein Ding sah aus wie eine CD in einer Plastikhülle und auf dieses Ding stieg ich unabsichtlich. Man hörte es splittern. Natürlich hatte ich ein schlechtes Gewissen, doch er reagierte nicht böse. Lachend erklärte er den anderen, er wolle Stufen so konstruieren, dass man trotz seiner Sachen dort gehen könne. Hatte er nicht gemerkt, dass ich die Sachen ruiniert hatte?

Jemandem erzählte ich einen Traum: "Ich habe geträumt, dass ich extrem müde war!", sagte ich. Was genau ich geträumt hatte berichtete ich auch noch, habe es aber vergessen. "Ich bin auch jetzt furchtbar müde!", fuhr ich fort. Damit erklärte ich, weshalb ich diesen Traum hatte. "Die Müdigkeit zog sich bis in meinen Traum!", meinte ich.

Danach ging ich die Stiegen hoch. Viele Kinder liefen in der Gegend herum. Ich fürchtete, der Bub dessen Sachen ich kaputt gemacht hatte, wäre unter ihnen und würde mich angreifen. Weil ich auf ihn so konzentriert war, ging ich bis hinauf zum Dachboden. Erst als ich oben war merkte ich, dass ich viel zu hoch gegangen war. Offenbar wusste ich im Traum, in welches Stockwerk ich eigentlich hätte gehen sollen, denn ich setzte mich auf die Stufen und wollte auf dem Popo wieder hinunter rutschen. Bis zum richtigen Stockwerk. Da wurde mir irgendwie klar, dass ich es bewusst nicht wusste. Der Wecker läutete gerade, deshalb war ich schon ziemlich wach - also bewusst.

(Ich kann also davon ausgehen, dass ich eigentlich eine fremde Person war, mit der ich mich nur identifizierte. Im Traum weiß man, was man bewusst nicht wissen kann. Nämlich wie fremde Leute heißen, wie sie aussehen, alles was sie wissen. Sobald man bewusst wird, verschwindet dieses fremde Wissen, weil man wieder "bei sich selbst ist".)

Traum vom 25. März 2019

Eine Frau - wahrscheinlich war sie Tierärztin - hatte einen Mann sozusagen erfunden. Ich arbeitete bei ihr immer am Samstag und ich glaube, eine meiner Töchter arbeitete dort auch. Um so zu tun, als würde dieser Mann existieren, schickte sie jemanden zeitweise irgendwo hin. Da wurde auch dessen Name genannt, den ich leider vergessen habe.

Die Frau wollte Fische verkaufen, oder behandeln. Das weiß ich auch nicht mehr so genau. Für Fische hätte ich schon viel Werbung gemacht, erklärte ich ihr. Das Geschäft schien in dieser Hinsicht aber nicht so gut zu laufen. Es waren keine normalen Fische, glaube ich.

Schließlich gab es Probleme wegen des erfundenen Mannes. In dieser Beziehung unternahm ich etwas, um ihr zu helfen.

Traum vom 23. März 2019

Obwohl ich wusste, die Kinder würden kommen, begann ich die Wohnung zu renovieren. Ich riss alte Tapeten von den Wänden und entfernte lockere Mauerteile. Wenn man das macht, riecht alles nach Mauerwerk. Das war auch der Fall. Ich dachte nach, ob ich das den Kindern zumuten könne und kam zu dem Schluss: so geht das nicht. Zu meiner (real verstorbenen) Mutter sagte ich, falls es sie nicht stören würde, wolle ich bei ihr das Essen herrichten. Ich glaube sie sah anders aus, als sie real zu Lebzeiten ausgesehen hatte.

Dagegen hatte sie nichts einzuwenden. Alles sah bei uns fremd aus, was mir im Traum aber nur dunkel bewusst wurde. Wir gingen zu ihr in die Wohnung, die offenbar bloß ein Teil meiner Wohnung war. Mein (real verstorbener) Onkel war da, ebenso seine (real verstorbene) Frau. Sogar im Traum fiel mir auf, dass beide unbekannt aussahen. Ihn sah ich sehr deutlich. Obwohl er anders als real aussah, wirkte er doch ziemlich ähnlich, weil er auch hager war. Offenbar war er ungefähr so alt, wie mein Onkel kurz vor seinem Tod war.

Allerdings wirkte er geistig noch ziemlich frisch. Bewegen konnte er sich auch ganz gut. Seine Frau konnte jedoch nicht gehen. Anscheinend war sie geistig gar nicht mehr anwesend. Meine Mutter hatte sie auf ein zusammen klappbares Bett gesetzt. Mit diesem schleppte sie die alte Frau herein, die auf nichts mehr reagierte. "Ich setze sie schon noch zum Tisch!", sagte meine Mutter. Das war ziemlich schwierig. Wir mühten uns ganz schön damit ab, das Bett zum Tisch zu bringen. Dann schimpften wir über dieses Bett, weil es quer in der Mitte eine Erhebung hatte. Eine Platte stand an dieser Stelle hoch. Man konnte sich deshalb darauf nicht ausstrecken. Daran erinnerte ich mich jetzt. Als ich einmal darauf geschlafen hatte, musste ich die Beine einziehen. Der Onkel meinte, er wolle das Bett schnell reparieren. Er holte Werkzeug, doch ich hinderte ihn daran, etwas an dem Bett zu machen. Wie es in der Realität tatsächlich der Fall war, hatte ich immer Angst, er könne sich verletzen. Er war nämlich zwar ein guter Handwerker, jedoch auch oft ungeschickt.

Die Wohnung fiel mir auch auf, weil alles so eng war. Dunkel war es auch. Man konnte kaum ungehindert einige Schritte machen. Die Einrichtung sah ziemlich alt und abgewohnt aus. Ich fühlte mich dort ganz und gar nicht wohl.

Traum vom 22. März 2019

Ein etwas wirrer Traum:

Anfangs war ich in einem großen Gebäude. Dort gab es mindestens drei Geister. Ein Mann und zwei Kinder. Ich stellte fest, dass man sie angreifen konnte, obwohl sie irgendwie durchsichtig waren. Zu jemandem meinte ich, da hätte ich jetzt sicher wieder Angst, wenn ich irgendwo alleine gehen müsse. Dabei waren diese Geister total ungefährlich.

Ich ging weiter. Was zwischendurch passierte, weiß ich nicht. Offenbar kam ich zu einer Stelle, wo mehr Menschen waren. Dort gab es ein Bad, in das ich ging. Ein Mann trug ein Tuch, statt Kleidung. Wir unterhielten uns über indische Männer, die sich so kleideten. Er lachte und meinte, da könne man alles sehen. Was er auch zeigte. Ich fühlte mich nicht belästigt, obwohl es eine Belästigung war. Lachend meinte ich, in dem Alter würde mich wohl niemand mehr belästigen. Dann rätselte ich, wie alt ich war. Uniformierte Polizisten waren da. Ich sagte wieder etwas. Das brachte sie auf eine Unterhaltung. Ich vergaß leider welches Wort dabei fiel. Sie lachten und einer sagte etwas von einem "Tschusch", den sie aber nicht erwischt hätten. Da

299

dachte ich: na servus, wer weiß, was die alles gemacht haben.

Schließlich ging ich durch lange Gänge. Vermutlich handelte es sich um ein Einkaufscenter. Viele Leute waren da. Ich suchte etwas, konnte es aber nicht finden. Dann ging ich irgendwo hinein und fragte etwas. Ich glaube ich fragte, ob es hier eine Kloschüssel gäbe. Das wurde anscheinend falsch verstanden. Plötzlich wurde alles geschlossen und alle Leute gingen wie auf Befehl weg. Einen hörte ich noch sagen, sie würden "einer" die Nase brechen (oder so ähnlich), aber nur eine kleine Spitze, Es dürfe nur wenig stechen. Denn dann könne man sie danach noch unterwerfen. Nun dachte ich nach, ob ich gemeint war.

Auch ich ging und trug abwechselnd jemand auf dem Rücken. Aber Rücken an Rücken und dazwischen ein Rucksack. Von Zeit zu Zeit ließ ich den Ballast einfach fallen.

Es gab später noch einen weiteren Traum, der nicht so deutlich ausfiel.

Einige Leute tranken schwarze Getränke und aßen schwarze Lebensmittel. Man dachte das sei alles Gift. Wie bei kollektiven Selbstmorden, die man von Sekten kennt. Aber es war nicht so. Diese Leute waren bei bester Gesundheit und lachten über die Kritiker.

Traum vom 21. März 2019

Der heutige Traum war fast schon ein Architektur Traum, denn ich betrachtete sehr aufmerksam einige unterirdische und oberirdische Bauten. Zuvor hatte ich aber noch einen persönlichen Traum, der aber nicht unbedingt mich selbst betreffen muss, weil verschiedene Elemente nicht auf mich zutreffen.

Y und ihr Ex D. hatten offenbar Geldprobleme. Sie waren also zusammen, was real aber zumindest derzeit nicht der Fall ist. Zudem schienen sie mir äußerlich nicht wie real auszusehen. Das deutet darauf hin, dass sie es nicht wirklich selbst waren. Sie wollten vermutlich von mir Geld, worauf ich meinte, von mir würden sie nie wieder Geld bekommen. Diesmal war ich fest entschlossen hart zu bleiben. Außerdem würde Y. sowieso bald Geld bekommen. Wir unterhielten uns über dieses Thema. Nach einiger Zeit sagte ich, den Hund würde ich nehmen, er werde bald große Kosten verursachen. Damit meinte ich jedoch, ich würde ihn einige Zeit über nehmen und nicht für immer. Beide freuten sich wahnsinnig, dass sie ihn endlich los waren. Offenbar hatten sie mich falsch verstanden. Das wollte ich aber akzeptieren und ihn ganz behalten. Allerdings wunderte ich mich, dass auch D den Hund nicht mehr haben wollte. Bisher hatte man mir eingeredet, er wäre tot unglücklich, wenn er den Hund nicht zeitweise haben dürfe. Offensichtlich ging es ums Geld. Damit war der Fall erledigt.

Danach ging ich in einer seltsamen Gegend spazieren. Sie wirkte fremd und bizarr. Nirgendwo konnte ich Bäume, oder andere Pflanzen sehen. Mir fielen vor allem quadratische Platten auf, die auf dem Boden zu erkennen waren. Sie sahen aus, als wären sie aus Stein gehauen. Nachdem ich sie genauer betrachtete wurde mir klar, dass es sich um Eingänge zu unterirdischen Behausungen handelte.

Ich kam zu dem Schluss, es müsse hier sehr heiß sein, weswegen sich die Menschen unter die Erdoberfläche geflüchtet hatten. Nur so sei das Klima auszuhalten. Doch dann sah ich auch Bauten auf der Oberfläche. Sie wirkten unnahbar, hatten keinerlei Verzierungen, oder andere Hinweise auf eine liebevolle Bauweise. Alle sahen total gleich aus. Ihre Farbe unterschied sich auch nicht vom Erdboden. Lebewesen waren keine zu sehen, als wären sie nicht vorhanden. Kahl und unbelebt sah die ganze Gegend aus, inklusive dieser seltsamen Bauten.

Traum vom 20. März 2019

Offenbar war ich zu Hause, aber es sah total anders aus als es real der Fall ist. Meine Mutter war da. Real ist sie verstorben. Sie sah jedoch ganz anders aus, als sie wirklich ausgesehen hatte. Deshalb denke ich, dass es sich eigentlich um eine fremde Person handelte. Die Frau war sehr schlank und mindestens 60, oder 70, vermutlich noch älter. Genau kann ich das nicht sagen.

Auch ich hatte Besuch. Herr Mulacz von der österreichischen Gesellschaft für Parapsychologie war da. Ob er es wirklich selbst war, kann ich nicht sagen, weil ich ihn nicht deutlich erkennen konnte. Er saß an einem Tisch, oder einem Schreibtisch und ging mit mir gemeinsam alte Träume durch.

(Anmerkung: Dass ich von ihm träumte war wohl kein Zufall, denn am Vortag hatte ich mir den Erlagschein angesehen, mit dem ich meinen Mitgliedsbeitrag bezahlen sollte.)

Dann war noch eine Frau da, die ihn immer wieder ablenkte und ein Mann, der meine Mutter abholen wollte. Ich wollte, dass meine Mutter endlich geht, denn ich wollte mit ihm alleine sein. Zuerst machten sich Mutter und der fremde Mann auf den Weg, kamen jedoch gleich wieder zurück. Etwas war geschehen, betreffend des Mannes, der beide eingeladen hatte. (Leider habe ich genaueres vergessen, weil ich nicht sofort den Traum notieren konnte.) Zum Glück hatten sie plötzlich eine neue Idee. Sie zog sich um. Da fiel mir die Umgebung erst so richtig auf. Ihr Kleid, so wie auch andere Kleider die sie hatte, war im Jugendstil gehalten. Dabei dachte ich an Klimt. "Du passt richtig gut in diese Wohnung!", sagte ich zu ihr. Die Wände waren mit passenden Tapeten geschmückt. Alles hätte von Klimt stammen können. Es dauerte noch eine Weile, wobei sie immer nach sah was ich machte. Dann gingen sie weg.

Mulacz las einige sehr alte Träume, an welche ich mich gar nicht mehr erinnerte. Schon lange hatte ich sie nicht mehr durchgeackert. (Das entspricht auch der Realität.) Einige hatten wenig Aussagekraft, was ich ihm zu erklären versuchte. So ganz schien er das Prinzip nicht zu verstehen. Zudem erzählte ihm die fremde Frau ständig irgend etwas, was gar nichts mit der Sache zu tun hatte. Kurz ging ich weg. Ich kam zu einem Geschäft, in dem ein Rucksack hing, der von mir gestaltet worden war. Auf ihm standen einzelne Sätze und Wörter aus meiner Traumsammlung. Diesen Rucksack nahm ich einfach mit, um ihn Mulacz zu zeigen. Offenbar war das ein Argument für meine Theorie. Doch es hatte keinen Zweck und ich gab schließlich meine Bemühungen auf und zog mich zurück.

Taum vom 18. März 2019

Wir fanden ein Kind, oder einen jungen Menschen, vermutlich weiblich. Diese Person war gefroren. Ich weiß nicht genau, ob sie in einem natürlichen Gewässer eingefroren war, oder ob man sie künstlich eingefroren hatte. Wir wickelten den Körper ein, damit wir ihn tragen konnten. Das machten wir alles heimlich, niemand sollte uns dabei sehen. Schließlich stiegen wir in einen Aufzug und legten den Körper dort ab.

Zuerst gingen wir hinaus, dann kam jemand wieder herein. Offenbar wohnten wir in einem oberen Stockwerk.

Die gefrorene Person war noch immer teilweise gefroren, taute aber nun langsam auf. Da sie schon einmal eingefroren worden war, hofften wir, sie wieder zum Leben zu bringen, obwohl sie ja tatsächlich tot war. Sie durfte nur nicht zu plötzlich aufgetaut werden, denn das würde zu einem Schockzustand führen. Ich hatte sogar das Gefühl, die gefrorene Person lebe bereits wieder, obwohl sie noch zur Hälfte gefroren war.

Traum vom 13. März 2019

Es war leider wieder nur ein Traumteil, an welchen ich mich erinnern konnte.

Es gab eine große Versammlung, Unruhe und Rufe: "Revolution!" Jemand sagte: "Jetzt gehen die Amerikaner weg und dann gibt es eine Revolution!" Das klang ängstlich. Ich saß irgendwo hoch oben. Unten stand ein Redner - vom Typ her vermutlich Araber, oder zumindest aus dieser Gegend, aber nicht sehr dunkel - sah zu mir hinauf und sagte einiges. Interessiert hörte ich zu.

Alles was der Mann sagte, hatte mit der kommenden Revolution zu tun. Ich begann ihm zu antworten. Aber weil ich gerade wach wurde, konnte ich plötzlich nicht mehr richtig sprechen. Trotzdem wusste ich, was ich sinngemäß hatte sagen wollen. "Wurde schon einmal etwas wirklich stark geändert, ohne Gewalt?" Offenbar hielt ich die gewaltsame Revolution für notwendig. Sie schien sich gegen die verkrusteten Strukturen zu richten und einen Aufbruch in die moderne Denkweise zu ermöglichen. Ich dachte an ein islamisches Land, also an die Befreiung vom Zwang dieser Religion. Aber das war mehr ein bewusster Gedanke, als echtes Traumbewusstsein.

(Da der Traum durch seine konkrete Aussage, in diesem Land seien amerikanische Truppen stationiert gewesen, die man gerade abgezogen hatte, eine klare Eingrenzung vornimmt, kommen nur wenige Länder in Betracht. Es handelt sich also um 2 verschiedene Aussagen. Erstens: die Amerikaner werden aus einem Land abziehen, 2. in diesem Land wird es eine Revolution geben.)

Traum vom 10. Februar 201

Y. lernte durch Wände zu gehen. Das war allerdings zumindest anfangs ziemlich schmerzhaft. Deshalb schrie sie jedes mal laut auf, wenn sie es wieder machte. Begonnen hatte sie mit Glaswänden, jetzt waren es aber schon ziemlich massive Wände, die sie durchschreiten konnte. Ich konnte das nicht, aber ich wollte es auch lernen. Erklären konnte sie mir leider nicht wie sie das machte. Sie wusste es selbst nicht.

Ich konnte jedoch mit den Leuten im Fernsehen reden. Das war recht eigenartig. Es gab eine direkte Kommunikation mit verschiedenen Personen, die eigentlich etwas im Fernsehen sagten. Sie unterhielten sich zwischendurch ganz bewusst mit mir. Wahrscheinlich wusste ich in diesen Augenblicken auch alles über sie. Was sie dachten und wer sie privat waren.

Aufgrund dieser neuen Fähigkeiten wurde meine Theorie gestützt, alles sei bloße Illusion und ich könne alles verändern. Trotzdem fühlte ich mich nicht alleine. Die anderen Menschen hielt ich (noch?) für real. Deshalb warnte ich Y. davor, anderen Menschen von ihrem Können zu erzählen. Das könne böse Menschen auf den Plan rufen, welche sich ihre Fähigkeit vielleicht zunutze machen wollten.

Später begegnete ich Leuten von der KPÖ. Es gab irgendeinen Zusammenhang zu dieser Geschichte, den ich aber vergaß.

Der Hund krümmte kurz seinen Rücken und begann hinten zu zittern. Offenbar hatte er Schmerzen. Das Zittern hörte jedoch bald auf.

Traum vom 7. Februar 2019

Wir waren zu Zweit unterwegs. Wer meine Begleitung war, kann ich nicht genau sagen. Beide Hunde hatten wir mit. Bei der H. Straße waren einige Personen die Blumen verkauften. Obwohl wir keine haben wollten, gaben sie uns drei Sträuße, die wir kurz danach einfach auf den Boden legten.

Die Hunde hatten wir bei ihrem Stand zurück gelassen. Sie konnten sich frei bewegen, lagen aber ruhig da. Gleich danach kehrten wir zurück, weil uns die verlassenen Hunde einfielen. Hoffentlich waren sie nicht weggelaufen. Die Blumenverkäufer waren verschwunden. Der große Hund war da, der kleine war weg. Wie sollte ich Y. erklären, dass ihr Hund nicht mehr da war? Verzweifelt rief ich den Hund. Ich hatte zeitweise Schwierigkeiten mit dem Namen, aber er fiel mir doch immer wieder ein. Es gab keine Reaktion.

Nach einer Zeit der vergeblichen Suche bemerkte ich am Waldrand, in einem Erdloch, einen eher jüngeren Mann. Als ich ihn fragte, ob er einen Hund gesehen habe, bejahte er. Freundlich gab er Auskunft. Durch seine Hinweise fanden wir endlich den verlorenen Hund. Er war in ein Loch im Loch (könnte man sagen) gefallen, also noch eine Etage tiefer. Doch eigentlich konnte man von dort aus direkt auf die Straße. Das Problem war also gelöst.

Irgendwie musste ich mich erkenntlich zeigen. Meine Begleitung und ich suchten in der

Brieftasche nach Geld, welches nicht zu viel und nicht zu wenig war. Einen Hunderter wollte ich nicht hergeben. So suchten wir nach geeigneten Münzen. Einige klaubte ich heraus. Darunter war eine, die jetzt nur 2€ wert war, aber bald mehr wert sein würde. Ich glaube es waren 9€, bin mir aber nicht ganz sicher. Dem Mann erklärte ich, er müsse die Münze noch etwas aufheben und etwas dazu tun, damit ihr Wert höher werde. "Das weiß ich eh!", meinte er.

Danach ging es darum, in ein Gebäude zu gelangen. Wir hatten ein, oder zwei Pferde bei uns. Doch wir standen vor einer steilen, hohen Treppe. Wie sollten wir ein Pferd dort hinauf bringen? Ratlos standen wir da. Zu meiner Verwunderung hatte das Pferd keine Angst davor, dort hinauf zu steigen. Schwierig war es aber schon. Es musste wie ein Mensch gehen. Mit aller Kraft stemmte ich mich gegen seinen Hintern. Gemeinsam schafften wir das Unmögliche. "Wie kommt es wieder hinunter?", dachte ich laut. Es folgten Gedanken, die Treppe betreffend. Sie war fast so steil wie eine Leiter. Das konnte doch nicht sein. Nicht einmal Menschen würden diesen Aufstieg schaffen. Ich glaube, ich stellte sie mir dann etwas flacher vor. Offenbar waren es bildliche Überlegungen, wie eine Treppe auszusehen habe.

Traum vom 31. Jänner 2019

Gemeinsam mit anderen fuhr ich in einer Straßenbahn, oder in einem Zug. Auf jeden Fall handelte es sich um ein öffentliches Massenverkehrsmittel. Wir saßen einander gegenüber, einige Plätze daneben waren aber noch frei. Jemand setzte sich zu uns. Ich lachte und meinte: "An dieser Stelle sagt dann immer jemand "Fahrscheinkontrolle"!" Es handelte sich jedoch um ganz normale Fahrgäste.

Doch kurz danach passierte das was ich gesagt hatte, wirklich. Jemand kam und sagte: "Fahrscheinkontrolle!" Darauf meinte ich: "Das habe ich gewusst!", denn diesmal war ich mir sicher, dass es ein Kontrollorgan war. Der Mann reagierte überrascht. "Wieso haben sie das gewusst? Sie wissen, dass wir jeden Mittwoch kontrollieren?" Das hatte ich allerdings nicht gewusst. Offenbar war es ein Geheimnis, von dem niemand etwas wusste. Deshalb eine große Überraschung. Er glaubte mir nicht, als ich verneinte.

Fahrschein hatte ich keinen. Weil ich so selten mit diesem Verkehrsmittel fuhr, hatte ich vergessen einen Fahrschein zu kaufen. Dann öffnete ich meine Brieftasche, um die Strafe zu zahlen. Man erkannte, dass ich einen alten, abgestempelten Fahrschein hatte. Nun dachte der Mann ich hätte ihn so hinein gesteckt, dass es bei einer Kontrolle aussehen würde, als hätte ich einen gültigen Fahrschein. Das war nicht der Fall.

Was genau ich an Strafe zahlen musste, habe ich vergessen. Einen Ersatzfahrschein musste ich jedenfalls lösen. In diesem Zusammenhang sah ich einige Zettel, die der Mann in der Hand hielt.

Traum vom 19. Jänner 2019

Ich wartete stundenlang beim Frauenarzt. Dann waren endlich nur noch vier oder fünf Personen da. Das Seltsame daran war, dass wir in einer Reihe hintereinander standen. Die Leute vor mir waren Männer und das war noch seltsamer. Es zeichnete sich bereits ab, dass man mich übergehen würde. Deshalb fragte ich, wann ich endlich an die Reihe käme.

Es folgte eine kurze Diskussion mit dem Arzt, der offenbar ins Wartezimmer gekommen war. Seit der Früh sei ich schon unterwegs gewesen, meinte ich wütend. Zuvor hatte ich irgendwo anders gewartet. Dort hatte man mir Nummern gegeben. Die zeigte ich nun her.

Ich weiß nicht mehr ob ich beide Nummern hatte, oder nur eine davon. Der Arzt wunderte sich darüber, denn da hätte ich ja schon sehr lange drankommen müssen. Was aber nicht der Fall war. Nun meinte er gar, er wolle mich vielleicht irgendwann einschieben. Obwohl ja fast niemand mehr da war, hätte ich noch lange warten müssen. Deshalb wollte ich weggehen.

Da bemerkte ich, dass ich keine Schuhe trug. Ich sah mir meinen Fuß ganz genau an. Socken trug ich auch keine, ich war barfuß. Dabei schien es draußen doch eher kalt zu sein. Also machte ich mich auf die Suche nach meinen Schuhen. Wie diese aussahen wusste ich nicht. Weil jedoch anzunehmen war, außer den meinen würden keine anderen Schuhe herum stehen, würde ich sie sicher finden.

So sicher schien es doch wieder nicht zu sein. Alles suchte ich ab.

Endlich fand ich eine gelbe, etwas seltsam geformte Sandale. Ich hatte sie nur schwer finden können, weil sie eingebettet in allerlei Schnipsel artigen Dingen lag. Dadurch konnte man sie kaum erkennen. Aber leider gab es keine zweite. Ich musste mit einer Sandale gehen, oder die eine in der Hand tragen. Offenbar war entweder bereits Frühling, oder schon Sommer, denn sonst hätte ich keine Sandalen angezogen. Kalt war mir trotzdem in den Füßen.

"Hier sind aber "nette" Menschen, meinte ich zynisch und dann ging ich weg.

Draußen fand ich dann zwei Hunde. Einen größeren und einen kleineren. Zeitweise kamen sie mir fremd vor, dann wieder dachte ich, sie würden mir gehören. Ich packte sie an den Halsbändern und

312

ging mit ihnen zu einer Straßenbahnhaltestelle. Dazu musste ich die Straße überqueren. Niemand konnte mir sagen, wohin diese Straßenbahnlinie fuhr. Jemand meinte, nur wenige Leute würden mit dieser Straßenbahn fahren. Es war gar nicht klar, ob sie überhaupt noch verkehrte. Vielleicht hatte man sie eingestellt, weil es zu wenige Fahrgäste gab?

Traum vom 17. Jänner 2019

Es hatte ein unerhörtes, internationales Ereignis gegeben. Leider habe ich vergessen was das war. In diesem Zusammenhang wollte ich unbedingt einen Brief an den US Präsident schreiben. Das schien auch möglich zu sein, aber nicht direkt.

Auf der Ringstraße in Wien gab es etwas, auf das man etwas schreiben konnte. Ich weiß nicht mehr was das war, aber ich glaube es hatte eine Oberfläche aus Glas und es befand sich dort wo man gehen kann und wo es einen Grünstreifen gibt.

Wie sollte ich ihn ansprechen, dachte ich nach. Man kann einen Präsidenten doch nicht einfach so ansprechen. Sollte ich sehr geehrter Herr Präsident schreiben, usw., oder mich weniger förmlich ausdrücken? Schließlich schrieb ich: "Lieber Mr. President!" Dann wusste ich nicht weiter. Mir fiel nämlich auf, dass es für diese Schreibstelle einen Namen gab. Er lautete: Maus.(+ xxx). Also die Bezeichnung Maus, verbunden mit einer anderen

Bezeichnung, die ich jedoch auch vergessen habe. Nun zweifelte ich am Adressaten. War gar nicht der US Präsident gemeint?

Hinter mir befand sich ein großes Geschäftslokal. Darauf stand in riesigen Buchstaben "Bundeskanzler". Der Name stand jedoch um die Ecke herum und so wusste ich wieder nicht wer gemeint war.

Trotzdem stellte ich eine Beziehung zu meinem Adressaten her. An wen schrieb ich eigentlich den Brief? Ich wollte mich nicht mehr festlegen und begann: "Lieber Herr (oder Mr) P."

Traum vom 10. Jänner 2019

Gemeinsam mit einer Tochter fuhr ich im Auto. Wir wollten zur Mariahilfer-Straße einkaufen fahren. Unterwegs rief meine Freundin L. an. Sie redete und redete, oft verstand ich sie nicht, weil ich Probleme hatte, das Handy richtig zu halten. Diese Woche wolle ich nicht mit ihr in die Shopping City fahren, meinte ich, denn es würde weiter schneien. Deshalb könne man nicht wissen, wie es dann am Heimweg wäre. Das müsse ja nicht unbedingt sein. Nach einiger Zeit unterbrach ich das Gespräch.

 Wir stiegen aus, gingen in Geschäfte und fuhren dann nach Hause. Das Auto war voll mit Sachen, die nicht von mir stammten. Kleinere Gegenstände, aber auch Lebensmittel, vor allem Obst. Dann fiel mir auf, dass wir auf der Rückbank saßen. Am

Beifahrersitz saß eine fremde Frau. Unklar war, ob jemand am Fahrersitz saß. Vor unseren Füßen lagen Sachen, aber auch hinter uns. Immer wieder griff ich nach hinten und holte etwas hervor. Unter anderem gab es Jesus Schokolade. Die aßen wir auch. Es sei unhöflich, der Frau vor mir nichts anzubieten, dachte ich und zog eine ganze offene Schachtel hervor. Bizarr sah der Inhalt aus. Jesus Schokolade war keine mehr da. Die Frau nahm an, stieg jedoch gleich aus.

Wir wunderten uns weiter über die fremden Dinge. Vielleicht hatten wir das falsche Auto erwischt, dachte ich. Das schien jedoch nicht der Fall zu sein. In letzter Zeit hatte ich mehrmals Lebensmittel zu Hause aufgefunden, die gar nicht uns gehörten. Offenbar wurden wir von einem geheimnisvollen Gönner beschenkt.

A`s Frau und Tochter (sie stammen aus der Türkei) kamen vor. Wir unterhielten uns. Jemand trug große, quadratische Gegenstände herum. Das waren Notbetten. Man konnte sie aufklappen und dann als Pritsche verwenden, wenn beispielsweise Besuch kam. Auch sie schienen solche Betten zu besitzen, oder zu kaufen. Das hatte alles mit Kindergärten zu tun und damit, dass die Türken durch den Kindergarten und durch solche Betten wieder zurück in die Türkei konnten. Das war etwas unklar.

Traum vom 8. Jänner 201

Der Traum war etwas eigenartig. Es kamen zwar bekannte Personen vor, aber in anderer als der realen Weise. Zum Beispiel eine wie im realen Leben aussehende Tochter, die im Traum aber eine ehemalige Kollegin war. Andererseits wirkten bekannte Personen total fremd. Offenbar war ich also nicht ich selbst.

An den Anfang erinnere ich mich nur dunkel. Da kam eben diese Tochter vor. Zu jemandem sagte ich, ohne sie könne ich nicht leben. Doch schon bald nahm ich das Gesagte nicht mehr so ernst, weil ich einen jungen Mann kennen lernte, der sympathisch war. Wir waren alle ungefähr gleich alt. Auch den jungen Mann vergaß ich bald wieder. Er wurde eher zu einer Randfigur in der Handlung. Kurz tauchte auch M. auf, der total anders aussah als real. Was sein Alter betrifft, entsprach es auch nicht seinem realen.

Doch dann gab es wieder eine Person, die ich nicht nur dem Namen nach (Re) aus dem realen Leben kenne. Sie sah auch wie im realen Leben aus. Tatsächlich eine ehemalige Arbeitskollegin. Eine weitere trat auf, oder ich dachte im Traum an sie und sah sie. Sie sah aus wie sie früher real ausgesehen hatte. Im Endeffekt waren dann aber doch nur Re. und ein junger Mann da, den ich im Traum als ehemaligen Kollegen kannte. Real kenne ich ihn nicht.

Schließlich war es dann aber doch auch nicht mehr klar, ob ich mit Re. zu tun hatte, oder ob ich nur an sie dachte. Denn ich sagte zu einer der beiden Personen etwas über Re.

Eigentlich war alles total verwirrend.

Wir drei machten uns aus, einander zu treffen und dabei betonten die anderen: "Nur wir 3!" Das wiederholten wir mehrmals. Mir war das nicht wichtig. Ich fragte sogar, ob jemand anderer auch mitkommen könne. Aber wieder hieß es: "Nur wir 3!"

War mir auch recht. Plötzlich stiegen wir in ein Auto. Woher es kam weiß ich nicht. Sogar im Traum wunderte ich mich. Wir fuhren zur Kirche hinauf. Auch hier war wieder unklar, inwieweit alles wirklich real aussah. Bei der Kirche stieg ich aus, weil ich nach Hause gehen wollte. Die anderen wohnten nicht in der Nähe. Doch dann hatte ich plötzlich ein Fahrrad und der junge Mann auch. Zeitweise fuhren wir damit, was für mich sehr anstrengend war. Deshalb überholte er mich auch immer wieder, obwohl er mir auch immer wieder einen Vorsprung ließ. Er lachte über mich.

Einen Namen nannte er, den ich nicht verstand. Als ich fragte wer das sei, meinte er, der Mann sei ein Patriot. Einen weiteren Namen verstand ich so halb. Ich glaube er sagte Petrov, oder so ähnlich. Nun kam mir der Mann russisch vor. Das alles geschah so im Vorbeifahren. Es gab nämlich kleine Orte, wie bei Heiligenfiguren (aber Heilige waren es keine), die mit diesen Leuten zu tun hatten.

Eine weitere Szene hatte mit der Kronen Zeitung zu tun. Mein Begleiter mochte die Kronen Zeitung nicht, während ich gar keine Meinung zu dieser Zeitung hatte. Ich registrierte nur die Ablehnung. Auf dem Boden war viel Schmutz. Vielleicht war es Erde, oder Staub. Mindestens drei bis fünf Zentimeter dick. Ich hielt ein Blatt einer Kronen-Zeitung in der Hand, um etwas damit aufzuheben. Dabei erwischte ich auch sehr viel von diesem Schmutz, den ich auf ein Häufchen zusammen geschoben hatte.

Dazwischen fuhren wir immer wieder mit dem Fahrrad. Als wir unten waren, dürften wir in Meidling gewesen sein. Was im realen Leben nicht möglich wäre. Anscheinend waren wir wieder zu Dritt. Ich machte den Vorschlag, am nächsten Tag einander anzurufen - dabei dachte ich an eine Konferenzschaltung - um einen Termin für das Treffen zu machen. Das kam nicht gut an. Ist das zu früh, dachte ich? Wir müssen uns ja nicht gleich etwas für den nächsten Tag ausmachen. Mehrere Gespräche wurden zu dem Thema geführt, ohne zu einem Ergebnis zu kommen.

Traum vom 7. Jänner 2019

Eine Wahl fand statt, zu der ich auch direkt eingeladen wurde. Anscheinend konnte ich nicht

318

absagen, was irgendwie seltsam war. Es gab eine lange Warteschlange im Freien. Offenbar war es sehr kalt, denn ich trug wollene Handschuhe, die wie meine realen aussahen. Wahrscheinlich lag auch Schnee.

Mir kam es nicht so vor, als sei ich wirklich ich selbst. Sogar im Traum schien ich meine eigene Person kurz zu hinterfragen und wollte mich selbst sehen. Ob das gelang weiß ich nicht, so weit war ich auch wieder nicht wach, während ich noch träumte. Denn wenn man sich im Traum selbst sieht, kann man nicht man selbst sein. Außer man sieht sich in einem Spiegel.

Was ich jedoch sehen konnte, war meine Hand und meine Handschuhe. Ich kam nämlich auf die Idee, meine Feinde wollten mich vergiften - und zwar mit einem Kontaktgift. Wer meine Feinde waren wusste ich nicht. Doch als ich sah wie die Wahl ablief, verwarf ich diesen Gedanken.

Ursprünglich wollte ich das Kuvert mit meinen Handschuhen angreifen. Daher das Bild der Hand mit dem Handschuh. Als ich sah wie der Wahlablauf funktionierte wurde klar, so konnte man eine einzelne Person nicht durch Kontaktgift vergiften. Nun fiel mein Blick auf die anderen Leute, die brav in der Schlange standen. Ein Mann fiel mir auf. Er war bei einer Mafia Organisation. Das wusste ich, obwohl ich ihn offensichtlich nicht persönlich kannte. Er kannte mich auch nicht, das bemerkte ich an seiner Reaktion. Offenbar ging von ihm keine

319

unmittelbare Gefahr aus. Trotzdem hielt ich Abstand zu ihm.

Es war eine etwas seltsame Situation. Mir kam vor, als wäre er nicht der einzige Mafioso in der Schlange. Wahrscheinlich hatte auch er die Idee, jemand wolle ihn töten. Zumindest verhielt er sich sehr seltsam und auffällig.

Traum vom 5. Jänner 2018

Im heutigen Traum kamen meine Kinder vor, so wie sie als Kinder waren. Ich versuchte von einer Tochter das Gesicht zu erkennen, aber ich glaube sie sah anders als real aus. Deshalb gehe ich davon aus, dass der Traum von fremden Menschen berichtete.

Meine jüngste Tochter war beim Arzt gewesen. Er glaubte sie habe Asthma und verschrieb ihr deshalb starke Medikamente. Das gefiel mir nicht, schon wegen der Medikamente, die vermutlich starke Nebenwirkungen hatten. Außerdem glaubte ich nicht an seinen Befund. Deshalb meinte ich, da müssten wir unbedingt eine zweite Meinung einholen.

Traum vom 30. Dezember 2018

Wir machten eine Wanderung. Wo wir waren weiß ich nicht. Die Gegend war gebirgig. Nach einiger Zeit gelangten wir auf den Gipfel. Doch plötzlich

320

handelte es sich nicht mehr um eine Spitze, sondern um ein Plateau. Als ich am Rand hinunter sah, wirkte es wie ein Haus. Etwas war verschoben worden. Es ging ganz gerade hinab. Jetzt erschien es mir, als würde es eine Schicht auf dem Haus geben. Fast wäre ich abgestürzt. Ich hing am Rand, der Körper baumelte hinunter. Es war gefährlich. Doch schließlich stand ich unten und sah nach oben. Jetzt sah ich, dass es wirklich ein Haus war. Aber das Haus wirkte, als wäre es gezeichnet. Darüber wunderte ich mich sogar im Traum. Dann fiel auch noch die Fassade um, als wäre sie aus Karton.

Das Haus hatte seltsame Verzierungen, an die ich mich nicht genau erinnere und es hatte viele Fenster. Ich glaube es war alles schwarz/weiß. Eben wie eine Zeichnung. Allerdings nicht so schnell skizziert wie meine Zeichnung, sondern sehr genau und perfekt wie ein echtes Haus.

Traum vom 27. Dezember 2018

Der Traum begann harmlos. Ein Hund wurde ausgesetzt, weil er krank war. Offenbar hatte er Krebs im Maul. Er folgte mir und meinem Hund. Erst nach einiger Zeit begriff ich, dass er meine Hilfe brauchte. Eine Frau nahm ihn schließlich mit zu sich nach Hause. Er war gerettet.

 Dann wurde es plötzlich ernst. Ein Mann den ich schon lange kannte (ich kenne ihn auch im realen

Leben) und den ich auch sympathisch fand, unterhielt sich mit mir. Er redete seltsam. Deshalb missverstand ich ihn. Ich dachte er würde mir sagen wollen, jemand würde ihn ohne Grund ständig angreifen. Er sei in derselben Situation wie ich, glaubte ich und sagte: "Ich verstehe Sie, mir geht es genauso!" Das verstand wiederum er falsch. Plötzlich sagte er: "Auftragskiller!" Damit meinte er sich selbst, was ich jedoch nicht sofort verstand. Das Gespräch entwickelte sich nun sehr eigenartig. Aber obwohl er unverständlich sprach, begriff ich nun wie es wirklich war. Der Mann glaubte ich hätte ihn durchschaut, was eigentlich gar nicht der Fall gewesen war. Erst aufgrund seines Irrtums war mir das bewusst geworden. Niemals wäre ich ursprünglich auf eine solche Idee gekommen. Er hatte es mir also unbewusst mitgeteilt. Jetzt wusste ich es und es machte mir Angst. Weil er sich durchschaut wähnte, wollte er mich umbringen. Auch das teilte er mir unterbewusst mit. Er würde immer stärker daran denken, mich umzubringen, lauteten seine Gedanken wörtlich. Unklar ist, ob ich ihn das sagen hörte, oder es mir nur dachte.

 Wir waren alleine und er war mir körperlich überlegen. Kämpfen konnte ich mit ihm nicht. Daher tat ich, als würde ich überhaupt nicht verstehen wovon er sprach, bzw. was er dachte. Er glaubte mir meine Ahnungslosigkeit. Er fühlte sich beruhigt. Die Gefahr war gebannt.

Traum vom 29. November 2018

S. und ich wurden von sehr gefährlichen Leuten verfolgt. Der komplette Traum drehte sich um dieses Thema, jede Szene deutete darauf hin. Alle Szenen konnte ich mir nicht merken. Wer die Verfolger waren weiß ich nicht.

 Es begann in einem großen Haus. Ich lag im Bett und schlief. Als ich erwachte, sah ich eine Person in einem angrenzenden Zimmer auf einer Couch liegen. Wahrscheinlich war es nicht M., obwohl ich an ihn dabei dachte. Der Mann sah ganz anders aus. (Ein Hinweis darauf, dass ich von fremden Menschen träumte.) Mich wunderte es, dass ich ihn gar nicht kommen gehört hatte. Wir ergriffen die Flucht - aber nicht vor dem Mann - indem wir das Haus nach oben hin verließen. Durch eine Öffnung, ein Fenster, oder etwas Ähnlichem. Draußen lag teilweise Schnee.

Es folgten Fluchtszenen im Freien. Die gefährlichen Leute sah ich wahrscheinlich gar nicht. Trotzdem wusste ich, sie waren da. Auch wo sie sich befanden wusste ich. Nach einiger Zeit gelangten wir wieder in ein Haus. Dort gab es etwas, das wie eine große Platte aus Glas aussah. Davor hatte jemand von uns eine große Platte aus einem undurchsichtigen Material gelehnt. Vor dieser Platte saß M., mit dem Rücken daran gelehnt. Es war sozusagen ein umgekehrter Fernsehapparat. Die Verfolger beobachteten durch diesen die ganze Gegend.

Weil M. ihnen die Sicht verdeckte, konnten sie uns nicht sehen. Das nützten wir, um schnell vorbei zu kommen.

Es folgte eine seltsame Szene, die wie aus einem SF Film wirkte. Auf einem flachen Felsen lagen verschiedene Dinge. Kinder kamen hinzu, um damit zu spielen. Plötzlich verwandelten sich die Gegenstände, später dann auch die Kinder, als würden sie schmelzen. Ihre Form löste sich auf. Schon bald gab es ein größeres Gebiet, in dem es genauso aussah, wie gerade eben auf dem Felsen. Alles war verwüstet. Es war gruselig.

Traum vom 21. November 2018

Gemeinsam mit einer Person, die ich zumindest im Traum sehr gut kannte, fuhr ich im Auto. Unterwegs trafen wir auf einen Polizisten, mit dem wir kurz sprachen. Es ging um Flüchtlinge aus einem weiter entfernten Land, die Christen waren. Er schickte uns zur Polizeistation in Hietzing. Diese befand sich direkt auf der Kennedybrücke, wo derzeit real nur Straßenbahnen fahren. Wir fuhren weiter. Ich machte mir Sorgen, ich würde dort keinen Parkplatz finden. "Wo soll ich denn dort stehen bleiben?" "Dort gibt es sicher einen eigenen Parkplatz!", beruhigte mich die Begleitung.

Es gab natürlich keinen Parkplatz. Offenbar waren wir direkt im Gebäude. Mein Auto war hinter der Eingangstür zu einem großen Raum geparkt, gleich bei einer Treppe, die anscheinend zu den Toiletten im Keller führte. Dort gingen die Leute vorbei, ohne sich um das Auto zu kümmern.

Wie ich dort hatte hinkommen können, weiß ich nicht. Wieder trafen wir auf einen sehr freundlichen Polizisten, dem ich vom schlecht geparkten Auto erzählte. Er meinte, ich solle ihm die Strafverfügung schicken, sollte ich eine bekommen, er würde das erledigen. Also ließ ich das Auto stehen, machte aber die Türe so weit auf, dass man es nicht mehr sehen konnte. Außer jemand ging in den Keller.

Drinnen unterhielten wir uns über die christlichen Flüchtlinge. Einer von ihnen hieß Adolf. Das störte jemanden, er dachte der Mann müsse ein Nazi sein. Mir fiel ein, diesen Namen schon vorhin gehört zu haben, wobei es sich jedoch um eine andere Person gehandelt hatte. Nur weil jemand so heiße, sei er noch kein Nazi, meinte ich. Gerade Juden hätten diesen Namen gerne benützt, als sie von der österreichisch-ungarischen Regierung aufgefordert wurden, geläufige Namen zu wählen, damit sie nicht als Juden auffallen. In anderen Ländern würde man vielleicht nicht so denken wie in Europa.

Traum vom 17. November 2018

Leider kann ich mich nicht an den Anfang des heutigen Traums erinnern. Deshalb fehlt mir die

Begründung für das Geschehen, um welches es ging.

Jemand wollte die Bevölkerung entweder voneinander trennen, oder zumindest von der Straße fern halten. Den Grund dafür weiß ich eben leider nicht mehr. Das Vorhaben gelang, die Menschen wagten sich nicht mehr hinaus. Nur ganz wenige widersetzten sich - ich natürlich auch.

Anfangs ging es nur um den Aufenthalt im Haus. Auch dort sollte ich nur in bestimmten Zimmern bleiben. Daran hielt ich mich aber nicht. Ich ging genau dorthin, wo es eigentlich verboten war. Von ferne sah mir eine Frau zu. Wahrscheinlich steckte sie hinter all dem, was derzeit geschah. Demonstrativ winkte ich ihr zu und lachte auch noch dazu. Sie kann mir doch nicht verbieten, dass ich dort den Boden kehre, dachte ich dabei. Die Frau reagierte nicht. Offenbar hatte sie gar keine Macht über mich. Danach ging ich einfach auf die Straße. Sie war wie leer gefegt. Bis auf einzelne Personen die auch keine Angst hatten, war niemand zu sehen. Es war geradezu gespenstisch.

Traum vom 14. November 2018

Eine sehr große Anzahl an Kindern war auf der Flucht vor gefährlichen Angreifern. Einen Angriff hatte es bereits gegeben. Die Kinder wehrten sich nicht und nur weil ich sie dazu antrieb, flüchteten sie weiter. Anscheinend waren ihre Verfolger mehrere Personen und nicht eine einzige, denn wir sprachen immer über sie in der Mehrzahl. Jemand sagte, einige Kinder seien einfach in Panik hinunter in den Tod gesprungen. Das verstand ich nicht. "Man muss sich doch wehren!", antwortete ich, "Man kann doch nicht sein Leben ohne Widerstand zu leisten, wegwerfen!" Eigentlich kamen mir die Kinder entgegen. Ich trieb sie noch mehr an: "Schneller, schneller!", rief ich. Obwohl ich es nicht sehen konnte, wusste ich wo die Angreifer gerade waren. Das Massaker wollte ich unbedingt verhindern.

(Der Traum war nicht sehr deutlich. Es gab keine Hinweise auf den Ort des Geschehens, oder auf den Grund für den Angriff. Mir kamen die Kinder wie durchschnittliche Europäer vor. Aber so richtig bewusst sehen konnte ich sie nicht.)

Traum vom 27. Oktober 2018

Wir wollten eine Reise nach Athen unternehmen. Darüber freute ich mich, denn dort war ich bisher noch nie gewesen. Wahrscheinlich waren wir bereits unterwegs, da rief mich ein Mann zu sich. Er gab mir eine Adresse in Bulgarien und dazu auch noch einen Namen. Mich wunderte, dass es ein englischer Name war. Sowohl Vor- als auch Nachname waren sehr kurz. Ich glaube mich zu erinnern, dass der Nachname ähnlich wie Evans lautete. (Sicher bin ich mir aber nicht, weil ich den

Traum mitten in der Nacht notiert hatte. Da war ich noch nicht einmal ganz wach.) Dort solle ich auch hinfahren, meinte der Mann. Vor ihm lag ein weißes Blatt Papier, auf das er schon einzelne Buchstaben geschrieben hatte. In der Hand hielt er etwas, das mehr einem Pinsel als einer Feder ähnelte. Man könnte sagen, es war ein Zwischending. Damit malte er noch einige cyrillische Buchstaben auf das Papier. Ich wollte nicht dorthin fahren.

Es ging um einen Vergewaltiger, der sein Opfer verklagte, weil es ihn bei der Gegenwehr verletzt hatte. Das empfand ich als eine riesige Frechheit.

Vor einem Pflegeheim befand sich ein großes Stück unbebautes Land. Dort hielten sich viele Ausländer aus verschiedenen afrikanischen und asiatischen Ländern auf. Ein Mann ritt auf einem teuren arabischen Pferd. Deshalb hielt ich ihn für einen Araber. Das Pferd trieb er zur Höchstleistung an, um es dann plötzlich zum Stehen zu bringen. Darüber regte ich mich furchtbar auf, weil es für das Pferd schlecht war. Vor allem für seine Gelenke war es verheerend.

Die anderen Männer - ich glaube es waren dort nur Männer - betrieben Kampfsport. Das war sehr bedenklich, denn wie es schien, bildeten sie bereits eine paramilitärische Gruppe. Das war sehr gefährlich für das ganze Land. Irgendwann könnten sie versuchen die Macht an sich zu reißen, sobald sie genug Leute hatten.

Traum vom 21. Oktober 2018

Vermutlich waren wir in Frankreich auf Urlaub. Vielleicht in Paris, aber das ist nicht sicher. Es gab einen Teich, oder See, oder ein ähnliches Gewässer. Er wies eine besondere Strömung auf.

Das sagte mir jemand, weil ich eine Mülldeponie für unseren Abfall suchte. Ich konnte keine finden. Wir hatten Plastiksäcke mit dem Müll in den Händen und machten uns auf die weitere Suche, am Ufer des Sees. Irgendwo wurde mir das zu blöd und ich hängte den Plastiksack einfach irgendwo auf. Dann ging ich weiter. Bald verlor ich die anderen aus den Augen und begann sie verzweifelt zu suchen. Sie blieben vorerst verschwunden.

Ich sah mir viele wichtige Kulturgüter an. Das würde die anderen eben nicht interessieren, deshalb seien sie irgendwo hinein gegangen, dachte ich.

Schließlich kam ich zu einem großen, alten Gebäude. Vielleicht eine ehemalige Burg, oder ein Schloss? Dort gab es eine Terrasse, oder einen Balkon, ziemlich massiv gebaut. Von dort oben sah ich hinunter. Unten waren viele sehr arme Menschen. Es war dunkel und bedrückend. Gerade kam eine Frau zu ihnen, um einige Geschenke zu verteilen. Offenbar hungerten diese Menschen sogar. Es sah fast wie in einem Entwicklungsland, oder wie in alten Zeiten aus. Dort wollte ich nicht hin, das war mir zum gefährlich.

Danach befand ich mich vermutlich in einem Zug. Auch das weiß ich nicht ganz sicher. Jedenfalls handelte es sich um einen geschlossenen Raum, in dem sich viele Personen befanden. Plötzlich kamen mindestens zwei oder drei Männer herein. Einer stellte sich hin, zog ein kleines Gerät heraus und sprühte damit uns alle an. Die anderen Leute fielen in Ohnmacht, aber ich hielt mir etwas vor das Gesicht. Schnell packte ich meine Geldbörse und das Handy und warf beides unter meinen Sitz. Dann tat ich so, als wäre auch ich bewusstlos.

Die Männer gingen von einem zum anderen, um die Leute auszurauben. Meine Sachen fanden sie nicht. Sie gingen weiter zum nächsten.

 Nachdem ich alles gut überstanden hatte, die anderen Opfer wach waren und die Täter weg, stieg ich aus und suchte weiter nach Y. und M. Endlich fand ich sie. Beide hatten sich in ein Geschäft gesetzt und etwas gegessen und getrunken. Die Besitzerin hatte sich gerne um sie gekümmert. Als sie aber jetzt merkte, dass M verheiratet war, wollte sie ihn schnell los werden. Sie hatte gehofft, er würde sie heiraten. Nur deshalb war sie so freundlich gewesen.

Traum vom 10. Oktober 2018

Wir wollten eine Reise machen. Wie so oft ist unklar, ob ich wirklich von mir selbst träumte, oder doch von einer fremden Person. Die Personen um

330

mich herum schienen jedenfalls nicht mit den realen überein zu stimmen.

 Alles war schon reisefertig und die anderen gingen auch schon los. Nur ich und mein Kind (wer das war ist unklar) wollten noch auf die Toilette gehen und etwas für die Reise einkaufen. Sehr wichtig war der Gang auf die Toilette, denn später durfte man das nicht mehr machen.

Offenbar stand eine Zugfahrt auf dem Programm. Wahrscheinlich hatte die Reise mit der Türkei zu tun. Das Wichtigste aber war der Umstand, dass wir über die Zeitgrenze fahren sollten. Das war ein schwieriges Unterfangen. Zu diesem Zeitpunkt sollte man nicht mehr auf die Toilette gehen, weil das unangenehme Folgen haben könnte (Real hätte ich eigentlich auf eine gehen müssen, wurde aber nicht wach.) Mich beschäftigte dieses Thema den Rest des Traums.

Zuerst betraten wir ein großes, modernes, helles Geschäft, in dem es viele bunte Sachen gab. Eigentlich war es aber eine Buchhandlung. Allerdings gab es auch dort ein Problem. Wollte man ins obere Stockwerk, musste man durch einen schmalen Spalt rutschen. Er war so schmal, dass ich Angst hatte, ich könne mit dem Kopf stecken bleiben. Aber es gelang uns und wir rutschten durch.

 Dort oben gab es vor allem Bücher. Wir suchten einige aus und nahmen sie nach unten mit. Wieder durch den Spalt gerutscht. Dann wollte ich auch noch ein Rätselheft. (Real hasse ich Rätsel.)

Als wir dann bei der Kasse waren, hatten wir einen ganzen Stapel an Büchern. Auch solche die ich anscheinend ausgesucht hatte, obwohl ich (im Traum) das gar nicht bewusst gemacht hatte. Das wunderte mich schon sehr. "Verdammt!", meinte ich, "Jetzt habe ich wieder so viel gekauft, obwohl ich nur noch 68€ auf dem Konto habe!" Zum Glück konnte ich überziehen. Plötzlich fiel mir ein, wir könnten eine Windelhose kaufen, weil wir ja im Zug einige Stunden lang die Toilette nicht benützen sollten.

Dem Verkäufer an der Kasse erklärte ich, wir bräuchten noch Windeln, die auch Erwachsenen passen. Für Kinder waren sie aufgestapelt, für Erwachsene gab es nur wenige, kleinere Packungen. Ich nahm die für Kinder. Damit der Mann sich nicht wundert, erzählte ich laut und für alle Anwesenden hörbar, wohin unsere Reise gehen sollte. "Wir fahren mit dem Zug zur Zeitgrenze. Diese werden wir genau um Mitternacht erreichen, bis 2 Uhr früh dürfen wir nicht auf die Toilette. Man sollte auf seinem Platz sitzen bleiben und sich nicht rühren, sonst haut es einen vom Sitz. Aber ob man lange genug aushält weiß ich nicht, deshalb benützen wir zur Sicherheit die Windeln." Was passieren würde, sollte man gerade zu der Zeit auf der Toilette sein, beschrieb ich auch detailliert, habe es aber vergessen. Die Leute hörten interessiert zu. Das hatten sie alles nicht gewusst.

Nun mussten wir uns beeilen. Es war schon Dunkel und wir mussten noch einmal nach Hause und danach gleich zum Zug.

Traum vom 9. Oktober 2018

Gemeinsam mit einigen anderen Personen war ich unterwegs. Aus dem realen Leben ist mir der Ort nicht bekannt. In einem Haus legte ich meine Sachen ab, blieb jedoch immer in der Nähe. So hätte ich eigentlich bemerken müssen, hätte sich ihnen jemand genähert. Trotzdem musste ich bald feststellen, dass mein Handy verschwunden war. "Jetzt hat mir schon wieder jemand das Handy gestohlen!", meinte ich laut. Von da an suchte ich und suchte und suchte. Dabei fand ich einige alte Münzen, die ich gut gebrauchen konnte. Das Handy fand ich nicht. Wie konnte das sein? Einen Diebstahl hätte ich doch bemerken müssen.

Die Kinder waren jetzt auch da. Ich ging nach oben, so als wäre ich dort zu Hause und holte ein altes Handy. Einer Tochter sagte ich, sie solle mein Handy schnell sperren lassen, denn ich fürchtete, der Dieb würde damit telefonieren wollen. Dann dachte ich aber das sei falsch, da könne ich mit dem anderen Handy auch nicht telefonieren. Wahrscheinlich konnte man es aber nicht mehr rückgängig machen. Alles war sehr verwirrend.

Jemand den ich nicht kannte sagte, die Besucher würden morgen kommen. Er besserte sich aus und sagte dann: "Sie kommen nächste Woche!" Die Besucher seien jetzt in ... (vergessen wo). Das wunderte mich. Ich wusste nicht wer diese Leute waren und warum sie zu uns kommen wollten. Jemand sagte etwas von einem militärischen Geheimdienst. Der Mann der das sagte, schien selbst von diesem Geheimdienst zu sein, oder zumindest war er beim Militär. Es war nicht klar bei welchem.

Dann wollte ich etwas trinken. Als ich einschenkte merkte ich, dass in dem Getränk lauter Plastiksäckchen waren. Wahrscheinlich waren es "Gackerl-Sackerl". Mühsam fischte ich sie heraus. Gerade kam ein Mann herein, den ich nicht kannte. Eine andere anwesende Person kannte ihn aber. Sie unterhielten sich über den militärischen Geheimdienst.

Traum vom 6. Oktober 2018

Zufällig fand ich einen Schatz. Er bestand aus einigen Goldstücken und anderen kleinen Dingen, von denen ich nicht genau sagen kann was das war. Was mir auffiel war eine Statue, die nur ein Bein hatte. Sie war etwa 20 - 30 cm lang, schätze ich und hatte einen beeindruckenden Teil. Man konnte sie an einer Stelle nämlich drehen. Sehen konnte ich zwei Metallteile, die diese Drehung ermöglichten. Mich wunderte, dass man früher schon solche präzise Technik gehabt hatte, denn der Schatz stammte aus der Römerzeit.

Anscheinend befand ich mich zuerst auf meinem Grundstück. Doch später suchte ich auf dem Friedhof, beim Grab meiner Großeltern und später auf dem, wo meine Urgroßeltern begraben liegen. Den Hund hatte ich mit, aber er sah anders aus als real. Also war es ein fremder Hund. Er hatte etwas längere Haare und war Hellbraun, glaube ich mich zu erinnern. Mit dem Hund dürfe ich nicht auf den Friedhof, dachte ich, aber niemanden schien er zu stören. Rundherum war freies Gelände.

Traum vom 25. September 2018

Von dem Traum konnte ich mir nur eine Szene merken.

Jemand gab mir einen Koffer, in dem sich einige Dinge befanden. Außerdem gab er mir auch noch mehrere Schusswaffen. Sie lagen auf dem Boden. Wir unterhielten uns darüber und dabei fiel das Wort: automatische Waffen.

 Ein Name den ich mir zwar notiert habe, aber leider nicht sehr gut leserlich, weil ich müde war. Er hatte keine Beziehung zu diesem Traum: Dr. Walenko, oder Welenko.

 Ich kenne niemanden der, oder die so heißt.

Traum vom 12. September 2018

Wir waren im Haus. Als ich durch das Gangfenster Richtung Garten blickte, bemerkte ich jemanden im Gartenhaus. (real befindet sich dort keines) Deshalb ging ich nachsehen. Zuerst musste ich den Hund aufwecken, denn der schlief brav und merkte nichts. Ein relativ kleines Kind hatte ich, das mit mir hinaus ging. Doch ich wurde auch noch von einem kleinen Tier aufgehalten. Es war ins Haus eingedrungen und wollte nicht mehr hinaus. Mit Mühe konnte ich es hinaus drängen. Vielleicht hat es Hunger, dachte ich, doch es war zu spät. Das Tier war schon weg.

Es war kalt und es lag Schnee. Ich hatte befürchtet, es sei schon tiefer Schnee, aber so schlimm war es auch wieder nicht. Plötzlich fiel mir ein, im Gartenhaus hatte ich Wellensittiche. (real haben wir schon lange keine Vögel mehr) Auf die Tiere hatte ich total vergessen. Sicher waren sie schon lange verhungert, oder erfroren. Ich hatte ein schlechtes Gewissen. Da fielen mir wieder die fremden Menschen auf, die sich in unserem Garten befanden. Sie waren nicht mehr im Gartenhaus, sondern gingen im Garten hin und her.

Darüber regte ich mich auf. Die Leute hatten gar keine Schuldgefühle, was mich wunderte. Deshalb drohte ich ihnen mit der Polizei, sollten sie nochmals zu uns kommen. Es handelte sich um einen Mann und um eine Frau. Dann kam noch ein Mann wie selbstverständlich, ging den Garten

336

hinauf und ganz oben - dort befand sich eine Türe die es real nicht gibt - wieder hinaus. Er stieg in einen PKW und fuhr damit in einem Nebengarten die Wiese hinunter.

Ich war perplex. Hier gab es einen Bruch im Traum, oder ich erinnere mich einfach nur nicht mehr wie es weiter ging, denn plötzlich befand ich mich in einem Auto auf der Straße. Erschüttert stellte ich fest, es habe einige schwere Unfälle gegeben. Meine Mitfahrer unterhielten sich mit mir darüber. Vor uns war ein Fahrzeug total zerstört worden. Offenbar waren Pferde betroffen. Danach bog ich rechts ab, Richtung Schönbrunn. Wieder kamen wir an einem Unfallort vorbei.

Ein riesiger Kranwagen stand dort, um die Fahrzeuge zu bergen. Auf ihm hingen viele seltsame Dinge. Unter anderen ein Plastiklöwe. Es war mehr ein Gestänge, als ein Kran. Vor dem Wagen stand eine verletzte Frau. Sie hatte entweder am Bein, oder in der Leistengegend eine schwere, blutende Verletzung. Danach entdeckte ich ein schwer verletztes Pferd. Wahrscheinlich hatte es die Beine gebrochen. Sicher hatte es eine Verletzung im Bauchbereich. Beide trugen einen blutigen Verband.

Es folgte ein seltsames Gespräch mit fremden Leuten. Sie waren für den Kranwagen zuständig. Jemand hatte einen solchen Wagen gestohlen, um damit etwas zu bergen. Danach hatte er ihn wieder zurück gebracht. Ein Mann sagte: "Da bräuchte man doch nur ... (er nannte einen technischen Begriff für ein Fahrzeug der mir so fremd war, dass ich ihn während er sprach, nicht verstehen konnte) ... und dem Fahrer extra etwas drauf geben." "Darum geht es ja!", meinte ich, "Das kommt eben teuer!"

Traum vom 9. September 2018

Der Traum war sehr aufregend, denn ich wurde verfolgt. Wahrscheinlich waren es Russen, die hinter mir her waren. Es war sehr gefährlich.

Auf meiner Flucht kam ich in ein großes Gebäude. Vielleicht war es eine alte Burg, oder ein Schloss. Genau erinnere ich mich nicht. Jedenfalls handelte es sich um eine Touristenattraktion. Dort gab es eine öffentliche Toilette. Die Räumlichkeiten waren sehr seltsam angelegt.

Drei Türen befanden sich in unmittelbarer Nähe zueinander. An dieser Stelle war ich schon einmal vorbei gelaufen. Damals hatte ich mich über eine Frau gewundert, die gebeugt vor einer Türe stand. Als wolle sie durch das Schlüsselloch spähen. Sie stand noch genauso da. Erst jetzt begriff ich, dass es sich um keinen Menschen, sondern um eine Zeichnung handelte, oder um ein Foto. Diese Türe wählte ich aus. Vielleicht würden sich die Verfolger von der Frau auf der Türe abschrecken lassen, hoffte ich.

Es war die Toilette. Offenbar ließen sich die Verfolger tatsächlich täuschen, denn sie tauchten nicht auf. Zur Sicherheit versteckte ich mich hinter einer Klomuschel, die an der Wand um die Ecke, ganz frei im Raum stand. Einige Frauen kamen herein, unter ihnen eine die wie ein Mann aussah - aber keine Männer.

Nach einiger Zeit ging ich wieder. Jetzt wollte ich M. anrufen. Als ich irgendwo auf das Handy drückte, hörte ich die Stimme einer Frau. Sie klang irgendwie seltsam und unheimlich. Was sie sagte habe ich vergessen. Zuerst dachte ich, ich sei unabsichtlich in ein fremdes Gespräch geraten. Aber bald war klar, dass sie zu meinen Feinden gehörte. Sie sprach zu mir. Das war beängstigend.

 M. konnte ich nicht erreichen. Auch das machte mir Angst. Ich machte mir um ihn Sorgen und ich glaube zu recht.

Traum vom 30. August 2018

Wir hatten eine seltsame Wohnung. Vielleicht war es auch ein Haus. Jedenfalls sah es dort nicht so aus, wie es bei uns real aussieht. Von dort wollten wir ausziehen. Mein Sohn kam zur Türe herein. (Real habe ich keinen Sohn.) Er war ein ruhiger, schüchterner, traurig wirkender junger Mann. Vom Typ her eher hell, mit hellbraunem Haar. Ich glaube er kam aus einer Buchhandlung. "Ich habe gehört ich bekomme nichts, weil ich bisher nichts beigetragen habe!", sagte er. "Wollt ihr auch den unteren Teil, damit ihr hier bleiben könnt?" Dann redete er noch über Bob Marley und über komplizierte wirtschaftliche und politische Zusammenhänge. Das konnte ich mir nicht merken.

Dann setzte er eine halbe Brille auf. Darüber wunderte ich mich. Es würde mich nicht stören, noch zwei oder drei Jahre in dieser Wohnung zu bleiben, dachte ich. Mir tat er Leid und ich wollte ihm versprechen, er würde auch seinen Anteil bekommen, wenn wir später verkaufen. Aber dann kamen mir Zweifel. Würden wir warten, könnten wir uns kein neues Haus kaufen, außer mit Hilfe eines sehr hohen Kredits. Y. wartete schon auf das Geld, das wusste ich sicher. Aber einen Kredit wollte ich auch wieder nicht. Mit diesen Gedanken wachte ich auf.

Traum vom 29. August 2018

Ich sollte an einem Experiment teilnehmen. Offenbar waren wir an der Uni. Viele Leute waren da, die alle daran teilnehmen sollten. Wir warteten und warteten. Endlich kamen die Veranstalter. Unter ihnen Dr. H. Er machte etwas bei meinem Gesicht, woraufhin ich den Mund ganz fest zu machte. Was er tat würde mir schaden, dachte ich. Er sprach das direkt an worauf ich meinte: "Ich lasse mir doch nicht das Kiefer brechen!" Darauf antwortete er: "Sehen Sie!" Wie das gemeint war wusste ich nicht. "Sie müssen dreimal Wasser trinken, wegen dem ausgetrockneten Mund!", fuhr er fort. Dann sah er mir noch in den Mund und zwickte mir ein Stück vom Backenzahn ab. Es tat nicht weh, was mich wunderte. "Sehen Sie, Sie haben es nicht einmal bemerkt!", meinte er noch und ich verstand wieder nicht was das zu bedeuten hatte. Offenbar hatte er etwas gemacht, was ich nicht bemerkt hatte, dachte ich. Ich rätselte was das gewesen sein könnte.

 Bald wurde mir das Warten zu langweilig. Gekommen war ich nur weil ich dachte, es handele sich um ein Psi-Experiment. Das hielt ich für eine gute Chance zu beweisen, dass ich diese Fähigkeit besitze. Vielleicht - so hoffte ich - würden sich irgendwelche Phänomene einstellen. Aber es geschah nichts. Da stand ich auf, sagte ich würde nur kurz weggehen und verließ den Saal. Ab diesem Zeitpunkt fuhr ich quer durch Wien, vor allem in der inneren Stadt hielt ich mich auf. Meistens benützte ich ein Auto. Genau erinnere ich mich nicht wohin ich fuhr.

Unterwegs begegnete ich verschiedenen Leuten. Unter ihnen war auch Y. Einige Zeit über fuhr sie mit mir und anderen Leuten mit. Dann ließ ich sie aussteigen und fuhr weiter. Langsam müsse ich zurück zu dem Experiment, dachte ich. Sie müsse den ganzen Weg zu Fuß hinauf gehen, sagte ich zu den anderen. Zurück konnte ich jedoch nicht, weil wir in einer Einbahnstraße waren. Auch Sa, der

Freundin von Y. begegnete ich. Sie stand in einer Beziehung zu den Leuten die das Experiment veranstalteten. Plötzlich hörte ich M. reden: "Du bist angebunden! Sie haben dich angebunden, seit du herum gehst!", sagte er lachend. Anscheinend hatte ich 2 Stunden geschlafen und geträumt. Wahrscheinlich war ich im Saal herum gegangen. Ich war nie weg gewesen, das wurde mir nun klar. Nun begann ich zu überlegen was da eigentlich los war. Anscheinend hatte mir Dr. H. ein Mittel in den Mund getan, welches mich betäubt hatte. Oder es hatte mich in einen Traumzustand versetzt. Eine Droge war es ganz sicher. Es ging auch nicht um Psi. Das begriff ich jetzt. Ich war noch nicht wach, aber halb bewusst. Die Kommissarin von "der Mentalist" schien da zu sein und mit mir zu sprechen. Kurz konnte ich sie sehen. Tatsächlich sprach eine Frau zu mir, aber natürlich war es eine andere. Es war halb Realität und halb Traum. M. meinte: "Sie ist eben Polizistin!" Was sollte das wieder bedeuten?

Zeitweise fuhr ich in meiner Vorstellung, bzw. in meinem Traum noch immer herum. Trotzdem wusste ich gleichzeitig, es war nur ein Traum. In Wahrheit befand ich mich angeschnallt in einem Raum und schlief. Da kam ich plötzlich auf die Idee, ich sei eine "Wandernde". Ich sei eine wie R. es gewesen war, vermutete ich. Dabei dachte ich an Alzheimer. War ich schon krank? Lebt man in einer Traumwelt, wenn man Alzheimer hat? Doch dazwischen wurde ich mir immer wieder meiner wahren Situation bewusst. Genau genommen befand ich mich gleichzeitig auf drei Ebenen. In einem Traum, im Wachzustand und in einem Zustand des Nachdenkens. Schließlich kam ich auf die Idee, man habe mir eine Wahrheitsdroge verpasst. Da begann ich mich zu ärgern, weil ich alles vergessen hatte, was ich in diesem Zustand vielleicht gewusst, oder gesagt hatte. Weil ich ständig im Traum herum fuhr, dürfte das jedoch nicht viel gewesen sein.

Auf einmal wurde ich von einer bleiernen Müdigkeit ergriffen. Da sah ich mich auf einmal selbst, was ja nicht möglich ist - also sah ich jemand anderen - wie ich versuchte mich hin zulegen und zu schlafen. Zum Schluss krümmte ich mich sogar zusammen. Das war nicht einfach, weil man mich daran hindern wollte. Dagegen wehrte ich mich, weil ich so extrem müde war, dass ich einfach nicht wach bleiben konnte, selbst wenn ich es gewollt hätte. Da spürte ich einen feinen Stich in den Oberschenkel. Das beschäftigte mich auch. Steckten dahinter auch diese seltsamen Leute? Hatte man mir ein Gegenmittel gegeben, oder ein weiteres, das mich gefügig machen sollte? Hoffentlich habe ich nicht lauter Blödsinn geredet, dachte ich. Ein Gedanke der auf die Droge zurückging, war mir in Erinnerung geblieben: Alleine! Das hatte mit dem Prinzip des Lebens zu tun. Dieses hatte ich verstanden. Darüber dachte ich nun nach.

Ich hatte den 1. Traum von heute gepostet und wollte noch etwas schreiben. Plötzlich erschien etwas seltsames auf dem Bildschirm. Das konnte ich nicht genau erkennen, weil es so schnell ging. Darüber legte sich ein breiter Balken. In Großbuchstaben stand etwas da, das ich nicht lesen konnte. Auch das ging so schnell. Die Zeit reichte nur aus, um zu verstehen was geschah.

Jemand hatte mir einen Virus geschickt und die Buchstaben auf dem Balken waren eine persönliche Verhöhnung. Das war kein Virus, den irgendjemand bekam. Er war speziell für mich gedacht. Auf dem Bildschirm passierte viel. Auch das ging rasant vor sich. So schnell ich konnte versuchte ich das Internet auszuschalten, indem ich die Verbindung zum Modem unterbrach.

Gleichzeitig sah ich die Virus Versender deutlich, so als wäre ich bei ihnen. Es war eine kleine Gruppe. Ein Mann sagte: "Das wird einige hundert Euro kosten!" Sie lachten bösartig. Es waren ziemlich dumme, bösartige Leute. Ihnen ging es nur darum, mir Schaden zuzufügen. Ob sie mehr als nur die Festplatte zerstörten, wusste ich nicht.

 Na gut, dachte ich, dann gehe ich halt mit einem anderen Computer ins Internet. Mir war das früher oft passiert. Viele Computer waren schon von anderen Böswilligen zerstört worden. Das war ich schon gewohnt. Deshalb machte es mir nichts mehr aus. Unser Gerät war sowieso schon uralt.

Wenigstens musste M. ein neues kaufen. Ich freute mich deshalb schon fast über diese böse Tat.

Traum vom 22. August 2018

Der Traum war sehr lang, deshalb konnte ich mir nur wenige Szenen merken. Es ging auch immer nur um dasselbe Thema: ich wurde verfolgt und angegriffen.

Mächtige Feinde griffen mich immer wieder an. Wer diese Leute waren wusste ich nicht. Offenbar handelte es sich um eine mächtige Organisation, denn es waren viele verschiedene Menschen daran beteiligt. Sogar eine fremde Person merkte das und wunderte sich, weshalb ich keine Anzeige machte. Das sei nicht möglich, sagte ich. Alles was geschehe, müsse ich erleben. (Offenbar war es etwas wie Schicksal.) "Das habe ich aber alles schon einmal geträumt.", meinte ich. Weil ich davon geträumt hatte, wurde ich von den Ereignissen nicht wirklich überrascht. Nun war die Sache etwas kompliziert zu verstehen. Tatsächlich wusste ich immer was als nächstes geschehen würde, weil ich mich immer dunkel an den jeweiligen Traum erinnerte. Es war für mich immer sehr gefährlich und auch Menschen denen ich vertraut hatte, griffen mich oft unvermittelt an. Sie zeigten damit ihre Zughörigkeit zu den Feinden. Das war schwer zu verkraften. Doch durch meine Träume hatte ich alles schon im Vorhinein verarbeitet und die Überraschung hielt sich in Grenzen. Manchmal kam auch meine Mutter in diesem Traum vor, doch genau erinnere ich mich nicht.

Als ich auf der Straße mit dem Hund spazieren ging, joggte eine Frau gerade. Sie war Tierärztin. Die Frau grüßte mich freundlich und wendete sich dann dem Hund zu, der sie auch freundlich begrüßte.

Dann lief sie wieder weiter. An ihrem Verhalten erkannte ich ihre Aufrichtigkeit. Ein Mann in Polizeiuniform entpuppte sich hingegen als Feind. Er stand ganz komisch da und sah auch seltsam aus. Der Mann war kein echter Polizist, das merkte ich sofort. An ihn hätte ich mich nicht wenden dürfen, das wäre fatal gewesen. Doch es bestand keine Gefahr, weil ich immer richtig reagierte.

Zeitweise war ich in einem Zug. Überall lauerten die Feinde, es wurde immer gefährlicher. Das nahm ich jedoch alles gelassen hin, trotzdem immer in Erwartung was als nächstes passieren würde. Ich wusste es und wusste es doch nicht. Es war sehr seltsam und schwer zu begreifen. Es wird für mich letzten Endes gut ausgehen, wusste ich, ohne zu wissen wie es ausgehen würde. Darin lag meine eigentliche Stärke. Die Träume schützten mich zwar nicht wirklich, denn alles was geschehen sollte würde auch geschehen, aber sie gaben mir doch auch Sicherheit. Der ganze Traum hatte eine seltsame Logik. Hätte ich diese Gewissheit nicht in mir gespürt, wäre ich an der Situation zugrunde gegangen. So aber wanderte ich meistens unbeschwert durch alle Gefahren. Die Ereignisse hinterließen keinen bleibenden Eindruck.

Zwischendurch "sah" ich immer wieder Teile des Traums, der mich auf die zukünftigen Ereignisse vorbereitete. Es handelte sich also um einen Traum im Traum. Das war für mich immer wieder die Bestätigung, alles sowieso schon zu wissen. Als hätte ich bereits alles schon einmal erlebt und nur darauf vergessen.

Traum vom 17. August 2018

Gemeinsam mit Y. war ich bei einer Veranstaltung. Sogar im Traum merkte ich jedoch, dass sie eigentlich ein fremder Mensch war. Es war eine israelische Veranstaltung in einem modernen Gebäudekomplex. Nach einiger Zeit gingen wir, wollten dann aber doch wieder hinein. Warum kann ich nicht sagen. Auch über die Art der Veranstaltung weiß ich nichts. Vor der Türe stand ein Wächter, der uns nicht mehr hinein ließ. Er bezeichnete Y als Türkin. Dabei war sie gar keine. Anscheinend waren Türken drinnen unerwünscht. Es war sinnlos mit ihm zu diskutieren. Um die Situation zu entspannen, fragte ich ihn nach einem Kaffeehaus. Dorthin wollten wir, meinte ich. Welches Kaffeehaus in der Nähe sei, wollte ich von ihm wissen. Da wurde er wieder ruhig, nachdem er sich vorher aufgeregt hatte. Der Mann nannte eine genaue Adresse. Im Traum wusste ich sie, vergaß sie aber nach dem Aufwachen, weil ich den Traum erst viel später notierte. Es war eine Straße im 1. Bezirk. Also waren wir in Wien.

Schon bald fanden wir das Kaffeehaus. Der Wächter hatte uns genau beschrieben wie wir hinkommen. Wahrscheinlich blieben wir dort einige Zeit über, aber daran erinnere ich mich auch nicht. Plötzlich gab es eine Katastrophe. Vielleicht eine Überschwemmung, aber auch daran erinnere ich mich nur undeutlich. Alle Menschen mussten fliehen. Ich lenkte eine Straßenbahn. Dabei stand ich. Wahrscheinlich gab es keinen Sitzplatz für den Fahrer. Da das bei uns nicht so ist, könnte diese Szene in einer fremden Stadt spielen. Andererseits kannte ich die normalen Strecken der Straßenbahn, doch diese hatte man jetzt geändert. Die Tram fuhr einen ganz anderen Weg, quer durch Wien.

Traum vom 21. Juli 2018

B. brachte überraschend einen fremden Mann mit nach Hause. Er war ein ruhiger, eher zurückhaltender Typ mittleren Alters. Alles in allem wirkte er unauffällig. Ein durchschnittlicher Mitteleuropäer, mit dunklen Haaren. Der Mann war sympathisch. Er sei Künstler, wurde mir erklärt, ein akademischer Maler. Bisher hatte er noch keinen Erfolg gehabt. Ab da sprachen wir über Erfolg und die Zukunft. B. habe schon ein wenig Erfolg, meinte ich, er werde vielleicht auch noch weiter kommen. Nur seine Zurückhaltung anderen Menschen gegenüber mache es ihm schwer. Künstler müssten offen und schrill sein, um aufzufallen. B. meinte, er habe sogar schon eine Ausstellung in Aussicht, in der Bank Austria.

 Wir saßen vor einem Plakat, das er mir einmal gegeben hatte. Hier wird die Geschichte etwas unlogisch. Das Plakat zeigte ein Werk von ihm. Es war sehr groß. Etwas lieblos hatte ich es mit einem Klebeband an der Wand befestigt. Später riss ich es herunter und warf es achtlos auf den Boden. Mir gefiel das Bild nicht. Doch jetzt musste man damit rechnen, dass er vielleicht einmal berühmt werden könne. Dann wäre das Plakat wertvoll geworden. "Ich gebe es in meine Mappe!", sagte ich, hob es auf und steckte es in die große Mappe.

 Ob jemand Kaffee wolle, fragte ich. Zwei Personen wollten welchen. Ich glaube es waren fremde Leute. Als ich in der Küche nach sah merkte ich, es gab keinen Kaffee. Also ging ich welchen kaufen. Es folgten nervige Szenen bezüglich Kaffeekauf. Genau kann ich mich nicht daran erinnern.

Traum vom 18. Juli 2018

Mulacs (ÖGP) machte sich mit mir ein Treffen in einem Kaffeehaus aus. Ich ging hin, er kam nicht. Jedenfalls konnte ich ihn nicht sehen. Ob er mich erkennen würde, fragte ich mich. Er wäre vermutlich leicht zu erkennen, weil er schon etwas auffällig aussieht. Es gab Zeitungen, eine nahm ich und begann zu lesen. Da bemerkte ich einige von Hand geschriebene Zeilen, die offenbar von ihm stammten. Sie enthielten eine Erklärung. Den genauen Text habe ich vergessen. Sinngemäß schrieb er, dass er vielleicht später einmal kommen würde. Mich wunderte wie er das gemacht haben konnte, wo er doch gar nicht da war. Nun wollte ich gehen.

Schließlich bestellte ich doch noch etwas. Ein Erdbeerfrappé. Die Kellnerin erklärte mir, man würde es sozusagen aus mir machen. Aus meinen Haaren, um genauer zu sein. Da sei viel Gift dabei, weil die Haare gefärbt wären. Das wollte ich nicht. Sie bot mir etwas ähnliches an und das nahm ich auch. Eis hätte ich auch gerne bestellt, doch ich hatte schon eines gehabt. Den Namen von meiner Bestellung konnte ich mir nicht merken. Die Kellnerin verstand mich jedoch. Dann wartete ich. Zwei Hunde hatte ich bei mir. Ich glaube es waren nicht die realen Hunde.

 Drei jüngere Frauen hatten sich zu mir an den Tisch gesetzt. Sie redeten so laut, dass man sein eigenes Wort nicht verstand. Ihre Stimmen dominierten das ganze Lokal. Eine Weile sagte ich nichts, doch dann wurde es mir zu blöd. "Seid bitte leiser!" Da standen sie auf und gingen weg.

Weil die Kellnerin nicht mehr auftauchte vergaß ich, dass ich etwas bestellt hatte. Ich nahm die Hunde und zwängte mich durch die Massen. Plötzlich fiel mir wieder ein, ich hatte etwas bestellt und kehrte um. An meinem Tisch saßen bereits andere Leute. Ich setzte mich zum Nebentisch. Überraschend kam S. herein und setzte sich zu mir. Sie wirkte angespannt und sehr ernst. Interessiert hörte sie mir zu, als ich ihr erzählte was passiert war.

Traum vom 17. Juli 2018

Jemand erzählte mir etwas über ein Buch. Zumindest dachte ich, es handele sich um ein Buch. Es schien interessant zu sein, deshalb wollte ich es haben. Irgendwo rief ich an. Im Traum wusste ich wahrscheinlich bei wem ich anrief. Die Person mit der ich gerade sprach, hatte mir die Telefonnummer gegeben. Plötzlich wusste ich nicht mehr, was genau gesagt worden war. Oder hatte ich falsch verstanden? Ich wollte aber das Buch reservieren lassen, was anscheinend durch die Verwirrung schwer war. Danach unterhielten wir uns weiter. Später ging ich, um das Buch zu holen. Es war ein Geschäft, denke ich, denn es gab Regale mit Büchern. Jemand sagte im Zusammenhang mit dem gewünschten Buch: "... Das könnte ähnliche Szenen, oder Vorkommnisse, wie im Jugoslawienkrieg hervorrufen!" Das klang interessant und darum wollte ich das Buch unbedingt haben. Ich sah zwei Bücher nebeneinander stehen. Sie leuchteten direkt farblich zwischen den anderen hervor, sodass man sie einfach bemerken musste. Reserviert hatten sie das Buch nicht. Offenbar gab es davon noch genug. Aber es stellte sich später heraus, dass es eigentlich ein Film war.

Als ich das Geschäft wieder verlassen hatte, traf ich auf eine Frau, die direkt vor dem Schaufenster stand. Ich erzählte ihr alles und wiederholte wörtlich den Satz, weil er so bedeutungsvoll klang. Sie sagte dazu nur: "Na servus!" Plötzlich ging sie ganz komisch und sehr langsam hinein. Nicht Schritt für Schritt vorwärts, sondern seitwärts und noch dazu extrem langsam, seltsame Verrenkungen machend.

Traum vom 14. Juli 2018

Am Traumanfang gab es nur ein Gespräch. M. wollte sehr viel Geld jemandem aus seiner Familie schenken. Wer genau das war weiß ich nicht. Das nahm ich zum Anlass ihm zu erklären, weshalb unsere Kinder etwas geerbt hätten und nicht wir. Überrascht sah er mich an. Danach wirkte er verunsichert.

Danach gingen wir auf der Straße spazieren und später auch im Wald. Der Hund war auch dabei. Plötzlich kam ein Tier angelaufen. Entweder war es ein Reh, oder ein Hase. Das weiß ich nicht genau, weil man es schwer erkennen konnte, so schnell ging alles. Der Hund griff das Tier an und dieses verpasste ihm eine "Watsche", dass er um fiel. Dann griff wieder er an und das Tier reagierte. Vielleicht prügelten sie einander wie Menschen. Erst da konnte ich die beiden trennen.

Zwei Hunde rasten an. Sie spielten wie toll miteinander. Anfangs konnte ich auch diese beiden wegen des schnellen Bildablaufs nicht genau erkennen, doch dann sah ich, dass es Hunde waren. Sie hatten enorm viele Haare und sie waren farbig. Deshalb sahen sie mehr wie riesige Kuscheltiere aus, als wie lebendige Hunde.

Traum vom 3. Juli 2018

Wir fuhren mit den Öffis, was an sich schon ungewöhnlich ist, weil ich das hasse. Selbst im Traum wurde mir das bewusst. Schon bald sagte ich: "Nächstes Mal fahren wir aber wieder mit dem Auto!" Offenbar gingen wir in ein großes Gebäude, oder wir stiegen dort aus der Straßenbahn, oder aus dem Bus. Etwas wie ein Bahnhof, oder ein Flugplatz. Vielleicht war es auch nur eine riesige U-Bahn Station. Es gab einen Weg, der sich plötzlich teilte. Ging man rechts, führte der Weg zu einer Treppe, die man hinab gehen musste. Den wählte ich. Y. holte mich zurück, denn dort wollten wir nicht hin. Der linke Weg war richtig. Er war zwar breit, aber man musste ihn aufwärts gehen. Treppe gab es keine. So steil konnte man nur schwer hinauf gehen. Ich hatte damit Schwierigkeiten. Eine ältere Frau die auch dort ging, kletterte schon auf allen Vieren hoch, um nicht abzurutschen.

Y. wusste, dass es der richtige Weg war, weil an dessen Anfang eine riesige Tafel mit einer riesigen Aufschrift hing. Y. las den Text laut und kommentierte ihn auch. Leider habe ich ihn vergessen. Er war irgendwie seltsam. Mich wunderte weshalb sie mich überhaupt mitnahm, denn sie wollte einen jungen Mann besuchen. Vielleicht will sie, dass ich sie finde, wenn ich nach ihr suche, dachte ich. Wer der Mann war, wusste ich auch im Traum nicht. "Das wird ein guter Artikel!", meinte ich und zückte meinen Fotoapparat. Den Weg wollte ich fotografieren, denn der war eine Frechheit. Dann ging ich zurück. Doch Y. holte mich wieder, denn sie hatte es eilig.

Plötzlich änderte sich die Situation. Wir waren in einer Wohnung, die anscheinend mir gehörte. Z. war nun auch da. Alles wirkte hell und modern. Wir waren in einem eher spartanisch ausgestatteten Raum. Es gab etwas wie eine Kommode. Y. und Z. sahen sich verschiedene Dinge an. Da fiel mir ein, ich hatte etwas das ihnen gefallen könnte. Aus einer Lade zog ich eine rote Tasche. Eine von beiden nahm sie jubelnd an sich. "Die wollte ich schon immer haben!", rief sie. Es war eher ein Beutel, oder ein zugenähter Schlauch, als eine Tasche. Sie erklärte von welchem tollen Designer
354

die Tasche stammte und zählte noch verschiedene wichtige Einzelheiten auf, die ich alle vergessen habe. Der Beutel war ganz voll. Was ich hinein gegeben hatte, wusste ich auch im Traum nicht.

Bisher erschienen:

Maria Sand, Paranormale Träume zeigen uns
die Zukunft der Menschheit

Maria Sand, Die Intelligenz der
paranormalen Träume

Maria Sand, Als ich Johan Strindberg war

Alle erschienen bei BoD